RESEARCH ON
INNOVATION OF LEGAL SYSTEM OF
RURAL FINANCIAL POVERTY ALLEVIATION
FROM 1978 TO 2020

UNDER THE BACKGROUND OF
RURAL REVITALIZATION

乡村振兴背景下
农村金融扶贫法律制度创新研究
(1978—2020)

谭正航◎著

ZHEJIANG UNIVERSITY PRESS
浙江大学出版社

图书在版编目(CIP)数据

乡村振兴背景下农村金融扶贫法律制度创新研究：1978—2020 / 谭正航著. —杭州：浙江大学出版社，2021.12
ISBN 978-7-308-22207-5

Ⅰ.①乡… Ⅱ.①谭… Ⅲ.①农村金融－扶贫－法律－研究－中国－1978-2020 Ⅳ.①D922.44

中国版本图书馆 CIP 数据核字(2021)第 267809 号

乡村振兴背景下农村金融扶贫法律制度创新研究(1978—2020)
谭正航 著

策划编辑	吴伟伟
责任编辑	宁 檬 马一萍
责任校对	陈逸行
封面设计	雷建军
出版发行	浙江大学出版社
	(杭州市天目山路 148 号 邮政编码 310007)
	(网址：http://www.zjupress.com)
排 版	浙江时代出版服务有限公司
印 刷	广东虎彩云印刷有限公司绍兴分公司
开 本	710mm×1000mm 1/16
印 张	13.5
字 数	232 千
版 印 次	2021 年 12 月第 1 版 2021 年 12 月第 1 次印刷
书 号	ISBN 978-7-308-22207-5
定 价	58.00 元

前　言

　　在乡村振兴、脱贫攻坚等战略国家战略的叠加驱动下，我国"三农"领域迎来了快速发展的大好机遇。金融是现代经济发展的核心和驱动力，在乡村振兴、脱贫攻坚等战略的实施中具有不可或缺的重要作用。农村金融扶贫是向农村贫困者或能带动其脱贫的主体提供扶贫性信贷、保险等产品与服务，重点保障其生产型金融需求，以提高农村贫困者自我脱贫能力的扶贫模式。农村金融扶贫提高了农村扶贫的精准性、有效性和持续性，因而被视为现代扶贫的基本方式和金融创新的重要形式。2015年，《中共中央 国务院关于打赢脱贫攻坚战的决定》提出了"鼓励和引导商业性、政策性、开发性、合作性等各类金融机构加大对扶贫开发的金融支持"的金融扶贫战略目标。2016年，中国人民银行、国家发展改革委员会、财政部等七部门发布的《关于金融助推脱贫攻坚的实施意见》具体就金融支持农村脱贫攻坚的总体要求、精准对接融资需求、金融机构主体的作用进行了原则性规定。《中华人民共和国国民经济和社会发展第十三个五年规划纲要》特别指出要"发挥各类金融机构支农作用，发展农村普惠金融"。中共十九大报告指出"农业、农村、农民问题是关系国计民生的根本性问题，必须始终把解决好'三农'问题作为全党工作重中之重。"构建和完善农村金融扶贫体系，强化农村脱贫致富的金融支持，保障农民等农村弱势群体能以公平价格获取发展生产所需的金融资源，是提升农村贫困者自我反贫困能力，推进农村扶贫机制创新和普惠金融体系建设的要求。农村金融扶贫内在需要法律制度保障。农村金融扶贫法律制度是规范和保障农村金融扶贫有序发展、控制政府权力、确定金融机构扶贫责任与保护农村贫困者金融权利的有力武器。随着我国全面脱贫目标的实现，推进乡村振兴和继续消解农村相对贫困问题，已成为新时期农村经济社会发展的主要任务。强化农村金融扶贫法律制度创新是推进乡村振兴、脱贫攻坚及农村金融法治建设的时代要求。因此,在乡村振兴背景下研究农村金融扶贫法律制度创新问题依然具有重要理论和实践意义。

我国农村金融扶贫法律制度创新,不仅有利于优化农村金融服务供给水平,推动农村普惠金融体系建设,提升农村贫困者自我脱贫能力,促进乡村振兴战略实施,而且也是实现农村公平发展、包容发展,促进农村金融改革的基本路径。农村金融扶贫法律制度创新,不仅是一场农村金融法治建设运动,也是一场社会风尚和道德文化传播运动。农村金融扶贫法律制度创新倡导的公平、民主、自由、普惠理念有助于促进农村经济社会稳定,助推农村和谐发展和乡村治理现代化。

本书以农村金融扶贫法律制度创新助推乡村振兴等战略实施为基本目标,深入研究了农村金融扶贫法律制度创新的现实基础和理论依据,农村金融扶贫法律制度的发展过程、经验和存在的问题,并在对发达国家和发展中国家的农村金融扶贫法律制度建设经验总结分析基础上,系统研究了我国农村金融扶贫立法体系、主体法律制度、手段法律制度及保障性法律制度创新的路径与具体对策。研究成果拓展了普惠金融、农村金融改革、乡村振兴战略及农村金融法制等的理论研究视角和研究内容,对强化农村贫困者的金融权利保护,促进农村金融扶贫立法和农村金融法治建设,促进城乡金融公平发展,助推全面建成小康社会等具有较好的指导价值和参考作用。当然,本研究成果还有待进一步拓展和深化研究。如对农村金融扶贫中的基本金融服务供给法律保障制度和国外农村金融扶贫法律制度的研究还不够深入,对农村金融扶贫法律制度绩效评价的研究不够全面,对农村金融扶贫手段法律制度、保障性法律制度的研究不够系统。此外,本研究成果还有待进一步吸收最新的研究成果。今后,笔者将进一步提高自身研究能力,进一步深入研究以上问题,为我国农村金融扶贫法律制度创新和乡村振兴法治建设做出新的贡献。

目　录

第一章 绪 论

第一节 选题缘起与研究意义

一、选题缘起

农村金融扶贫是向农村贫困者或能带动其脱贫的主体提供扶贫性信贷、保险等产品与服务,重点保障其生产型金融需求,以提高农村贫困者、贫困地区的自我脱贫能力的扶贫模式。作为扶贫开发的重要方式,农村金融扶贫提高了扶贫的精准性、有效性和持续性,因而被普遍采用。2011 年 12 月,国务院印发的《中国农村扶贫开发纲要(2011—2020 年)》指出:要"积极推动贫困地区金融产品和服务方式创新,努力满足扶贫对象发展生产的资金需求"。2015 年 11 月,《中共中央 国务院关于打赢脱贫攻坚战的决定》也强调了"鼓励和引导商业性、政策性、开发性、合作性等各类金融机构加大对扶贫开发的金融支持"的金融扶贫制度创新的方向。2015 年 12 月,《推进普惠金融发展规划(2016—2020 年)》强调金融扶贫的对象为小微企业、农民、城镇低收入人群、贫困人群、残疾人、老年人等特殊群体,并提出要推广创新针对农户、特殊群体以及精准扶贫对象的小额贷款。2016 年 3 月,中国人民银行等七部门联合印发的《关于金融助推脱贫攻坚的实施意见》具体就金融支持农村脱贫攻坚的总体要求、精准对接融资需求、金融机构主体作用进行了指导性规定。2018 年 6 月,《中共中央 国务院关于打赢脱贫攻坚战三年行动的指导意见》提出:"引导金融合理合规增加对带动贫困户就业和贫困户生产经营的信贷投放。"2018 年至今,中央一号文件连续强调"优化'三农'和乡村振兴金融服务"。2019 年,中国人民银行等五部门联合发布的《关于金融服务乡村振兴的指导意见》确立了金融服务乡村振兴的目标。金融扶贫的核心和关键在于农村。作为一种现代化的扶贫机制,农村金融扶贫在我国乡村振兴战略实施的过程中日益重要。法律是农村金融扶贫有效实施的重要保障,因而,相关国家战略实施的内在要求是推进农村金融扶贫法律制度创新。

破解农村金融扶贫问题要求推进农村金融扶贫法律制度创新。我国农村金融扶贫取得了较好的成效,为农村产业扶贫、教育扶贫等提供了有力的金融支撑。但是,我国农村金融扶贫尚存在政府过度干预、参与者积极性不高、扶贫措施滞后、效果欠佳等问题。究其原因,一个重要方面在于农村金融扶贫法律制度不完善。目前,我国农村金融扶贫法律制度尚存在过于强调政府功能、相关立法政策色彩浓厚、对农村贫困者权利保护不足等问题。而法律制度创新是破解农村金融扶贫问题和推进农村金融扶贫法制建设的基本路径,因此,推进我国农村金融扶贫法律制度创新十分必要。

克服农村金融扶贫规范政策化问题要求推进农村金融扶贫法律制度创新。目前,我国农村金融扶贫主要依靠政策性规范调整,现有的小部分相关立法规范的政策性问题较为突出。规范农村金融扶贫的政策虽然具有灵活性等优势,但毫无疑问存在约束力弱、稳定性差等不足。将重要的、稳定的农村金融扶贫规范上升为法律规范,不仅是弥补政策规范缺陷和提高规范法治化水平的要求,也是农村金融扶贫促进乡村振兴战略目标实现的需要。因此,从克服农村扶贫规范政策化问题来看,推进农村金融扶贫法律制度创新十分必要。

提升农村金融扶贫整体效益要求推进农村金融扶贫法律制度创新。目前,我国农村金融扶贫虽然取得了一些成效,但由于政府过度干预、金融机构动力不足、扶贫手段零散、风险规制滞后等原因,农村金融扶贫的整体效益还不高。推进农村金融扶贫法律制度创新,有利于强化对政府权力的规制和对金融扶贫机构的激励约束,促进扶贫手段整合和规范化,从而有利于降低金融扶贫成本,提高农村金融扶贫的整体效益。

二、研究意义

第一,有利于促进农村金融扶贫和推动金融服务乡村振兴。自 2004 年以来,中央一号文件连续 15 年强调改善和优化农村金融服务,强化金融支持农业发展的力度,支持信贷资金等流向"三农"和支持农村扶贫开发。本书在农村金融扶贫法律制度实践及理论研究的基础上,提出了推进农村金融扶贫法律制度创新的路径与对策建议,有利于强化农村金融扶贫、金融服务乡村振兴的法律保障,这对于农村金融助推精准脱贫,推进城乡一体化发展和乡村振兴战略实施,促进共同富裕和社会公平,具有重要意义。

第二,有利于强化对农村贫困者金融权利的保护。加强对农村贫困者金融权利的保护是发挥农村金融扶贫功能的重要路径。本书以强化农村贫困者金融权利保护为指引,系统研究了我国农村金融扶贫的主体与手段,这对于推进农村金融扶贫法律制度创新、强化农村贫困者权利保护和法律保障、增强农村贫困者和贫困地区的自我脱贫能力等具有重要意义。

第三,有利于推进农村金融法制建设。农村金融扶贫法律制度是农村金融法建设的重要内容。本书在对农村金融扶贫法律制度创新进行理论分析和国内外考察的基础上,系统分析了农村金融扶贫主体、扶贫手段及保障性法律制度等的创新问题,这有利于促进农村金融扶贫法律制度建设。

第四,有利于深化相关理论研究与推动学科建设。本书多维度系统研究了我国农村金融扶贫法律制度创新存在的问题,这对于强化农村金融扶贫的理论支撑,拓展农村金融、普惠金融、农村金融法治等的理论研究视角、研究内容与研究范式,促进多学科协同发展,推进金融学、法学等学科建设和创新,具有重要意义。

第二节　国内外相关研究现状述评

从总体来看,国内外相关研究主要集中在以下三个主要方面:

第一,农村金融扶贫问题研究。国外的农村金融扶贫实践与理论研究较为成熟。1974 年,穆罕默德·尤努斯创办的孟加拉乡村银行就专为农村贫困者提供小额信贷。Pischke、Adam 和 Donald 在考察了农民与正式金融组织之间的交易行为后,认为金融市场中政府有必要适当保护农民和农业。① Barr 指出银行向贫困者发放信贷有利于反贫困。② Neil Argent 研究了政策性金融在农村与农业反贫困发展中的作用,认为国家对农村金融市场的干预具有必要性。③ 国内农村金融扶贫的形式主要有政府贴息贷款、非政府组织信贷扶贫等。此外,相关研究不断深入。侯安栋、蒋凤志分析了中国农村信用社小额信贷扶贫效率上的优越性,提出了要发展小额信贷扶贫机构。④ 曾康霖提出了"扶贫性金融"概念,将其定义为弱势群体的融资。⑤ 曹洪民提出扶贫互助社在改进现有农村治理结构,解决农村发展中面临的金融抑止问题具有重要意义。⑥ 王鸾凤、朱小梅、吴秋实认为金融对扶贫作用有限是农村金融水平低下所致。⑦ 郭威研究了农村金融扶贫的经验、困境与对策。⑧ 王军就建立农村金融扶贫长效机制的措施进行了研究。钭利珍、梅继承、袁云峰等研究了农村金融支农惠农的"丽水模式",分析了城乡金融服务均等化的金融普惠扶贫发展路径。⑨ 洪晓成认为农村金融扶贫事业的健康发展要走全面协调、精准扶贫和商业化可持续的道路。⑩ 温涛、刘达认为我国农村金融扶贫在顶层设计、供给主体金融需求、实践模式、制度保障等方面存在问题。⑪ 郭利华系统研究了我国金融扶贫的政策演进、互联网金融扶贫与互联网金融手段的创新。⑫

① Piskche, Adams, Donald. Rural financial markets in developing countries[M]. London: The Johns Hopkins University Press, 1987.

② Barr M S. Banking and Poor[J]. Yale Journal on Regnlation, 2004(21):34-56.

③ Argent N. Whither the lander of last resort?: The rise and fall of public farm credit in Australia and New Lealand[J]. Journal of Rural Studies, 2000(6):47.

④ 侯安栋,蒋凤志. 小额信贷扶贫的交易机构创新[J]. 沈阳农业大学学报(社会科学版),2005(4):411—413.

⑤ 曾康霖. 再论扶贫性金融[J]. 金融研究,2007(3):1—9.

⑥ 曹洪民. 扶贫互助社:农村扶贫的重要制度创新——四川省仪陇县"搞好扶贫开发,构建社会主义和谐社会"试点案例分析[J]. 中国农村经济,2007(9):72—76.

⑦ 王鸾凤,朱小梅,吴秋实. 农村金融扶贫的困境与对策——以湖北省为例[J]. 国家行政学院学报,2012(6):99—103.

⑧ 郭威. 农村金融扶贫的经验、困境与对策——以广西富川县为例[J]. 理论探索,2013(5):98—102.

⑨ 钭利珍,梅继承,袁云峰,等. "丽水模式":农村金融普惠扶贫的实践与探索[J]. 浙江金融,2015(3):67—70.

⑩ 洪晓成. 普惠金融理论与我国农村金融扶贫问题调适[J]. 山东社会科学,2016(12):83—87.

⑪ 温涛,刘达. 农村金融扶贫:逻辑、实践与机制创新[J]. 社会科学战线,2019(2):65—71.

⑫ 郭利华. 金融扶贫:理论、政策与实践[M]. 北京:知识产权出版社,2019.

第二,农村金融法律制度问题研究。国外对农村金融法律制度的研究较为深入、全面。Pistor、Raiser 和 Geifer 研究了转轨国家金融执法效率与金融发展的关系问题,提出应当使用法律手段监管农村金融市场主体行为。① Klaus 研究了农村金融的治理、监管和金融机构的相互绩效。② Getaneh 研究了农村金融可持续发展面临的政策法律挑战与应对措施。③ 随着农村金融改革与创新的推进,国内农村金融法律制度研究的成果迅速增加。王亦平④、柴瑞娟⑤以及王建文和熊敬⑥等均研究了针对村镇银行等新型农村金融机构的法律规制。⑦ 王煜宇利用法律经济学的研究范式对我国农村金融法律制度的形成与变迁、需求与功能定位及绩效评价等问题进行了研究。⑧ 王怀勇系统研究了我国农村金融监管的法律制度。⑨ 高桂林、陈昊博研究了我国农村金融市场的准入制度、保险制度、司法帮扶机制、监管制度及法律责任制度创新等问题。⑩ 姜庆丹从市场准入和退出法律制度、产权法律制度、组织管理法律制度、监管法律制度和社员权益保护法律制度五个方面对我国农村合作金融法律制度创新进行了研究。⑪ 张燕研究了农村民间金融法律规制的理论基础、变迁与现状、路径选择等问题。⑫ 全

① Pistor K, Raiser M, Geifer S. Law and finance in transition economics[J]. Economics of Transition, 2000, 8(2): 325-368.
② Klaus P F. Governance, regulation and mutual financial intermediaries performance[J]. SSRN Electionic Journal, 2002, 8: 1-21.
③ Getaneh G. Sustainable rural finance: Prospects, challenges and implications[J]. International Neo Journal, 2009, 4(2): 12-26.
④ 王亦平. "农村资金互助社"法律规范之缺失[J]. 金融理论与实践, 2009(5): 66-70.
⑤ 柴瑞娟. 民间资本控股村镇银行:逻辑证成与法律规制[J]. 法学评论, 2012(6): 106-115.
⑥ 王建文, 熊敬. 小额贷款公司的法律规制与立法构想[J]. 国家检察官学院学报, 2013(1): 144-153.
⑦ 柴瑞娟. 民间资本控股村镇银行:逻辑证成与法律规制[J]. 法学评论, 2012(6): 106-115;王亦平. "农村资金互助社"法律规范之缺失[J]. 金融理论与实践, 2009(5): 66-70;王建文, 熊敬. 小额贷款公司的法律规制与立法构想[J]. 国家检察官学院学报, 2013(1): 144-153.
⑧ 王煜宇. 农村金融法律制度改革与创新[M]. 北京:法律出版社, 2010.
⑨ 王怀勇. 中国农村金融监管法律问题研究[M]. 北京:法律出版社, 2012.
⑩ 高桂林, 陈昊博. 中国农村金融法制创新研究[M]. 北京:法律出版社, 2015.
⑪ 姜庆丹. 金融发展权视角下农村合作金融法制创新研究[M]. 北京:法律出版社, 2016.
⑫ 张燕. 中国农村民间金融法律规制研究[M]. 北京:人民出版社, 2017.

国人大农业与农村委员会法案室全面研究了农村金融立法进程和立法对策。[①]

第三,农村金融扶贫法律制度问题研究。国外农村金融扶贫法律制度的研究成果不多。Getaneh 从农村金融市场失灵和逆向选择问题出发,强调法律制度设计对于确保农村金融服务惠及穷人的重要性。[②] 陈岱松从反贫困视角研究了与小额贷款公司设立、运营、监管等相关的法律制度。[③] 王曙光等基于普惠理论与扶贫开发,研究了农村金融重建中的制度创新与法律框架,构建了现代农村金融反贫困的法律路径。[④] 何炎提出了构建我国农村信贷扶贫法律制度的一般原则及具体立法建议。[⑤] 王渊喆运用法律经济学的理论和方法对农村金融扶贫法律机制进行了研究。[⑥] 信瑶瑶提出我国应完善创新机制、激励约束机制、协作机制和资源配置机制来建立可持续的农村金融扶贫制度。[⑦] 胡颖欣研究了我国农村金融扶贫法律制度取得的成效、存在的问题和创新路径。[⑧]

上述成果为本书的写作奠定了一定基础,但还存在不足之处。一是国内相关成果的研究思维缺乏多样性,缺乏从中央、地方与社会及立法、执法与司法等多方面研究农村金融扶贫及农村金融扶贫法律制度问题。二是虽有部分成果研究了农村金融制度的扶贫功能及农村金融扶贫法律制度,但总体缺乏深度与系统性,特别是对农村金融扶贫法律制度的理论研究尚为薄弱,更少有成果从乡村振兴背景研究农村金融扶贫法律制度的创新问题。三是相关成果主要从经济学、社会学、管理学等学科进行研究,从法学角度进行研究的极少。在农村精准扶贫、乡村振兴及全面建成小康社会等国家战略叠加的时代背景下,全面推进我国农村金融扶贫法律制度创新,强化

---

① 全国人大农业与农村委员会法案室. 农村金融法律制度研究[M]. 北京:中国法制出版社,2018.

② Getaneh G. Sustainable rural finance:Prospects,challenges and implications[J]. International Neo Journal,2009,4(2):12-26.

③ 陈岱松. 小额贷款公司法律制度研究——上海的实践与探索[M]. 北京:法律出版社,2010.

④ 王曙光等. 普惠金融:中国农村金融重构中的制度创新与法律框架[M]. 北京:北京大学出版社,2013.

⑤ 何炎. 我国农村信贷扶贫的法律制度研究[D]. 重庆:西南政法大学,2015.

⑥ 王渊喆. 法经济学视阈下的我国农村金融扶贫法律机制分析[D]. 太原:山西财经大学,2017.

⑦ 信瑶瑶. 中国农村金融扶贫的制度变迁与生成逻辑[J]. 甘肃社会科学,2019(3):151-156.

⑧ 胡颖欣. 我国金融扶贫法律制度创新[J]. 农业经济,2019(2):97-98.

"三农"的金融支持,极具重要战略意义。

第三节 研究目标和研究思路

一、研究目标

理论目标。对乡村振兴背景下农村金融扶贫法律制度创新的理论基础、理念与价值、创新路径等进行系统论证,搭建起农村金融扶贫法律制度理论的分析框架和基本研究范式,推进普惠金融、农村金融法律制度、农村反贫困法律制度等研究理论和研究思维创新,促进金融法学、农村金融学等学科建设。

实践目标。在深入分析乡村振兴背景下我国农村金融扶贫法律制度创新的实践需求、现状以及问题的基础上,从农村金融扶贫主体、农村金融扶贫手段、农村金融扶贫保障措施等方面提出推进我国农村金融扶贫法律制度创新的具有较强可操作性的对策建议,从而为农村金融扶贫和农村扶贫法制建设、农村金融立法等提供有益参考。

二、研究思路

本书按照"问题提出—理论分析—实证研究—对策建议"的基本思路,以构建现代化的农村金融扶贫法律制度为目标,首先,在我国农村金融扶贫问题分析基础上提出推动农村金融扶贫法律制度创新的必要性;其次,运用双重失灵、农村金融法治、制度变迁、农村发展权等理论,深入研究我国农村金融法律制度创新的理论基础和正当性依据;最后,在对国外农村金融扶贫法律制度建设的经验和我国农村金融扶贫立法体系、扶贫主体、扶贫手段及保障措施的现状等进行实证研究的基础上,提出推进农村金融扶贫法律制度创新的路径与对策建议。

第四节　研究方法

一、文献研究法

系统梳理和选取了农村金融扶贫、农村金融、反贫困及农村金融法律制度等方面的相关著作、期刊论文、电子文献等多种文献资料,厘清农村金融扶贫法律制度创新的研究现状,分析农村金融扶贫主体、扶贫手段及保障措施法律制度等。

二、实证研究法

通过问卷、访谈、案例分析等实证研究法研究我国农村金融扶贫法律制度及其创新问题,实证分析农村金融扶贫法律制度的实践成效和创新路径,为相关理论研究奠定基础。

三、价值分析法

采取价值分析法从应然层面分析我国农村金融扶贫法律制度创新的理念、价值取向及基本原则等,为法律制度创新与实施提供价值指引和理论指导。

四、规范分析法

研究近年有关农村金融、农村金融扶贫等的法律规范变迁与现状,寻找农村金融扶贫法律制度创新的思路与对策。

五、多学科综合研究法

综合运用法学、经济学、管理学等学科的基本原理和分析方法,探究我国农村金融扶贫法律制度创新的理论基础和现状问题,深入研究扶贫主体、扶贫手段、保障措施法律制度等。

第五节　创新之处

一、从研究视角来看

目前有关农村金融扶贫法律制度的研究主要采取单向性研究思维，强调政府管控地位。本书则以立体、网状与整体思维，立足于乡村振兴的时代背景，从规范与制度、手段与保障、实体与程序等方面，系统研究我国农村金融扶贫法律制度创新的原因、目标和对策等，从而拓展和创新了农村金融扶贫、农村金融扶贫法律制度等的研究视角。

二、从研究内容来看

目前，有关农村金融扶贫法律制度的研究主要采取综合性研究方法，相关研究成果往往深度不够。本书则从农村金融扶贫法律制度的主要构成要素、规范与制度出发，按照主体、手段、保障措施的基本思路，系统研究了农村金融扶贫法律制度的创新对策，为构建政府主导的多主体协同参与、扶贫手段多样化的现代农村金融扶贫法律制度提供了新思路，在研究内容上具有较好的创新性。

三、从研究观点来看

本书一定程度上修正、深化了既有研究成果，提出了以下创新性观点：我国农村金融扶贫存在瞄准对象偏差、供需脱节、持续性差、资金不足、效率低下等问题，推进金融扶贫法律制度创新是破解问题的重要路径。我国农村金融扶贫法律制度应坚持金融公平优先，兼顾效益与安全，从政府、金融机构、农村贫困者三个维度，扶贫主体、扶贫手段、保障措施三个方面，整体协同推进创新。我国应以实现合作金融、政策金融、商业金融、民间金融等方面的扶贫协作与适度竞争为目标，从构建农村金融扶贫立法体系、政府主导的多元主体协同参与制度，变革扶贫手段，创新保障措施等维度推进农村金融扶贫法律制度创新。

第二章　农村金融扶贫法律制度的概念框架及展开

第一节　核心概念内涵

一、农村金融

金融是资金融通与信用创造活动的总称。农村金融也就是农村资金融通和农村信用行为的总称。关于如何界定农村金融，学者提出了众多具有启发性的观点。王煜宇认为，"农村金融是指一切为农村经济服务的金融产品、金融机构、金融工具、金融活动及金融制度的总称"[①]。何广文、李树生认为，"农村金融即农村货币资金的融通，指以信用手段筹集、分配和管理农村货币资金的活动"[②]。高桂林、陈昊博认为，"农村金融是服务于农业、农村、农民以及涉农项目的一种金融模式"[③]。万宣辰认为，"农村金融是涵盖了在农村以及与农业密切相关的领域中，为农民、农业和农村经济服务而组织、调剂和管理货币资金的活动"[④]。

农村金融是经济社会发展变迁的产物，其内涵处于不断丰富和变化之

[①] 王煜宇.农村金融法律制度改革与创新：基于法经济学的分析范式[M].北京：法律出版社，2012.

[②] 何广文，李树生.农村金融学[M].北京：中国金融出版社，2008.

[③] 高桂林，陈昊博.中国农村金融法制创新研究[M].北京：中国法制出版社，2015.

[④] 万宣辰.中国农村金融发展研究[D].长春：吉林大学，2017.

中,在不同时期,带有一定时代色彩。早期,大部分学者从地域层面对农村金融进行界定,农村金融被称为"农村的金融"。改革开放以来,农村金融的重要性不断被强调,其内涵也不断丰富和拓展。自 2004 年以来,中央一号文件多次强调要改善农村金融服务,加强金融支农力度,支持信贷资金流向"三农"和支持农村扶贫开发。但是,农村金融的内涵不能仅仅从相对于城市金融的地域视角来理解,而应从金融服务对象与目标上来综合考量。因此,农村金融是服务农村、农业、农民的金融组织、金融产品、金融工具、金融活动及金融制度的总称。具有以下基本内涵和特征:一是农村金融是一种服务"三农"的金融模式,这是其区别于服务工商业发展的城市金融的地方。二是农村金融本质上属于一种金融交易行为。农村金融是建立在市场机制基础上的金融模式,是相关金融交易主体、交易合约和交易规则的总称。三是农村金融具有正外部性特征。"三农"是现代经济社会发展的基础和短板,也是决定经济社会发展质量和民生利益的关键之处,具有明显的正外部性特征。此外,农村金融以支持"三农"发展为己任,以提升农民等弱势群体的自我发展能力为基本目标,具有明显的正外部性特征。因此,农村金融需要有效协调营利性和公益性、政策性和商业性的矛盾。四是农村金融具有较高风险性。农村金融的服务对象是具有天然脆弱性的农业和作为弱势群体的农民等,因此农村金融也具有较高的风险性。五是农村金融是服务"三农"的所有金融主体及行为的总称,其内部结构极为复杂,具有综合性与系统性的特征。

二、农村金融扶贫

农村金融扶贫的概念,最早源于 1979 年 9 月中共十一届四中全会通过的《中共中央关于加快农业发展若干问题的决定》,其首次提出了"国家要有计划地发放专项长期低息或微息贷款,为了适应发展农村信贷事业的需要,中国农业银行应当积极做好农村的信贷工作"的决定。关于农村金融扶贫的内涵,洪晓成认为"农村金融扶贫是在政府政策引导下,通过设计合理的农村金融扶贫机制引导金融机构的产品和服务流向贫困地区,使贫困人口获得信贷支持,提高自身生产能力,促进其经济水平提高,进而提升偿还能力,实现农村金融可持续发展和农村贫困人口可持续脱贫"[①]。王渊喆将农

---

① 洪晓成.普惠金融理论与我国农村金融扶贫问题调适[J].山东社会科学,2016(12):85.

村金融扶贫定义为"在农村地区采用投放金融产品的方式,将救济扶贫转化为资本扶贫,运用金融杠杆的放大作用,调动贫困人口的积极性,使其自我发展的造血式扶贫模式"①。农村金额扶贫属于"造血式"扶贫模式,主要目的在于以市场化金融服务手段满足扶贫对象等的生产性资金需要,以提升其发展生产能力,从而达到自我反贫困的效果。因此,农村金融扶贫是向农村贫困者或能带动其脱贫的其他主体提供信贷、保险等金融服务,重点保障其生产型金融需求,以提高农村贫困者及农村自我脱贫能力的农村扶贫范式。农村金融扶贫具有以下基本内涵:一是农村金融扶贫的主要目标在于建立市场化的扶贫机制。农村金融扶贫是扶贫制度的重要创新,其主要目标一方面在于满足农村贫困者生产的资金需求,以金融驱动其生产资源的资本化;另一方面在于弥补传统财政扶贫持续性较差和政府过度干预的缺陷,利用市场调节机制,实现农村扶贫资金的可持续供给和资金使用效益提高的双赢。二是农村金融扶贫核心在于提升农村贫困者的自我反贫困能力。因为能力贫困是造成贫困问题的重要原因,农村金融扶贫的对象主要为具有一定生产经营能力和金融需求的农村贫困者,给予扶贫性金融服务可以激发其内在改变自身生活的动力,提升自我反贫困能力。

三、农村金融扶贫法律制度

法律制度是法学理论研究与实务中经常使用的基础性概念,众多学者对法律制度的内涵进行了探索。弗里德曼在《法律制度》一书中提出"法律制度"无法定义,对此只能采取描述性的方法,认为"结构是法律制度的基本的、明显的组成部分,实体是另一部分。制度的结构是两种要素中的骨架,它是持久的模型,体制性的架构,是将程序保持在轨道之内的坚硬的骨骼。实体由实质性规则及有关机构运作的规则组成"②。孙国华认为,"法律制度指有共同调整对象从而相互联系、相互配合的若干法律规则的组合,如所有权制度、合同制度等具体制度。有时,法律制度的内涵要大得多,它包括法,又大于法,是一个包括国家整个上层建筑的系统"③。以上学者从不同视角对法律制度的概念内涵进行了研究,观点各有差异,但对法律制度的界

---

① 王渊喆.法经济学视阈下的我国农村金融扶贫法律机制分析[D].太原:山西财经大学,2017.
② [美]弗里德曼.法律制度[M].李琼英,译.北京:中国政法大学出版社,1994.
③ 孙国华.法理学教程[M].北京:中国人民大学出版社,1994.

定也有众多共识：法律制度主要是法律对社会关系的调整，表现为一系列的规则、规范。综合以上观点，法律制度是指调整特定社会关系的法律原则、规则、规范等的总称。农村金融扶贫法律制度则是指调整农村金融扶贫社会关系的原则、规制、规范及其相互关系的总体。

四、法律制度创新

"创新是指以现有的思维模式提出有别于常规或常人思路的见解为导向，利用现有的知识和物质，在特定的环境中，本着理想化需要或为满足社会需求，而改进或创造新的事物、方法、元素、路径、环境，并能获得一定有益效果的行为。"[①]这是关于创新的一般定义。经济学家首先从制度学层面对创新进行了研究。熊彼特在《熊彼特：经济发展理论》中曾指出："创新就是建立一种新的生产函数，即把一种从来没有过的生产要素和生产条件的新组合引入生产体系。"[②]诺思则运用熊彼特的创新理论研究了制度变迁现象，首次提出了"制度创新"的概念，并建立了新古典经济学的"理性选择"模型。[③]经济学上的制度创新包括正式制度创新和非正式制度创新。法律制度创新类似于经济学意义上的正式制度创新，是指特定法律制度的原有形态被新形态取代，从而实现法律制度的理念、规范等的优化和现代化发展的过程，是法律变革和法律现代化的基本动力和有效途径。农村金融扶贫法律制度创新包含如下内涵：一是农村金融扶贫法律制度创新的实质是法律制度变迁和现代化过程，既包括理念、价值取向现代化，也包括立法体系、制度规范等的现代化。二是农村金融扶贫法律制度创新意味着对现有的相关法律制度进行变革，既包括构建新的法律制度，也包括对现有法律制度的完善。

第二节　农村金融扶贫法律制度的特征

农村金融扶贫法律制度是规制政府调节行为，规范金融机构等的农村

---

① 吴怀宇，程光文，丁宇，等.高校学生创新能力培养途径探索[J].武汉科技大学学报（社会科学版），2012（3）：334.

② 熊彼特.熊彼特：经济发展理论[M].邹建平，译.北京：中国画报出版社，2012.

③ 刘和旺，颜鹏飞.论诺思制度变迁理论的演变[J].当代经济研究，2005（12）：21.

扶贫行为,保护扶贫对象权益,以提高农村金融扶贫效益,促进农村精准脱贫和全面建成小康社会的重要保障制度,其具有以下基本特征。

一、政策性

政策性是指农村金融扶贫法律制度相对于其他法律制度来说,明显具有灵活性、变动性、容易受到国家政策影响,以及强制性弱的特点,因为大部分农村金融扶贫法律制度是农村金融扶贫政策法律化的结果。此外,农村扶贫开发战略的阶段性、农村金融改革的动态性、农村金融扶贫法律的政府依赖性也是造成其政策性特征的重要原因。农村金融扶贫法律制度的政策性特征也使得其依赖政府力量,以政府"自上而下"推进和当事人自我实施为主要实施方式。

二、倾斜性

倾斜性是指国家立足于整体经济发展战略和时代需要,从维护社会利益出发,对农村金融发展、农村贫困者金融服务方面给予一定程度的倾斜性、特别性扶持,以强化脱贫致富的金融支持。倾斜性是充分彰显农村金融扶贫法律制度的本质和基本价值取向的特征之一。金融是驱动农村贫困者将农村资源转化为发展资本的基本要素,保障农民特别是贫困农民得到必要的金融支持,是实现其脱贫致富的一个重要条件,而作为弱势群体的农村贫困者往往难以在没有政府的保护下获得必要的金融服务。只有通过政府适度干预,制定和实施倾斜性的农村金融服务供给政策与法律机制,才能真正保障其平等地与金融机构发生金融服务关系。倾斜性特征也彰显了农村金融扶贫法律制度所追求的实质公平、保护弱者、包容发展的理念,充分体现了农村金融扶贫法律制度的国家干预性本质。

三、控权性

农村金融扶贫法律制度创新的重要目标之一是弥补当前农村金融扶贫政策难以有效监督政府扶贫调节权和保护农村贫困者权利的缺陷。其通过对政府农村金融扶贫干预行为的规范和控制,将其关进法治的"牢笼",以规范政府权力天然所具有的扩张性和滥用性,保护被干预者的权益。控权性是农村金融扶贫法律制度与农村金融扶贫政策的重要区别所在,也是其核心特征之一。控权性充分彰显了农村金融扶贫法律制度的法治理念和基本价值取向,也确定了其规制政府的农村金融扶贫行为的思路和内容。

四、协调性

协调性是指农村金融扶贫法律制度的本质和核心内容是协调法律关系主体的利益,协调农村金融的营利性和公益性矛盾。农村金融扶贫法律制度以提高农村贫困者自我发展能力,完善农村公共政策为基本目标,对农村金融扶贫关系进行调整,对参与扶贫主体的利益进行协调,也需要对法律制度中的政治、经济、社会效益进行协调,因此,具有明显的协调性特征。一是协调性充分体现了农村金融扶贫法律制度的引导性、调节性。二是协调性也彰显了农村金融扶贫法律制度的重点在于协调主体的各种利益关系。农村金融扶贫法律制度需要协调好局部和整体利益、经济与社会利益、当前与长远利益、中央与地方利益等,以实现扶贫对象利益倾斜性保护和主体利益平衡。

五、现代性

现代性特征是指农村金融扶贫法律制度相对于传统的法律制度在理念、产生基础和制度形成上具有先进性、科学性。农村金融扶贫法律制度建立在现代化金融市场的基础上,以普惠金融和现代金融法治理念为指导,以实现金融发展包容性、共享性为基本目标,通过构建一系列扶贫调节制度来保障农村贫困者的金融权利与金融服务的可获得性。农村金融扶贫法律制度的现代性不仅体现为其指导理念具有先进性,而且体现在其超越了传统反贫困制度体系,推进了商业化、可持续的农村反贫困制度的构建,是农村扶贫开发制度的重要创新。

第三节　农村金融扶贫法律制度的结构

"类型是建立在一般及特别间的中间高度,它是一种相对具体,一种在事物中的普遍性。"[①]类型化是可从复杂的主体中抽象出某类主体的共性与特征,为主体的法律化塑造和调整提供可能和基础。农村金融扶贫法律制

---

① [德]阿图尔·考夫曼.法律哲学[M].刘幸等,译.北京:法律出版社,2004.

度的结构,是指从类型化角度分析构成农村金融扶贫法律制度整体的部分及其相互关系,从而为立法规范设计和制度构建奠定基础。农村金融扶贫法律制度属于综合性的制度体系,具有复杂的内部结构。一般来说,法律制度的结构包括运行层面的制度结构和目标层面的功能结构,故以下将从制度和功能两个层面分析农村金融扶贫法律制度的内在结构。

一、农村金融扶贫法律制度的制度结构

从制度层面来看,农村金融扶贫实质上是在政府调控和监管下,激励金融机构广泛投入扶贫资金,采取扶贫贴息贷款、小额贷款、农业保险等手段为农村贫困者提供有效金融服务的动态过程。因此,从制度层面来看,农村金融扶贫法律制度由农村金融扶贫主体法律制度、农村金融扶贫手段法律制度、农村金融扶贫实施保障性法律制度构成。

（一）农村金融扶贫主体法律制度

农村金融扶贫法律制度的主体包括农村金融扶贫主体和扶贫对象。农村金融扶贫主体是农村金融扶贫的发起者和实施者,在法律制度中处于核心地位。一般来说,政府、金融机构是农村金融扶贫的基本主体。此外,其他非金融机构,比如担保公司、小额贷款公司等也可称为农村金融扶贫主体,而且一些社会公益组织也参与农村金融扶贫。为此,政府不仅应通过设立金融机构或鼓励更多的金融机构参与农村金融扶贫,也应通过差异化存款准备金等调控机制,拓展农村扶贫金融资源的规模,引导更多的金融资源参与农村金融扶贫。农村金融扶贫对象为接受扶贫主体,主要包括贫困户、贫困地区及能带动农村贫困者脱贫的主体。农村金融扶贫主体法律制度主要包括调整政府、金融机构、社会组织等农村金融扶贫主体的性质,确定农村金融扶贫对象的法律范围、分类、识别标准、权利义务等内容。

（二）农村金融扶贫手段法律制度

农村金融扶贫是扶贫主体和扶贫对象的双向互动行为,采取合适、科学的扶贫手段是农村金融扶贫的重要内容。农村贫困者的生产资金需求往往具有需求量少、季节性强、偿还期限长等特征,采取适合农村贫困者的金融扶贫手段是实现农村金融扶贫法律制度目的的关键所在。农村金融扶贫法律制度不仅需要采取现代信息技术对传统的扶贫贴息贷款、小额信贷、农业保险等金融工具进行变革,还需要采取互联网金融、手机银行等现代化金融

扶贫手段。同时,农村金融扶贫应坚持商业化可持续原则,建立市场化的运行机制,切忌政府大包大揽,因为建立在主体平等基础上的农村金融扶贫服务交易制度,是农村金融扶贫手段的重要组成部分。

（三）农村金融扶贫实施保障性法律制度

农村金融扶贫的良性发展需要以有效的保障性法律制度为基础,因此,农村金融扶贫实施保障性法律制度亦很重要。农村金融扶贫实施保障性法律制度主要包括以下部分:第一,农村基本设施建设法律制度。具体包括农村信用体系、农村金融信息体系、农村创新创业培训体系等保障性法律制度。第二,农村金融扶贫监管法律制度。农村金融扶贫具有较高的风险性。在实施过程,金融机构可能出现违反扶贫政策、违规使用扶贫资金等问题,扶贫对象也可能出现违规使用资金、不履行金融合同等行为,从而导致农村金融扶贫法律制度目标偏离,因此应强化农村金融扶贫的法律监管。农村金融扶贫监管法律制度是调整农村金融扶贫监管主体、监管目标、监管措施等的制度。第三,农村金融扶贫程序保障法律制度。一是农村金融扶贫操作程序法律制度。构建科学、高效的农村金融扶贫操作程序,是实现农村金融扶贫法律制度权力规范和权利保护的需要,也是农村金融扶贫实体法律制度公平正义的重要保障。农村金融扶贫操作程序包括农村金融扶贫的启动、实施、退出、评价及监督等程序,应突出金融扶贫瞄准的有效性、实施的公开与公正性、效果的可评价性。二是农村金融扶贫适用法律程序制度。具体包括农村金融扶贫执法、司法及非诉讼方式的农村金融扶贫争议解决程序机制。

二、农村金融扶贫法律制度的功能结构

"金融扶贫的实现机制是通过遵循金融运行规律,运用信贷、保险、基金等金融组织方式,将金融资金注入扶贫产业项目和贫困农户,以此激活其他潜在的生产要素（如土地、资本、劳动力、技术和管理等）加入到贫困地区生产发展和人力资本积累过程,最终形成贫困地区和贫困农户可持续的发展能力。"[①]据此,农村金融扶贫本质上是通过采取贷款、保险、证券、基金等金融工具和手段,以强化金融支持,从而实现农村反贫困目标。从功能层面来

---

① 李伶俐,周灿,王定祥.中国农村扶贫金融制度:沿革、经验与趋向[J].农村经济,2018(1):61.

看,农村金融扶贫法律制度主要由农村贷款扶贫法律制度、农村保险扶贫法律制度、农村证券扶贫法律制度、农村民间金融扶贫法律制度,以及农村基金扶贫法律制度等构成。

（一）农村贷款扶贫法律制度

农村贷款扶贫是指在政府引导和规制下,金融机构向农村贫困者提供贷款资金,从而为其生产活动提供金融支持。资金是农村扶贫开发的基本条件,农村贫困者通过从银行等金融机构获得生产所需的资金是促进其脱贫的重要手段。在农村金融扶贫法律制度中,农村贷款扶贫处于基础与核心地位。由于缺乏抵押物等,农村贫困者往往难以获得有效的贷款服务。因此,农村贷款扶贫要求金融组织变革金融服务理念和服务方式,在风险可控基础上,向农村贫困者提供包容性、普惠性的贷款服务。农村贷款扶贫法律制度是规范农村贷款扶贫关系的总称,具体就农村贷款扶贫主体及对象的权利义务、扶贫贷款合同、贷款资金管理、扶贫贷款风险控制等进行规范。

（二）农村保险扶贫法律制度

农村保险扶贫法律制度是规范农村保险扶贫对象、保险范围、保险合同等法律规范的总体。对农民特别是欠发达地区的农民来说,一场突如其来的灾害会将其推向更加贫困的境地,因灾致贫与返贫是导致农民贫困的重要原因之一。农业是典型的高风险产业,建立农村保险扶贫法律制度,对于控制农业给农村贫困者所带来的难以承受的风险,增强其反贫困能力十分重要。"构建农村保险扶贫法律制度,能够充分发挥农村保险化解农业风险、稳定农民收入、防控农民因灾致贫与返贫、保障国家粮食安全能够与促进小康社会建设等作用,是推进农村精准扶贫精准脱贫的内在需求。"[①]此外,农村保险扶贫法律制度能够减轻扶贫对象的生产风险,保障扶贫信贷制度运行的安全。

（三）农村证券扶贫法律制度

农村证券扶贫法律制度是促进金融扶贫和产业扶贫相融合的基本制度,是调整农村证券扶贫企业的范围、扶贫企业证券的发行与交易、扶贫性证券的扶持力度等法律规范的总称。证券市场是主要的直接融资市场,通

---

① 谭正航.精准扶贫视角下的我国农业保险扶贫困境与法律保障机制完善[J].兰州学刊,2016(9):167.

过证券扶贫方式不仅能减小农业企业的资金偿还压力,而且有利于其改进治理结构。农村证券扶贫指在政府的引导和扶持下,对符合条件的贫困地区的农业企业在股票、债券融资等方面给予优惠,以支持农业企业发展生产,从而通过其带动与辐射,促进农村贫困者脱贫致富。

（四）农村民间金融扶贫法律制度

"民间金融是指由民间非国有经济主体投资和经营,依靠民间信用,在官方监管之外的金融交易形式,主要包括民间借贷、合会、钱背、私人钱庄、农村合作基金等形式。"[①]与正规金融相比,内生性的农村民间金融具有信息充分、手续简单等比较优势。由于正规金融贷款要求高、手续复杂等原因,农村贫困者有时更愿意选择民间金融进行融资。引导农村民间金融发挥作用,对于充分利用社会资金、弥补正规金融的不足等具有重要意义。但农村民间金融也具有融资成本高、容易引发违法犯罪行为的内在缺陷,因此,需要法律对其加以规制。农村民间金融扶贫法律制度主要规范农村民间金融扶贫途径,进行激励、监管与风险控制等。此外,农村民间金融扶贫法律制度是引导民间金融支持"三农"发展,减少运行风险,实现农村民间金融与正规金融进行扶贫合作的重要保障。

（五）农村基金扶贫法律制度

农村基金扶贫是在政府引导下以支持农村扶贫开发为基本目标,设立市场化运行的基金管理组织,政府投入适当的引导资金,向社会公众发行基金份额来筹集资金,并由基金管理组织担任基金管理人以管理基金资产,从事投资活动。农村基金扶贫尽管是以扶贫为使命,但以市场化运作为基础,有利于扩大政府扶贫资金的规模,以政府信用对社会资金形成引导、聚集效应。农村基金扶贫法律制度是规范农村扶贫基金的设立、引导政府资金投入、确定基金扶贫投资对象与范围、保护投资者利益等法律规范的总称。农村基金扶贫法律制度借助政府或社会机制向农村贫困者或能带动贫困者脱贫的企业提供资金支持,具有公益性、营利性及保障性等特征。

---

① 郑耀群,周新生.我国民间金融发展的制度变迁与制度安排[J].经济经纬,2007(6):140.

第四节　农村金融扶贫法律关系分析

一、农村金融扶贫法律关系概述

在农村金融扶贫中,主体之间必然会形成各种形态的法律关系。用法律关系范式分析农村金融扶贫法律制度,能更清晰理解其内涵,深入把握农村金融扶贫中主体的权利义务,为法律制度创新奠定基础。

农村金融扶贫法律关系是指农村金融扶贫法律规范在调整农村金融扶贫关系过程中,政府、金融机构、扶贫对象等主体之间形成的权利义务关系。其内涵包含:其一,农村金融扶贫法律关系以农村金融扶贫法律规范的存在为条件,是农村金融扶贫法律规范对农村金融扶贫关系调整的结果。其二,农村金融扶贫法律关系主要为扶贫主体与扶贫对象之间的法律关系。法律关系的主体具有非平等性和平等性的双重特征。其三,农村金融扶贫法律关系的权利义务关系具有非对称性,其强调政府主导和扶贫对象的权利保护。"法律关系的要素,是指构成法律关系的必不可少的因素,即形成当事人之间权利义务关系的必要条件。"[①]通常认为,法律关系包括主体、客体、内容三个要素。因此,也要从主体、客体、内容要素角度来分析农村金融扶贫法律关系的构成要素。

二、农村金融扶贫法律关系主体

主体是农村金融扶贫法律关系中权利义务的承受者和行为实施者,是法律关系的基本构成要素。从总体上看,农村金融扶贫法律关系的主体可分为两大类。

(一)农村金融扶贫主体

农村金融扶贫主体是实施农村金融扶贫的政府、金融机构、金融业务类企业、社会公益组织等,在农村金融扶贫法律关系的产生、发展中起决定性作用。政府是农村金融扶贫的核心主体,在农村金融扶贫中起引导、促进、

---

① 吕志祥,辛万鹏.再论经济法律关系的要素[J].佛山科学技术学院学报(社会科学版),2004
(2):47.

调控、监管等作用。金融机构特别是农村金融机构是农村金融扶贫的基本主体,为扶贫对象提供贷款、农业保险等金融服务。金融业务类企业,诸如农村担保机构、小额贷款公司等亦为重要的农村金融扶贫主体。社会公益组织是农村金融扶贫的参与性主体,其主要通过参与农村金融服务供给、调控与监督等方式进行农村金融扶贫,如中国社会科学院农村发展所实施的小额信贷扶贫项目——"扶贫经济合作社"。

（二）农村金融扶贫对象

农村金融扶贫对象是农村金融扶贫主体的相对方,是农村金融扶贫行为的承受者和受益者。在农村金融扶贫对象法律关系中,农村金融扶贫主体是金融服务的主导者和供给者,而扶贫对象是金融服务的接受者和受益者。农村金融扶贫对象并非完全处于被动状态,也具有能动性和独立性,可自我决定是否申请金融扶贫,以及对金融扶贫服务和产品类型具有选择权。政府等主体一般只能通过引导性、倡导性规范和措施来实施扶贫行为,其对农村扶贫对象一般不能采取强制性管制手段。农村金融扶贫对象主要包括以下几类。

（1）贫困农户。《农村信用合作社农户小额信用贷款管理指导意见》第二条规定:农户是指具有农业户口,主要从事农村土地耕作或者其他与农村经济发展有关的生产经营活动的农民、个体经营户等。农户是农村生产经营的基本单元,是农村金融扶贫的主要瞄准对象。一般来说,贫困农户为人均收入处于国家规定的贫困线以下的农户。农民陷入贫困状态的重要原因在于难以获得其生产所需要的资金。通过金融扶贫,保障贫困农户以公平价格获取金融服务,保障其更好地利用人力资本、生产资本等增强财富创造能力,内生自我脱贫和自我发展能力。农村金融扶贫应将贫困农户作为扶贫重点,这样才能保证扶贫措施的精准性,实现农村贫困人口的脱贫致富。当然,并非所有贫困农户都为农村金融扶贫对象,必须从两个方面来确定其是否为农村金融扶贫对象,一是看其是否基于生产而产生对金融服务的需求;二是看其是否已经被相关部门确定为金融扶贫对象。将农村金融扶贫的基本对象定位为贫困农户是聚焦扶贫对象,实现农村金融扶贫目标的关键所在。

（2）贫困地区。贫困地区指地区人均经济收入与人均消费未达到全国人均水平的地区。农村金融扶贫所指的贫困地区包括贫困县、贫困乡镇及贫困村,大部分贫困地区处于区域整体性贫困状况。对贫困地区的基本设施、产业、教育等进行金融扶贫,有利于整体性脱贫和实现共同富裕。我国贫困地区主要集中在中部地区、西部山区、西南地区,以及东北地区。截至2018年底,我国尚有国家级贫困县585个,其中深度贫困县334个。至今均已全部实现整体性脱贫。

(3)带动农村贫困者脱贫的主体。带动农村贫困者脱贫的主体是能吸收农村贫困者就业,带动农村贫困者发展生产与增收收入的经营主体,主要包括贫困地区农业产业化龙头企业、专业大户、农民合作社等新型农业经营主体。加大对贫困地区新型农业经营主体的金融扶持力度,能起到有效带动贫困人口脱贫致富和促进农村产业发展的作用。因为,贫困地区农业产业化龙头企业、专业大户、农民合作社等新型农业经营主体对于吸纳农村贫困人口就业、适度提升农村生产经营规模、促进农村脱贫致富具有重要作用。融资难、融资贵是新型农业经营主体发展面临的瓶颈问题之一。将其列为农村金融扶贫对象,不仅有利于破解其融资问题,而且有利于引导和激励其发挥带动贫困人口脱贫致富的作用。当然,在将新型农业经营主体作为农村金融扶贫对象时,必须重点分析与评价其与农村贫困者的利益联结关系,带动农村贫困者就业、发展生产等的能力与效果。

三、农村金融扶贫法律关系客体

"任何事物要成为法律关系客体,必须满足'最低限度的'特征或者说是标准,即客体的、有用性、可控性、独立性、社会性、法律性。"[①]目前学界大都认为法律关系客体包括行为、物质财富、非物质财富等。农村金融扶贫法律关系的客体是农村金融扶贫主体和扶贫对象权利义务所指向的对象,其客体范围主要包括以下几类。

(一)农村金融扶贫行为

农村金融扶贫行为是政府、金融机构等农村金融扶贫主体为支持农村扶贫对象发展生产、促进农村扶贫对象脱贫致富所实施的系列行为的总称。政府等主体通过引导、扶持、监管等行为推动农村金融扶贫,实现反贫困目标。金融机构则通过扶贫产品和服务开发等实现扶贫目标。农村金融扶贫对象则是通过金融扶贫产品和服务交易行为,配合金融扶贫调控和监管行

---

① 王品.经济法律关系客体之构成——兼论"软资源"作为经济法律关系的客体[J].安庆师范学院学报(社会科学版),2009(2):109—110.

为而实现其权利和义务。可见,农村金融扶贫行为是农村金融扶贫法律关系的基本客体,主要包括农村扶贫金融资源的组织和供给、扶贫对象的瞄准、服务的创新,以及调控和监管等。

(二)农村金融扶贫利益

在农村金融扶贫法律关系中,政府主要采取引导性、促进性手段来推进农村金融扶贫。因此,其必须运用相应的手段和调控措施,并通过农村金融扶贫手段和调控措施的单独或综合使用实现促进农村金融扶贫的目标。农村金融扶贫对象配合政府行为的基本动力在于能够获得可预期的利益,这种利益主要是由政府干预、金融机构交易行为而产生。因此,基于政府金融扶贫调控行为形成的利益也是农村金融扶贫法律关系的重要客体之一。

四、农村金融扶贫法律关系内容

(一)农村金融扶贫主体的权利义务

(1)农村金融扶贫主体的权利。调控、监管农村金融扶贫的主体为公权力行使主体,其依法具有农村金融扶贫调控权、监管权等。农村金融扶贫调控权、监管权等的行使具有强制性、不可放弃性和权利责任一致性的特征。农村金融扶贫调控权具体包括调控决策权、调控实施执行力等;农村金融扶贫监管权包括金融机构设立审批权、金融扶贫服务监督权、违反行为查处权等。

金融机构是为农村金融扶贫对象提供金融服务的基本主体。在政府进行调控、监管时,金融机构相应具有请求获得特定利益的权利、提出意见或建议的权利、监督的权利等。在为农村扶贫对象提供金融扶贫服务时,金融机构享有设计扶贫产品的权利、决定金融扶贫服务交易的权利、监督扶贫对象资金使用的权利、要求按规定偿还扶贫资金的权利等。

(2)农村金融扶贫主体的义务。政府的义务与其法定权力紧密相关,目的在于保障权力的正当行使,保护社会公众的权利。政府的义务主要有:其一,依法行使权力的义务。促进政府依法行使权力是规范农村金融扶贫行为、实现扶贫对象脱贫致富目标的基础。其二,公正实施调控、监管行为的义务。政府部门在实施调控、监管时,必须从正当性、成本与效益等方面综合考量其公正性。其三,保护被调控、被监管对象合法权益的义务等。金融机构的义务有:其一,接受政府部门调控、监管的义务。其二,创新金融扶贫产品和为扶贫对象提供金融服务的义务。其三,履行金融扶贫合同的义务。金融机构应全面履行在政府引导和督促下与扶贫对象订立的金融扶贫服务合同,以保障农村金融扶贫对象权利的实现。

(二)农村金融扶贫对象的权利义务

(1)农村金融扶贫对象的权利。倾斜保护农村金融扶贫对象的权利,提高其金融扶贫服务获得能力,是农村金融扶贫法律制度的宗旨所在,也是促进政府、金融机构履行金融扶贫义务的条件。农村金融扶贫对象的权利主要有:其一,是否接受农村金融扶贫的决定权。农村金融扶贫行为是非强制性行为,扶贫对象可自我决定是否接受。其二,预期利益保护权。农村金融扶贫对象按照扶贫调控主体的要求等做出相应的行为,预期利益应得到保护。其三,损害赔偿请求权。农村金融扶贫主体的行为损害到扶贫对象的权益时,其有权请求赔偿。其四,参与权。农村金融扶贫对象有权参与调控、监管决策、执行等行为,以促进政府调控、监管行为的民主性与科学性。其五,批评建议权。农村金融扶贫对象对扶贫主体的行为有依法提出建议和批评的权利。

(2)农村金融扶贫对象的义务。在农村金融扶贫法律关系中,需要强化对扶贫对象权利的保障,因为,其权利与义务具有不对称性。当然,其也需要承担与之相应的法律义务。农村金融扶贫对象的义务主要有:其一,遵守和配合金融扶贫干预的义务。在特殊情形下,政府可采取强制性调控措施,金融扶贫对象必须服从和遵守强制调控行为等,并履行相应义务。其二,接受金融扶贫服务提供者监督检查的义务。金融扶贫服务提供者有权对扶贫对象的资金使用等状况进行监督检查,以促使扶贫对象合规使用资金,降低农村金融扶贫的风险。其三,按规定缴纳资金和费用的义务。这是扶贫对象的基本义务,也是实现农村金融扶贫法律制度目标和可持续发展的重点所在,如农村信贷扶贫对象有按期偿还本金和利息的义务,农业保险扶贫对象有按规定缴纳保险费用的义务等。

农村金融扶贫是向农村贫困者、贫困地区或能带动其脱贫的新型农业经营主体等提供贷款、保险等金融服务,重点保障其生产型金融需求,以提高农村贫困者的自我反贫困能力的机制。农村金融扶贫属于市场化运行的扶贫机制,有效弥补了传统救济式扶贫方式持续性差、效益低的内在缺陷,是农村金融和农村扶贫制度的重要创新。因此,构建农村金融扶贫法律制度是克服农村金融扶贫政策缺陷以保障其有序运行,提高农村金融反贫困效益的必然选择。此外,农村金融扶贫法律制度具有政策性、倾斜性、控权性、协调性、现代性等基本特征。从制度层面来看,农村金融扶贫法律制度由扶贫主体、扶贫手段及实施保障性法律制度构成;从功能层面来看,农村金融扶贫法律制度由农村贷款扶贫、农业保险扶贫、农村证券扶贫、农村民间金融扶贫、农村基金扶贫等法律制度构成。农村金融扶贫法律制度的主体、内容、客体分别具有独特的构成要素。从法律关系范式分析农村金融扶贫法律制度的构成要素,对于更为深刻理解其内涵,深入把握农村金融扶贫过程中主体的权利义务,推进农村金融扶贫法律制度创新具有重要意义。

第三章　乡村振兴背景下农村
金融扶贫法律制度创新的提出

随着高质量完成脱贫攻坚目标,我国农村绝对贫困问题全面破解。但是,农村相对贫困问题会长期存在,因而农村金融扶贫法律制度建设依然重要。目前,我国农村金融扶贫虽然取得了众多成效,但仍存在政府定位偏差、管制过度,扶贫瞄准偏误,农村贫困者权利缺乏有效保护及整体绩效不高等问题。造成这些问题的一个重要原因在于农村金融扶贫法律制度不完善,因而,推进我国农村金融扶贫法律制度创新十分必要。农村金融扶贫问题与农村金融扶贫法律制度创新有何关联,我国农村金融扶贫法律制度创新具有何重要价值,是本章研究的主要问题。

第一节　农村金融扶贫的成效与问题

一、农村金融扶贫取得的成效

目前,农村金融扶贫主要有政府扶贫贴息贷款、小额信贷扶贫、农业保险扶贫、互联网金融扶贫等形式。我国农村金融的反贫困作用逐步得到重视,农村金融扶贫措施不断创新,取得了重要成效,为促进全面脱贫和乡村振兴有效衔接奠定了金融基础。

（一）加强了农村金融扶贫组织建设

近年来,我国通过大力推进农村金融扶贫组织建设来提高农村金融扶贫的有效性。一是推进新型农村金融机构发展,提高了农村金融服务的可获得性。中国人民银行、中国银监会接连出台了《关于调整放宽农村地区银行业金融机构准入政策 更好支持社会主义新农村建设的若干意见》《村镇银行管理暂行规定》《贷款公司管理暂行规定》《农村资金互助社管理暂行规定》等关于新型农村金融机构发展规制的法律文件,有力保障和促进了新型农村金融机构的发展。近年,我国新型农村金融机构得到了较快发展。"2015年,我国新型农村金融机构的资产总额为47869.6亿元,负债总额为46471.7亿元,各项贷款总额为2066.55亿元,各项存款达到了2441.45亿元。"[1]而到2019年,我国新型农村金融机构达到9349个,为2011年的2.45倍(见表3-1)。新型农村金融机构的增加有效提高了农村金融扶贫主体获得金融服务的便利性。二是推进商业银行普遍设立"三农"金融事业部,为实施差异化的农村金融调控政策,促进商业银行精准扶贫提供了制度保障。三是推进农村金融扶贫服务室或工作室建设。目前我国大部分农村设立了农村金融扶贫服务室或工作室,配置专人从事农村金融扶贫服务。农民足不出村就可获得"一站式"金融服务,有效解决了金融机构网点不足、人员短缺的问题,真正实现了"接地气"[2]。农村金融扶贫服务室或工作室延伸了新型农村金融扶贫机构的功能,是农村金融扶贫组织制度的重要创新。

表3-1　2011—2019年中国新型农村金融机构的数量　　　　单位:个

年份	村镇银行	小额贷款公司	农村资金互助社	合计
2011	726	3027	50	3803
2012	800	6080	49	6929
2013	903	7839	64	8806
2014	950	8791	69	9810
2015	1027	8910	101	10038
2016	1443	8673	112	10228
2017	1601	8471	51	10123
2018	1616	8133	45	9794
2019	1622	7680	47	9349

数据来源:中国人民银行、银保监会网站公布数据统计。

(二)加大了农村金融扶贫服务供给力度

农民贫困的重要原因之一在于难以获得发展生产所需要的资金。随着

---

[1]　高晓光.新型农村金融机构可持续发展研究[J].吉林金融研究,2016(8):18.
[2]　王军.如何建立农村金融扶贫长效机制[J].红旗文稿,2014(9):32.

我国农村扶贫开发和农村金融改革战略的推进,农村扶贫信贷资金、农村金融扶贫服务资金的供给数量不断提升,为农村产业发展、精准脱贫和全面小康社会建设提供了有力的金融支持。自 2007 年创立涉农贷款以来,到 2016 年,我国全部金融机构涉农贷款余额累计增长 361.7%,平均年增速为 18.8%,涉农贷款余额从 2007 年末的 6.1 万亿元增加至 2016 年末的 28.2 万亿元,占各项贷款的比重从 22% 提高至 26.5%。到 2017 年,银行类金融机构已经向贫困农户发放超过 1200 亿元的扶贫小额信贷(见表 3-2)。[①] 2007—2016 年,我国农业保险保费收入从 51.8 亿元增长到 417.1 亿元,参保农户从 4981 万户次增长到 2.04 亿户次,承保农作物从 2.3 亿亩增加到 17.2 亿亩,分别增长了 7.1 倍、3.1 倍和 6.5 倍。[②] 我国"三农"获得金融资源的能力和力度大幅度提高。农村金融扶贫产品和服务供给能力的提高,不仅为农村产业扶贫、教育扶贫等提供了有效的金融支持,而且为提升农村贫困者自我反贫困能力、促进农业可持续发展奠定了基础。

表 3-2　2007—2019 年全口径"三农"贷款情况

年份	涉农贷款余额/万亿元	占各项贷款比重/%	余额同比增速/%
2007	6.1	22.0	—
2008	6.9	21.6	20.8
2009	9.1	21.5	32.1
2010	11.8	23.1	28.9
2011	14.6	25.1	24.9
2012	17.6	26.2	20.7
2013	20.9	27.3	18.4
2014	23.6	28.1	13.0
2015	26.4	27.8	11.7
2016	28.2	26.5	7.1

数据来源:《中国农村金融服务报告》及中国银行官网公布数据统计。

---

① 骆伽利,蔡洋萍.我国农村金融机构扶贫现状及影响因素分析[J].科学与管理,2017(2):61.
② 骆伽利,蔡洋萍.我国农村金融机构扶贫现状及影响因素分析[J].科学与管理,2017(2):62.

（三）创新了农村金融扶贫产品与服务

一是在政府引导下，我国农村金融扶贫产品与服务得以不断创新，逐步适应了扶贫对象的多样化金融服务需求，提高了农村金融扶贫的精准度。如湘西土家族苗族自治州针对建档立卡的贫困农户和农村特色优势产业推出了"扶贫小额信贷""惠农易贷""富惠贷"等金融服务产品；广西北海、崇左等地涉农金融机构根据"一村一品"特色农业的特点，推出了"支付宝""蔬菜大棚抵押"等特色贷款业务；①中国银行间市场交易商协会组织成员创新推出了扶贫票据。② 二是农村金融服务担保机制不断创新，有效降低了农村贫困者贷款等扶贫性金融服务的风险。截至 2016 年末，232 个农地抵押贷款试点县贷款余额 140 亿元，59 个农房抵押贷款试点县贷款余额 126 亿元。③ 三是农村金融扶贫与产业扶贫等深度融合。许多地方推出了"龙头企业＋基地＋农户""公司＋合作社＋农户"等金融扶贫新方式，不仅强化了农村金融精准扶贫的效果，同时也有效降低了扶贫资金的运营风险。

（四）强化了农村金融基础设施建设

不断夯实农村金融基础设施，是强化农村金融反贫困功能和促进农村普惠金融发展的需要。我国采取了一系列有效措施强化农村金融基本设施建设：一是加强农村信用和支付体系建设。"截至 2016 年末，全国累计为1.72 亿农户建立信用档案，已有近 9248 万农户获得银行贷款，贷款余额2.7 万亿元。"④中国人民银行充分发挥宏观调控功能，采取有效措施促进金融支付清算体系建设，引导金融机构间加强协作。"在中国人民银行的政策引导下，支付机构、商业银行和清算机构扩大了支付的覆盖范围，并健全了支付结算体系。"⑤农村信用和支付体系建设为农村金融扶贫有效运行、保障农村贫困者金融权利奠定了基础。二是创新农村金融便民服务机制。"许多地方政府积极探索推进扶贫金融创新途径，某些地方组建了金融办事中心，包括金融、保险、小额贷款、土地交易、房产抵押、法律咨询等多种便民

---

① 涂思.我国农村金融扶贫的成果、困境与出路[J].长沙民政职业技术学院学报,2016(3):85.
② 扶贫票据是发行人将一定比例的募集资金用于扶贫的债务融资工具。
③ 中国人民银行农村金融服务研究小组.中国农村金融服务报告 2016[M].北京:中国金融出版社,2017.
④ 中国人民银行农村金融服务研究小组.中国农村金融服务报告 2016[M].北京:中国金融出版社,2017.
⑤ 包志鹏.我国农村金融发展现状及问题研究[J].农村经济与科技,2018(4):81.

服务。"①三是扩大农村金融服务网点覆盖面和提高便利性,全面消除"金融服务空白乡"。消除"金融服务空白乡",打通了金融服务"三农"的"最后一公里",为优化农村金融反贫困效应提供了环境支撑。

（五）加强了农村金融扶贫调控

优化政府的调控功能是农村金融扶贫持续健康发展的重要保障。一是为增加扶贫资金供给能力,创设扶贫再贷款工具,实行比支农再贷款更为优惠的利率。如 2016 年末,全国扶贫再贷款余额达 1127 亿元。② 2018 年末,扶贫再贷款余额达 1822 亿元,同比增长 12.74%。③ 二是国家建立了扶贫专项资金,专用于扶贫开发。如 2016 年我国中央财政专项扶贫资金相比上年增加 43.4%,达到了 670 亿元。同时,省级财政专项扶贫资金预算也快速增长,达到 400 多亿,较上年增加近一半。④ 三是政府建立了提高贫困地区金融资源供给能力的再贷款等调控机制。四是政府加强了对金融机构扶贫的引导。综合采取规划、财政、税收、评价等激励措施,引导农村金融机构加大对"三农"金融资源的配置力度,推动金融服务产品创新。

（六）制定了系列农村金融扶贫政策性文件

随着我国农村扶贫开发战略的推进,农村金融反贫困作用不断凸显。1979 年 9 月,中共十一届四中全会通过的《中共中央关于加快农业发展若干问题的决定》首次提出了"国家要有计划地发放专项长期低息或微息贷款,为了适应发展农村信贷事业的需要,中国农业银行应当积极做好农村的信贷工作"的重要决定。2001 年 6 月,国务院印发的《中国农村扶贫和开发纲要(2001—2010 年)》提出要"继续安排并增加扶贫贷款,积极稳妥地推广扶贫到户的小额信贷,支持贫困农户发展生产"。2011 年 12 月,国务院印发的《中国农村扶贫开发纲要(2011—2020 年)》提出了要"努力满足扶贫对象发展生产的资金需求,积极发展农村保险事业,鼓励保险机构在贫困地区建立基层服务网点"。2013 年 12 月,中共中央办公厅、国务院办公厅发布的

①　郭红满.金融扶贫重在提升"精准度"[J].人民论坛,2017(8):86.
②　中国人民银行农村金融服务研究小组.中国农村金融服务报告 2016[M].北京:中国金融出版社,2017.
③　中国人民银行农村金融服务研究小组.中国农村金融服务报告 2018[M].北京:中国金融出版社,2019.
④　骆伽利,蔡洋萍.我国农村金融机构扶贫现状及影响因素分析[J].科学与管理,2017(2):61.

《关于创新机制扎实推进农村扶贫开发工作的意见》明确提出了"改善对农业产业化龙头企业、家庭农场、农民合作社、农村残疾人扶贫基地等经营组织的金融服务"的金融扶贫目标。2015年11月,《中共中央国务院关于打赢脱贫攻坚战的决定》强调了"重点支持贫困地区发展特色产业和贫困人口就业创业"的金融扶贫制度创新方向。同年12月,国务院制定了《推进普惠金融发展规划(2016—2020年)》。2016年6月,中国人民银行、国家发展改革委、财政部、中国银监会、中国证监会、中国保监会、国务院扶贫开发领导小组办公室等联合印发了《关于金融助推脱贫攻坚的实施意见》,对深入推进农村金融扶贫工作进行具体部署。这些政策性文件为农村金融扶贫工作的有效实施提供了政策依据、行动目标和方向指南,也为农村金融扶贫法律制度构建与创新奠定了一定基础。

我国农村金融扶贫措施提高了扶贫对象瞄准的精准性,增加了农村金融资源供给,加强了农村金融基础设施建设,强化了对农村扶贫对象生产经营的金融支持,有力地提高了农村贫困者的自我反贫困能力。

二、对农村金融扶贫存在的主要问题的调查分析

(一)农村金融扶贫问题的实证调查

1. 实证研究思路与方案设计

实证研究(empirical study)是基于对事实、客观现象、数据进行系统的验证而得出问题结论的研究范式。实证研究方法为通过对研究对象大量的观察、实验和调查,获取客观材料,从个别到一般,归纳出事物的本质属性和发展规律的一种研究方法。大致包括数理实证研究法与案例实证研究法两种。实证研究法从具体问题的调查出发,在分析抽象的基础上获得对事物的一般性、普遍性规律的认识,具有明显的可信性和科学性。因此,为强化对农村金融扶贫法律制度及实施过程中问题的认识,农村金融法制调研团队[①]采取实证研究方法,通过专题访谈、问卷调查等方式,对农村金融扶贫法律制度中的政府、金融机构、扶贫对象等主体关系,农村金融扶贫制度与规范,农村金融扶贫责任问题进行了全面的研究。为全面、准确把握农村金融扶贫法律制度的现状与问题,提出有效对策提供实践基础。

---

① 农村金融法制调研团队,谭正航为负责人,尹珊珊、金娟、黄潇潇、邓冰聪、李在华等为团队成员。

目前,虽然我国农村信用合作社大部分已经改制为农村商业银行,但依然是农村金融扶贫的基础力量。作为农村金融组织改革中的重要创新——村镇银行法律制度的基本宗旨为服务"三农",为我国农村金融扶贫的重要力量之一。贫困农户(民)是农村金融扶贫基本对象和重要参与主体,也是农村金融扶贫法律制度的基本权利义务主体,在农村金融扶贫法律制度实施和创新中具体核心地位。基于此,农村金融法制调研团队选取了湖南省凤凰县农村商业银行、湘西苗族自治州长行村镇银行作为案例研究对象,采取调查问卷结合访谈的形式重点对其进行实证研究。同时,农村金融法制调研团队采取问卷调查的形式深入湖南、江西、贵州、新疆等地的贫困地区,对贫困农户(民)金融扶贫的效果及存在的问题开展了实证调研,共取得有效调查问卷样本 400 份。在实践研究基础上,深入挖掘和分析农村金融扶贫过程中存在的法律问题,为分析我国农村金融扶贫法律制度问题与创新对策提供了一定的实践依据。

2.对湖南省凤凰县农村商业银行金融扶贫的调研

凤凰县因沈从文的小说《边城》而闻名于世,为湖南最穷的 11 个县之一,被列为全国深度贫困县。到 2018 年 12 月 31 日,凤凰县建档立卡的贫困农户尚有 22564 户,共计 91250 人。参加凤凰县农商银行信用评级的农户有 22564 户,参评率 100%;获得有效授信 18814 户,贫困农户(民)贷款授信额度 47814 万元,授信率 83%;凤凰县农商银行贫困农户(民)小额信用贷款 6691 笔,金额 13154.1 万元,占贷款总额的 3.9%。凤凰县农商银行贯彻落实政府及湖南省联社扶贫工作的要求,把农村金融扶贫作为重要任务之一,以加快扶贫贷款发放为抓手,以完善金融服务功能为主线,大力支持农村精准扶贫,取得了较好的工作成效。农村金融法制调研团队与凤凰县农商银信贷部负责人刘××、信贷管理工作人员彭××、马××等就农村金融扶贫现状与问题进行了访谈,具体如下。

(1)农村金融扶贫中银行与政府关系的处理。凤凰县农商银行在工作中强调政府主导地位,在政府引导下全面推进政银合作。一是建立了定期协商机制。农商银行与县扶贫办定期召开扶贫协调会。二是统一开展政策宣传,两者合作组建政银扶贫宣传队,联合下乡入村对金融扶贫工作等进行宣传,积极做好金融扶贫教育工作。三是联合开展金融需求调查。政府与农商银行的客户经理组成调查队,对建档立卡的贫困农户(民)的金融需求等进行摸底调查。

（2）农村信贷扶贫制度创新。在访谈中了解到凤凰县农商银行采取以下措施推进农村信贷扶贫：一是建立扶贫贷款绿色通道。全面实施三天限时办结制度，即从收到贫困农户（民）的扶贫贷款申请之日起算，调查一天，审批一天，完成贷款发放一天；同时在确保风险可控的前提下，对承担主体、资信情况、信贷文本等进行了适当调整，使之更契合扶贫贷款的需求特点。二是创新扶贫信贷产品与服务。创新推出了贫困农户（民）信用贷款，丰富了贷款产品体系，满足了不同客户的金融需求。三是实现客户分层授信。对具有一定劳动能力与劳动技术，已自主发展产业的建档立卡的贫困农户（民）实行直接授信；对无劳动技术、无致富能力或文化程度低，不能自主脱贫的，则通过对能起到带动脱贫作用的农民专业合作社和龙头企业等授信。

（3）农村扶贫贷款保障措施。在访谈中了解到凤凰县农商银行采取以下措施保障农村信贷扶贫：一是制定尽职免责条例。针对部分客户经理对扶贫贷款的"惧贷"心理，出台了尽职免责条例，明确了相关流程及责任划分，打消员工的贷款发放顾虑，提高了工作效率。二是完善考核激励机制。对扶贫贷款发放实行"一月一通报、一季一考核、一年一考评"的考核机制，对工作进度慢、任务完成缺口大的支行负责人进行通报批评、诫勉谈话、免职等处理，并取消年终评优评先的资格。

（4）农村金融扶贫风险控制机制。凤凰县农商银行针对部分贫困农户（民）认为扶贫贷款是"白送"的钱，部分扶贫资金被挤占挪用的情况，重点从宣传和风险监控机制上入手，确保扶贫贷款的风险可控。一是加大业务宣传。通过走村串户、短信、微信等方式加强对信贷扶贫工作的宣传，引导贫困农户（民）提高信用意识，明白扶贫贷款不是政府救济，必须偿还，确保金融扶贫的可持续性。二是加强资金监督。加强与乡、村两级政府的协调，全面监督扶贫资金的使用；加强对贫困农户（民）的教育，要求其按规定使用扶贫资金，对于挪用扶贫资金的行为，及时采取增加保证人、提前收回扶贫贷款等补救措施。三是强化资金调查。严格执行贷款"三查"，确保信贷资产质量，坚持扶贫信贷原则，选准有劳动创业技能、发展意愿、帮扶潜力的贫困农户（民），重点给予信贷支持。

（5）农村金融扶贫困境和制度创新思路。在访谈中了解到贫困农户（民）发展生产的困难在于缺少项目资金，农村精准扶贫实施后，虽然实现了部分项目与资金的有效对接，实现了致富有门路、生产有资金的良性循环。但部分贫困农户（民）既缺技术，又缺致富产业和资金，在银行将扶贫贷款发放到位后,贫困农户(民)因无产业基础,只能将资金存入银行。此外,凤凰县农商银行金融扶贫产品主要为扶贫小额信贷,额度不大,难以适应贫困农户(民)大规模生产的需求。因此,凤凰县农商银行计划在提升传统扶贫信贷品牌的同时,探索推进农村土地承包经营权抵押贷款,支持贫困农户(民)大力发展水果、油茶、烟叶、茶叶、蔬菜等有市场、有效益的特色主导产业。

3. 对湘西长行村镇银行金融扶贫的调研

湘西长行村镇银行成立于2010年12月,是由长沙银行作为主发起人设立的村镇银行。湘西长行村镇银行注册资本5.6亿元;截至2017年6月底,资产总额达87.18亿元,存款总额突破71.65亿元,各项贷款余额56.58亿元。在金融精准扶贫方面,湘西长行村镇银行以基准利率累计投放扶贫再贷款1.47亿元,并推出创新产品"助保贷",累计投放3800万元。[①]湘西长行村镇银行现下辖11家支行、30个营业网点,共有员工430余人。湘西长行村镇银行积极推进农村金融扶贫,为湘西地区农业产业化发展提供了有力的金融支持,其金融产品业务包括了三部分:个人业务、小微企业和公司业务;惠及"三农"、小微企业融资的信贷产品主要有"租金贷""吉湘贷""助保贷"三类。农村金融法制调研团队就其农村金融扶贫的效果及相关法律问题与信贷部负责人张××、信贷部李××等5名工作人员进行了访谈和问卷调查。

(1)关于"是否有针对'三农'领域提供专门的金融服务"这一问题,该行大部分工作人员选择的是"有专门的农村金融产品和业务"这一选项,其中"助保贷""惠农担—粮食贷"为村镇银行专门针对贫困农户(民)提供的信贷产品和服务。

(2)关于"《村镇银行管理暂行规定》将村镇银行贷款发放规定为首先满足县域内农户、农业、农村经济发展的需要,实际运行是否是这样"这一问题,该行大部分工作人员选择了"有时不太是"选项,认为村镇银行有偏离服务"三农"的倾向。

(3)关于"村镇银行扶贫金融产品和服务存在哪些问题"这一问题,该行大部分工作人员选择"村镇银行现有的金融产品创新不足,还有很多金融产品未开通""村镇银行的结算渠道不畅通""目前的金融产品主要适合利润较

---

① 蒋剑. 湘西长行村镇银行追梦"三农" 存款破70亿![EB/OL]. (2017-07-10)[2019-10-11]. http://www.sohu.com/a/155911623_612781.

高的中小企业,很少照顾到农民信贷权利"这些选项。调查显示,尽管湘西长行村镇银行逐渐摸索出如"惠农担—粮食贷"这类新产品,但针对贫困农户(民)的贷款相对于其他贷款而言仍然比重不大,贫困农户(民)一般难以从湘西长行村镇银行获得生产发展所需的资金。

(4)关于"村镇银行吸收存款能力不足、资金短缺严重的原因是什么"这一问题,该行大部分工作人员选择了"村镇银行吸收存款缺乏优势""没有开通异地存取款业务"等选项。

(5)关于"村镇银行扶贫贷款利率存在什么问题"这一问题,该行大部分工作人员认为湘西长行村镇银行的贷款利率偏高,扶贫对象还款压力较大。

(6)关于"在实际发放贷款的过程中村镇银行的贷款数额是否能满足贷款对象的贷款需要"这一问题,该行大部分工作人员选择的是"远不能满足";当问及借款人的还款率时,得到的答案是到期还款率为90%以上。

(7)关于"村镇银行金融扶贫存在哪些监管问题"这一问题,该行大部分工作人员认为虽然村镇银行的监管机制完善,但实际操作中的监管较为宽松,加上基层监管组织人手不足与能力局限等问题,从而难以有效监控相关金融风险。

(8)关于"政府针对村镇银行的优惠政策有哪些"这一问题,该行大部分工作人员选择了"针对村镇银行的支农再贷款利率有优惠政策",并认为政府帮扶力度尚不够大。

(9)关于"村镇银行向'三农'领域提供融资服务受到哪些因素制约"这一问题,该行大部分工作人员选择了"'三农'领域贷款不良率高""农产品交易价格变化不可控""农村信用环境及信用体系建设较为薄弱"等选项。

4. 贫困农户(民)金融扶贫的问卷调研

为了深入了解农村金融扶贫与法律保障的发展情况,2015 年 7 月起,农村金融法制调研团队成员及参与调研的大学生等深入湖南、江西、贵州、新疆等地区的农村开展乡村振兴与农村金融扶贫现状与问题调研活动,就农村金融扶贫现状与存在问题开展了实证调研,共取得有效样本 400 份。通过实证调研和数据分析,对农村金融扶贫现状与存在的问题有了深刻认识。

(1)被调查者年龄和接受教育状况。被调查者主要为建档立卡的贫困农户(民),其中 60 岁以上的占 33%,50～60 岁的占 21%,40～49 岁的占

18％,30～39岁的占21％,30岁以下的占7％,其中女性占多数。被调查者素质整体较低,大部分都只有小学、初中文化,其中小学文化占34％,初中文化占39％,高中及以上文化仅占18％,其中还有9％的人没有上过学。

(2)被调查者收入情况。在国家大力推进农村精准脱贫和乡村振兴战略的大背景下,贫困农户(民)的年收入有了明显提高,生活条件也得到了较大的改善。调查数据显示,年收入4000元以上的占37％,2000～4000元的占45％,1000～1999元的占12％,1000元以下的占6％。农村反贫困战略的有效实施,使得大部分贫困农户(民)已经或正在走上脱贫致富的道路,但仍然有一部分贫困农户(民)收入水平较低或处于深度贫困状态,属于农村精准扶贫的重点对象。

(3)被调查者获得资金的渠道。随着我国农村扶贫开发和乡村振兴战略等叠加推进,农村经济得到快速发展,从而内生对贷款、农业保险、结算等金融服务产生大量需求。调查数据显示,有50％以上贫困农户(民)向金融机构申请过贷款,但只有35％左右的贫困农户(民)获得了贷款,而其中从金融机构获得的贷款中,61％来源于农村信用社或农村商业银行,从农村政策性银行、大型商业银行、村镇银行、农村资金互助社、贷款公司等获得贷款的人数较少。贫困农户(民)的另一个重要融资渠道为民间借贷,有21％的被调查者表示曾经从民间借贷处获得资金(见表3-3)。

表 3-3　贫困农户主要融资渠道

选项	所占比例/％
大型商业银行	3
农村信用社或农商银行	61
村镇银行	5
民间借贷	21
农村资金互助社	4
其他	6

(4)被调查者贷款意愿和原因。鉴于贫困地区农村经济发展较慢、农业生产基础较为薄弱,国家为帮助农村脱贫致富,针对农村地区的贫困农户(民)实施了一系列惠民贷款政策,例如免息减息、贴息补贴、信用贷款等。从回收的有效调查问卷来看,大部分的贫困农户(民)不选择去银行贷款,原

因包括：35％的贫困农户（民）认为贷款手续复杂与门槛高，22％认为没有关系，11％认为贷款利息高，7％认为服务态度差，10％认为贷款担保条件苛刻，5％认为放款数量少，10％是由于其他原因。

　　（5）被调查者对金融扶贫服务的了解情况。调查数据显示，有35％的贫困农户（民）表示很了解金融扶贫，40％表示对金融扶贫服务了解一些，21％表示对金融扶贫服务不太了解，只有4％的表示完全不了解。大部分贫困农户（民）希望能够获得金融扶贫服务和政策方面的知识。

　　（6）扶贫性金融服务获得的条件。调查数据显示，在获得扶贫性金融服务方面，发展生产的贫困农户（民）可获取程度最高，达到50％。接着是生活困难者，达到31％，从事种植业、养殖业等生产性活动容易得到政府的扶贫性金融服务支持（见图3-1）。但由于对政府的依赖性太强和扶贫资金有限，精准识别户以外的贫困农户（民）一般难以获得扶贫性金融服务。

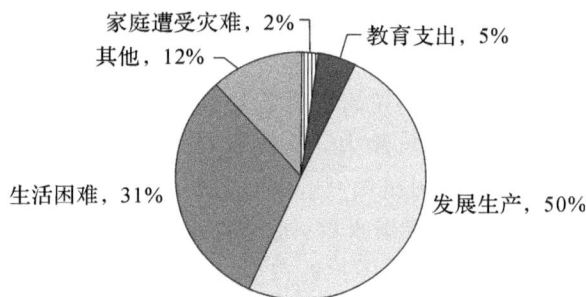

家庭遭受灾难，2％　教育支出，5％
其他，12％
生活困难，31％
发展生产，50％

图 3-1　农民获得扶贫性金融服务的条件

　　（7）被调查者金融服务种类的需求情况。随着乡村振兴战略的持续推进，农村产业化程度明显提高，贫困农户（民）获得的资金不断增多，对金融服务的种类和质量的需求不断提升。从调查数据来看，存贷款业务依然是贫困农户（民）首要的金融服务需求，占52％，接着是支付和货币转移服务，占29％（见表3-4）。此外，对农业保险、结算、票据服务等需求不断增加。在金融服务是否能满足生产和生活状况的调查中，有11％的贫困农户（民）表示金融机构提供的金融服务能满足需求，45％表示能基本满足，32％表示较少满足。

表 3-4　贫困农户(民)金融服务需求种类

选项	所占比例/%
存贷款业务	52
支付和货币转移	29
农业保险	11
结算业务	5
其他	3

(8)被调查者贷款抵押物选择情况。贫困农户(民)缺少价值高的抵押物是造成融资难的重要原因,也是金融机构从事涉农贷款热情不高的主要原因。从调查数据来看(可同时选择多项),贫困农户(民)选择的抵押物一是土地经营权,占62%;二是林权,占45%;三是农业生产工具,占17%;四是房屋,占14%;五是其他抵押物,占11%。

(9)被调查者信用状况。传统理论普遍认为,农村、农户(民)信用状况差,因而导致农村金融服务风险大。伴随农村信用体系和制度建设,农村、农户(民)的信用状况有了明显提高,从而为农村金融扶贫法律制度的运行奠定了良好基础。从调查数据来看,选择借钱还款的占47%,选择变卖家产还款的占24%,选择有钱再还款的占22%,选择不还款的占11%,选择其他还款方式的为11%。

5.关于政府扶贫管理部门等对农村金融扶贫情况的调研

政府是农村金融扶贫的基本主体。农村金融法制调研团队通过发放调查问卷、走访的形式,对部分贫困县政府的扶贫部门、税务部门、金融管理部门等的负责人及工作人员进行了调查,从中挑选有效样本100份。调查结果表明:61%的被调查者认为农村金融扶贫主要是政府的事情,15%的被调查者认为金融机构负主要扶贫责任,4%的被调查者认为村委会负主要责任。对于扶贫性金融机构是否应设立特殊的标准和给予优惠待遇,68%的被调查者认为应该有,有23%的被调查者认为不应该有,有9%的被调查者表示不清楚。关于政府应加强哪方面的农村金融扶贫职能(多项选题),45%的被调查者认为政府应进一步加强财政投入,65%的被调查者认为政府应加强对扶贫对象的扶贫贷款支持,16%的被调查者认为政府应加强对具有带动脱贫能力的农村新型经营主体的金融支持,31%的被调查者认为政府应加快推动贫困地区金融基础设施建设。

（二）实证调查凸显的农村金融扶贫问题和思考

从对农村金融扶贫的实证调查来看，我国在农村金融扶贫服务产品与服务创新、金融资源供给拓展、风险控制、农村信用体系完善等方面取得了众多成效，为乡村振兴战略的实施提供了重要的金融支撑。但是，我国农村金融扶贫在政府与市场、社会的关系定位，扶贫性金融服务供需关系，农村金融扶贫产品服务开发与创新，扶贫主体动力，农村信用体系建设，农村金融扶贫整体绩效等方面尚存在一些问题。以下将结合实证调查和理论分析，系统归纳我国农村金融扶贫所存在的主要问题。

（1）政府定位存在偏差。科学定位政府在农村金融扶贫中的功能和职责，对于规范政府在农村金融扶贫中的行为、提升扶贫绩效、强化市场机制对农村金融扶贫的基础性调节作用、促进农村金融扶贫健康持续发展十分重要。目前，政府在农村金融扶贫中还存在定位偏差的问题。首先，过于依赖政府。政府特别是地方政府在农村金融扶贫启动、实施与监督中处于绝对的主导地位。"地方政府具有目标与任务的多重性，其干预贫困地区金融机构的资源流向，易导致金融资源配置低效。"[①]如从实证调查中得知，农村金融扶贫的全过程都依赖于政府，金融机构等大都认为农村金融扶贫是政府的事情。对政府的过度依赖影响到金融机构等主体的功能定位和在农村金融扶贫中的作用发挥，导致市场化的农村金融扶贫机制难以建立，社会公益组织难以有效参与农村金融扶贫。其次，政府功能缺位问题突出。政府在农村金融扶贫中应强化调控、监管功能，夯实农村金融扶贫法律制度运行所需要的基本设施和制度环境。目前，不仅我国农村金融扶贫实施的金融基础设施供给不足，而且农村金融法制和农村金融扶贫法制供给不足，从而制约了农村金融扶贫法律制度的稳健运行。政府功能定位不准不仅影响到农村金融扶贫整体效益的提升，也制约了科学的农村金融扶贫法律制度的构建与创新。

（2）农村金融扶贫供需不均衡矛盾仍然突出。供需均衡是实现农村金融扶贫目标的关键，也是保障其持续发展的基础。目前，农村金融扶贫供给数量不足与有效需求不足问题并存。一方面，随着我国农村产业发展和农

①　高天跃.贵州民族地区金融精准扶贫的难点及对策研究[J].黑龙江民族丛刊,2016(4):73.

民收入增长,"三农"领域对金融服务的需求日益增长。具有扶贫带动效应的农村中小企业、农村新型经营主体等对生产资金的需求量、需求规模大幅度增长,但其有效需求只有部分能得到满足。另一方面,农村金融扶贫有效需求不足。从实证调查可知,目前针对农村建档立卡贫困农户(民)的扶贫小额信贷最高只有 5 万元,难以满足发展产业的需要。此外,扶贫对象的有效金融需求不足。如 2015 年对河南农村金融服务状况的一项调查显示,农村贫困者贷款发生率只有 39.8%,从未申请过贷款的农村贫困者占比达到 37%,其中,40~49 岁农村劳动力没有申请贷款的占 46%。[1] 对湘西州等地的调查也表明,只有精准识别的建档立卡贫困农户(民)才有机会获得 5 万元的小额信贷,其余贫困农户(民)发展生产所需要的信贷需求很难得到满足。而且由于缺乏产业、技术支撑等原因,部分建档立卡贫困农户(民)将获得的小额信贷用于家庭消费,或者是直接存入银行获得利息收入,从而偏离了农村金融扶贫的初衷。再者,农村金融扶贫产品和服务供需不均衡。目前,农村金融扶贫的主要产品为信贷,其中以扶贫小额信贷为主。但是随着农村产业发展和农村全面小康社会建设,扶贫对象对保险、结算、理财等服务的需求逐渐增加,而目前这些金融服务缺乏基本的供给。

(3)农村金融扶贫面临风险与成本高的双重约束。首先,农业是高风险产业,农村金融扶贫面临的资金风险要远高于其他产业。"涉农贷款具有天生的脆弱性,农户还款能力受到气候、农产品价格等自然条件和市场行情的影响,导致涉农贷款的不良贷款率为 2.4%,相比普通贷款 1.74% 的水平,不良贷款率普遍较高。"[2]再加上部分农村贫困者将金融扶贫资金看作政府的福利资金而不偿还,致使故意违约的道德风险不断增高。如在实证调查中了解到,部分农村贫困者认为扶贫贷款是政府"白送"的钱,不需要偿还。其次,农村金融扶贫还存在成本高的问题。"贫困农户的贷款需求往往具有'小、频、急、多'的特点,以商业银行现有的人员、设备和技术还无法实现批量化、规模化操作,单笔贷款和单个农户的业务成本相对较高。"[3]加上农村金融扶贫资金具有风险高的内在缺陷,更是增加了农村金融扶贫的运行成本,从而使得农村金融面临供需抑制的双重困难。"现有小额贷款的高利率

---

① 王茜.农村金融扶贫开发面临的主要问题及对策探析[N].金融时报,2016-07-27(3).

② 吴平凡.农村金融扶贫的难点与对策[J].人民论坛,2017(34):74.

③ 洪晓成.普惠金融理论与我国农村金融扶贫问题调适[J].山东社会科学,2016(12):86.

使得农户对金融扶贫持谨慎与怀疑的态度,而涉农贷款的高不良率又使得商业银行对金融扶贫持观望与保守的态度。"①农村金融扶贫风险与成本双高的约束,必然影响扶贫对象获得资金的动力和使用资金的效益,影响金融机构金融扶贫的供给动力,破坏其发展的可持续性。因此,采取有效措施降低风险和成本,是实现农村金融扶贫目标需要解决的重要难题。

(4)农村金融扶贫激励与约束不足。首先,目前我国大多数金融机构将农村金融扶贫视为政治任务,缺乏推动农村金融扶贫创新的内在动力。"似所有金融机构都参与扶贫,但真正深入乡村,深入到一家一户扶贫的金融机构不多。"②这一方面与金融机构的农村金融扶贫理念和价值认识偏差有关,另一方面与金融机构的金融扶贫激励与约束不足有关。不管是农村金融机构网点的有限性还是农民贷款难的问题均与金融业的"嫌贫爱富"有直接联系。③ 由于没有建立有效的保险、担保及风险补偿等机制,金融机构的农村金融扶贫风险高。对以追求经济效益最大化为主要目标的金融机构来说,构建有效的激励机制极为重要。目前,金融机构扶贫有税收减免、风险补偿等激励机制,但这些激励措施力度不够,而且缺乏整体性和稳定性。其次,对从事农村金融扶贫的金融机构在组织发展、绩效考核、差异化监管等方面缺乏有效的激励措施。最后,对地方政府的农村金融扶贫行为也缺乏应有的激励。地方政府是农村金融扶贫法律制度的重要主体之一,在GDP竞争极为激烈的当今,预期收益较低的农村金融扶贫对地方政府也缺乏应有的激励作用。特别是要获得国家的扶贫资金往往需要地方政府提供相应配套措施,更是使得其缺乏扶贫的内在动力。

更为重要的是,农村金融扶贫缺少有效的约束机制。首先,主导农村金融扶贫既是政府的职责,也是履行保护农村贫困者金融权利的基本义务。但目前没有法律制度对政府的金融扶贫义务进行明确规定。其次,参与金融扶贫是金融机构的法定义务之一,也是金融机构履行社会责任的重要内容。但是,目前还没有法律法规对金融机构的扶贫义务和责任进行明确规定,也没有法律明确规定金融机构要将在农村吸储的资金的一定比例用于

---

① 洪晓成.普惠金融理论与我国农村金融扶贫问题调适[J].山东社会科学,2016(12):85.

② 宋昕.农村金融精准扶贫难点[J].中国金融,2017(12):98.

③ 王鸾凤,朱小梅,吴秋实.农村金融扶贫的困境与对策—以湖北省为例[J].国家行政学院学报,2012(6):102.

农村信贷,也尚未建立对地方政府、金融机构的金融扶贫的考核、评价、惩罚等法律机制。可见,我国农村金融扶贫约束法律机制也尚处于不完善状态。

三、农村金融扶贫问题对农村金融扶贫法律制度建设的要求

经济是法律制度构建与运行的基础,法律制度对经济发展起到重要支持和保障作用,法律滞后往往是导致经济发展出现问题的重要原因。造成我国农村金融扶贫存在问题的原因众多,重要原因之一在于农村金融扶贫法律制度尚不完善。要破解我国农村金融扶贫问题,保障其规范和持续健康发展,就应加强农村金融扶贫法律制度建设。我国农村金融扶贫存在的问题对农村金融扶贫法律制度建设提出了如下要求。

(一)推进政府法律规制转型

科学定位政府在农村金融扶贫中的职能是其持续发展的基础。农村金融扶贫既要发挥政府调控和对财政资金的引导作用,也要激发金融机构和社会组织等参与的内在动力和积极性。农村金融扶贫的政府管控模式难以激发金融机构等主体的扶贫动力,甚至容易引发农村金融扶贫目标异化、权力滥用与腐败等问题。因此,需要求摒弃单纯依靠政府管控治理的法律规制模式。许多国家相关政策与法律都选择政府管控与市场促进合作的模式,通过税收、补贴、奖励等市场机制的调节作用克服政府规制的缺陷。农村金融扶贫问题的产生一方面证明了政府管控规制失灵;另一方面也充分证明了要克服农村金融扶贫问题,首要的是要对政府管控的法律规制模式进行变革,促进政府管制与市场调节、公众参与有效协调,形成政府主导的多主体协同共治的良性状态。从农村金融扶贫的政府管控模式向法律治理模式转型,关键在于改变政府权力和金融机构、扶贫对象权利配置失衡的状态,以金融权利为导向重塑政府与金融机构、扶贫对象之间的关系。推进政府管控向法律治理规制的转型,有利于克服农村金融扶贫中政府职能定位不科学,金融机构动力不足,政府管控治理具有单向性、低效性等困境,提高农村金融扶贫法律治理的整体效益,以充分发挥市场机制、社会机制的促进作用和治理功效。

(二)实现农村金融扶贫相关者利益平衡

农村金融扶贫涉及的利益主体多元化和利益形态复杂化。一是政府。农村金融扶贫涉及政府财政支出、部门利益、官员晋升及社会公共服务供给

等。二是金融机构。农村金融影响经济利益,引发经济利益和社会利益冲突。三是农村贫困者或能带动农村贫困者致富的企业等。农村贫困者是农村金融扶贫的主要受益者。主体利益平衡将保障相关主体的利益处于相对公平和动态均衡状态,从而实现农村金融整体利益最大化。在政府管控治理模式下,政府、金融机构及扶贫对象等主体不可避免存在利益冲突,且难以实现主体利益平衡。目前,相关法律法规强调金融机构等利益相关者对农村金融扶贫负有责任,但对利益平衡机制缺乏应有重视。主体利益难以平衡,必然导致金融机构等缺乏扶贫动力,扶贫对象参与积极性不高,金融扶贫难以持续。因此,要求农村金融扶贫法律制度实现利益相关者的利益平衡,兼顾形式公平与实质公平,公平分配扶贫责任,并根据责任承担状况和扶贫贡献度,由政府对农村金融扶贫受损者给予合理的利益补偿。农村金融扶贫法律制度还应通过财税支持、项目开发、荣誉奖励、增权等激励措施对利益相关者给予激励而实现利益平衡。利益平衡将激发金融机构等参与农村金融扶贫的动力,促进多维博弈和集体行动的有效协同,从而实现法律规制目标和提高农村金融扶贫的整体效益。

(三)促进农村金融扶贫手段法律制度创新

目前,我国不断推进农村金融扶贫手段创新,使得农村金融扶贫服务与扶贫对象的契合度不断提升。但是,我国农村金融扶贫尚还存在供需失衡、金融风险高、激励不足等问题,原因之一在于我国农村金融扶贫手段及其法律制度不合理。我国当前农村金融扶贫的手段依赖政策规制,主要目标在于彰显政府意志,对金融机构、扶贫对象的意愿重视不够。同时,我国对信息技术、大数据等现代化技术在农村金融扶贫中的应用缺乏应有的法律激励。因此,推进农村金融扶贫手段法律制度创新是破解我国农村金融扶贫问题的内在需要。农村金融扶贫手段法律制度创新首先应实现以政策规制为主,向以法律规制为主转型,强化法律治理。正确处理风险控制与农村金融扶贫工具、服务创新的关系,通过创新来优化风险控制,并以现代法治理念为指导,加强激励性法律规制,发挥信息技术、大数据等现代化技术对农村金融扶贫创新的驱动作用。农村金融扶贫手段的法律制度创新,将有效降低农村金融扶贫成本,提高整体效益,从而有利于破解农村金融扶贫成本过高、供需失衡等问题。

(四)优化农村金融扶贫保障性法律制度建设

导致农村金融扶贫供需失衡、动力不足、激励约束失灵的因素众多,其中,农村金融扶贫保障性法律制度的不完善是重要原因。当前,基本支撑我国农村金融扶贫的农村金融基础设施、农村信用体系主要依靠政策调整,致使难以通过法律规制保障其有效供给。我国不仅缺乏针对农村金融扶贫特殊规律的农村金融监管法律制度,而且现有法律制度主要是部门规章和行政法规。同时,也很少有相关法律法规对农村金融扶贫的程序进行规制。农村金融扶贫保障性法律制度的不完善,必然影响农村金融扶贫有效运行,从而导致供需失衡及整体效益不高等问题出现。由此可见,农村金融扶贫问题的破解要求优化农村金融扶贫保障性法律制度建设。

第二节　农村金融扶贫法律制度的变迁历程

全面总结我国金融扶贫法律制度变迁的经验和规律,有利于促进其进一步完善与创新。我国农村金融扶贫法律制度变迁深受农村扶贫开发与农村金融发展政策的双重影响。我国农村扶贫开发政策经历了以区域瞄准为主、以贫困村瞄准为主、以贫困户瞄准为主的三个基本发展阶段。作为农村扶贫开发政策重要保障的农村金融扶贫法律制度,也大体经历了产生与形成、全面发展与勃兴、现代性转型与优化三个基本发展阶段。

一、农村金融扶贫法律制度产生与形成时期

20世纪70年代末,我国全面推进了以土地经营制度改革为核心的农村经济体制改革,从而极大地激发了农民的生产积极性,释放了束缚已久的农村生产力,有效促进了大部分农村脱贫致富和经济社会发展。但是,"一些深山区、石山区、荒漠区、黄土高原区等自然条件恶劣地区,经济社会发展依然困难重重,贫困问题突出"[①]。这些地区大多数位于经济发展相对落后的中部和西部山区,主要包括东部的沂蒙山区、中部的武陵山区、西部的定西干旱山区、西海固地区等18个集中连片的贫困地区,而全国农村的绝大多数贫困人口也大部分分布于上述贫困地区。[②] 农村经营体制改革对这些

---

① 陆汉文,覃志敏.我国扶贫移民政策的演变与发展趋势[J].贵州社会科学,2015(5):165.
② 韩嘉玲,孙若梅,普红雁.社会发展视角下的中国农村扶贫政策改革30年[J].贵州社会科学,2009(2):71.

落后地区脱贫的作用有限,其脱贫致富道路依然艰难。随着区域扶贫开发战略推进,金融对农村扶贫开发的支持作用不断凸显,农村金融扶贫法律制度开始产生与形成。1979 年 9 月,中共十一届四中全会通过的《中共中央关于加快农业发展若干问题的决定》首次提出了"国家要有计划地发放专项长期低息或微息贷款,为了适应发展农村信贷事业的需要,中国农业银行应当积极做好农村的信贷工作"的重要决定。1993 年 7 月,第八届全国人民代表大会常务委员会制定的《农业法》首次系统规定了农村信贷扶贫、农业保险扶贫的措施与制度。1993 年 8 月,《关于同意设立少数民族地区乡镇企业专项贴息贷款的批复》规定设立少数民族地区乡镇企业专项贴息贷款制度。同年,《中国农业银行少数民族地区乡镇企业贴息贷款管理暂行办法》规定贴息贷款的对象"主要是乡(镇)、村办企业,乡(镇)、村中各种形式的联营企业和企业集团,乡(镇)、村与外商合作的合资企业等"。1994 年 3 月,国务院颁布的《国家八七扶贫攻坚计划》进一步强调了金融扶贫的重要作用,并确定了"适当延长开发周期长的项目的扶贫信贷资金使用期限,调整国家扶贫资金投放的地区结构;国有商业银行,每年要安排一定的信贷资金,在贫困地区有选择地扶持一些效益好、能还贷的项目"等具有针对性的金融扶贫政策与制度。同年 4 月,国务院制定了《关于组建中国农业发展银行的通知》,决定建立中国农业发展银行,实现农村政策性金融与商业性金融分离,从而为强化政策性金融在农村扶贫开发中的主导作用奠定了基础。1995 年 6 月的《保险法》第一百八十六条首次明确规定"国家支持发展为农业生产服务的保险事业",为建立中国特色农业政策性保险制度,发挥农业保险的扶贫功能提供了基本法律依据。

二、全面发展与勃兴时期

区域扶贫开发战略的推进,使得我国农村贫困人口大幅度下降。剩余贫困人口主要集中于村庄,而区域瞄准模式使得部分农村贫困人口难以得到有效扶持,影响到扶贫瞄准的准确性和扶贫脱贫成效。中共十五届五中全会指出,"从新世纪开始,我国进入了全面建设小康社会发展时期"。为此,我国调整了农村扶贫开发政策,在继续将西部集中连片地区作为扶贫开发主战场的基础上,贫困村及其贫困人口成为新时期扶贫开发瞄准的重点对象。而强化对扶贫瞄准对象的金融支持与推进相关法律保障制度建设,成为该时期农村金融扶贫制度建设的重要内容。2001 年 6 月,国务院印发的《中国农村扶贫和开发纲要(2001—2010年)》提出"继续安排并增加扶贫贷款,积极稳妥地推广扶贫到户的小额信贷,支持贫困农户发展生产"的农村金融扶贫制度创新目标。2003年9月,中国银监会印发的《农村合作银行管理暂行规定》规定:"银行监管机构应定期对农村合作银行发放支农贷款情况进行评价,并可将评价结果作为审批农村合作银行网点增设、新业务开办等申请的参考。"2004年,中央一号文件提出了"按照有利于增加农户和企业贷款,有利于改善农村金融服务的要求,加快改革和创新农村金融体制。建立金融机构对农村社区服务的机制,明确县域内各金融机构为'三农'服务的义务"的政府、金融机构扶贫义务机制。为拓展农村金融资源,强化农村扶贫开发的金融支持,国家逐步放开农村金融市场,出台了一系列促进和规范新型农村金融机构发展的法律制度,鼓励为"三农"服务的各种所有制新型农村金融机构发展。2006年12月,中国银监会发布的《关于调整放宽农村地区银行业金融机构准入政策 更好支持社会主义新农村建设的若干意见》明确提出了要按照适度原则调整和放宽农村地区银行业金融机构准入政策,更好地改进和加强农村金融服务的农村金融机构改革目标。2007年1月,中国银监会制定的《村镇银行管理暂行规定》《贷款公司管理暂行规定》更是明确规定:"贷款公司开展业务,必须坚持为农民、农业和农村经济发展服务的经营宗旨,贷款的投向主要用于支持农民、农业和农村经济发展。"2008年5月,中国银监会、中国人民银行出台的《关于小额贷款公司试点的指导意见》就小额贷款公司性质、设立、运行与监管等进行了规定。2010年4月,中国银监会发布的《关于加快发展新型农村金融机构有关事宜的通知》进一步就完成新型农村金融机构三年总体规划目标,加快新型农村金融机构发展的政策与制度进行了规定。在总结农村金融扶贫发展成功经验的基础上,2011年11月,国务院发布的《中国农村扶贫开发纲要(2011—2020年)》全面提出了"继续完善国家扶贫贴息贷款政策;积极推动贫困地区金融产品和服务方式创新,鼓励开展小额信用贷款;努力满足扶贫对象发展生产的资金需求"等农村金融扶贫发展目标与制度创新思路,为我国农村金融法律制度建设指明了方向和奠定了基础。

三、现代性转型与优化时期

"不论贫困县还是贫困村的瞄准都属于区域性的瞄准,贫困县和贫困村中4/5的人口往往都不是穷人,即便瞄准到村,仍然不能保证扶贫资源准确到户。"①随着农村扶贫开发政策的纵深推进,区域性瞄准模式使得瞄准漏出、瞄准错误等问题越加突出。"在开发扶贫和农村低保两项政策同时实施的情况下,农村贫困人口仍然不能大幅度减少"②的困境下,提高农村扶贫瞄准的精准性,实施扶贫到户模式成为提高扶贫精准性与效益性的必然选择。我国农村扶贫开发政策实施的困境必然要求推进扶贫理念和模式转型。2013 年 11 月,习近平在湖南湘西考察时首次提出了精准扶贫思想。2014 年 3 月,习近平参加全国两会代表团审议时强调,要实施精准扶贫,瞄准扶贫对象,进行重点施策。2015 年 6 月,习近平就加大力度推进扶贫开发工作提出了"六个精准",这是对"精准扶贫"思想的全面阐述,即"扶贫对象精准、项目安排精准、资金使用精准、措施到户精准、因村派人精准、脱贫成效精准"③。推进农村精准扶贫、精准脱贫是提高农村扶贫绩效、应对经济社会发展新常态、创新农村扶贫机制的重要路径,为强化我国农村金融扶贫功能与法律制度创新提供了理论指引和方向。

伴随着扶贫瞄准到户与精准扶贫战略的提出与推进,我国农村金融扶贫法律制度也开始向现代化迈进,其更加强调保障农村弱势者的金融权利,发挥金融扶贫普惠功效,提高扶贫的精准性和实效性。2013 年 12 月,中共中央办公厅、国务院办公厅发布的《关于创新机制扎实推进农村扶贫开发工作的意见》明确提出了"改善对农业产业化龙头企业、家庭农场、农民合作社、农村残疾人扶贫基地等经营组织的金融服务"的金融扶贫目标。2014年 3 月,中国人民银行、财政部等七部门联合印发的《关于全面做好扶贫开发金融服务工作的指导意见》进一步强调了金融扶贫的目标为:"到 2020 年使贫困地区金融服务水平接近全国平均水平,初步建成全方位覆盖贫困地区各阶层和弱势群体的普惠金融体系。"2015 年 11 月,《中共中央 国务院关于打赢脱贫攻坚战的决定》也强调了"鼓励和引导商业性、政策性、开发性、合作性等各类金融机构加大对扶贫开发的金融支持"的金融扶贫制度创新方向。2015 年 12 月,国务院发布的《推进普惠金融发展规划(2016—2020年)》强调金融扶贫的对象为小微企业、农民、城镇低收入人群、贫困人群和

---

① 李小云.我国农村扶贫战略实施的治理问题[J].贵州社会科学,2013(7):104-105.

② 汪三贵,Albert P.中国农村贫困人口的估计与瞄准问题[J].贵州社会科学,2010(2):104-105.

③ 付承塑.习近平精准扶贫方略料进"十三五"规划,关乎人民福祉[EB/OL](2015-10-20)[2019-02-01].http://news.qq.com/a/20151029/028176.htm.

残疾人、老年人等特殊群体。2016 年 3 月,中国人民银行、国家发展改革委、财政部、中国银监会、中国证监会、中国保监会、国务院扶贫开发领导小组办公室等七部门联合印发《关于金融助推脱贫攻坚实施意见》,就全面改进和提升农村扶贫金融服务,增强扶贫金融服务的精准性和有效性提出了实施措施。

第三节　农村金融扶贫法律制度变迁的主要特点

我国不断在国家重要战略政策文件中强调农村金融扶贫的功能。与此同时,规制农村金融扶贫的法律法规也逐步增多。我国农村金融扶贫法律制度建设已取得良好成效,正成为支持农村扶贫开发的重要制度之一。我国农村金融扶贫法律制度的变迁具有以下基本特点。

一、政策性

从我国农村金融扶贫法律制度演进的过程来看,政策性是最突出的特点。从整体来看,农村金融扶贫法律制度变迁要滞后于经济社会发展的需求。在每一发展阶段,农村金融扶贫法律制度都受国家重要经济政策的影响,而制度变迁的目的是维护经济制度的稳定和实现国家对经济资源的控制性。在这样的背景之下,我国农村金融扶贫法律制度的变迁并不是自下而上的主动变革,而是出于实现特定国家济政策目标的需要。政策性还表现为我国农村金融扶贫法律制度的不稳定性与阶段性。从我国农村金融扶贫法律制度变迁的过程来看,虽然国家一直强调为农村贫困者提供金融服务,强调金融支持"三农"发展,但不同时期农村金融扶贫法律制度的目标与重点具有非连贯性,没有形成稳定的理念与制度体系。我国农村金融扶贫法律制度变迁的政策性也表现为变迁的阶段性特征和弱实施性。此外,大多数农村金融扶贫法律规范采取宣示性、促导性的表达方式,没有规定相应的责任机制和制裁措施,致使大部分相关规范只具有行为方向而无实质的约束力。我国农村金融扶贫法律制度变迁的政策性特点充分证明了其不完善与实现法治化的重要性。

二、政府控制性

我国农村金融扶贫法律制度的发展具有明显的政府控制性特征。从其变迁过程来看,政府起着决定性作用,主导制度变迁过程与内容。政府控制性导致我国农村金融扶贫法律制度形成了强制性制度变迁的路径依赖,表现为:首先,政府在特定时期的扶贫战略和改革重点成为农村金融扶贫法律制度建设的主要目标,政府扶贫开发和农村金融改革的政策目标往往直接成为农村金融扶贫法律制度的核心内容。其次,政府控制性还表现为农村金融扶贫法律制度变迁的动力来源于政府,政府通过农村金融扶贫政策、立法的形式推进法律制度变迁。而一些来自农村基层的金融扶贫制度创新得不到政府的认可。最后,政府控制性还表现为农村金融扶贫法律制度强调政府的管控功能而轻视对政府权力的规制。纵观我国农村金融扶贫法律制度,大部分都强调政府对农村金融市场和金融机构等的管控和监督,而很少强调对政府控制行为的约束与责任追究。政府控制我国农村金融扶贫法律制度变迁的优点在于新制度推进和旧制度破除的阻力相对较小,从而有利于降低制度变迁成本,从而使得新制度能快速得以实施,但是其也容易阻碍自下而上的制度创新动力和制度实施的自觉性。我国农村金融扶贫法律制度变迁的政府控制性,充分表明推进政府金融扶贫的变革、强化政府权力规约的重要性。

三、渐进性

我国农村金融扶贫法律制度的变迁是一个自上而下,逐步发展的过程。逐步变迁的优势是对原有的制度利益结构影响小。在制度变革与现状矛盾并不十分突出的情况下,政府采取渐进式变革的方式推进新制度变迁具有一定的合理性。我国农村金融扶贫法律制度变迁也遵循这样的基本路径。我国农村金融扶贫法律制度与经济体制改革和制度变迁的进程大体一致,目的是维护农村经济的平稳发展、社会和谐稳定。首先,渐进性表现为农村金融扶贫服务制度的逐步完善性。从初期简单的贴息贷款制度,到扶贫小额信贷、农业保险制度,再到农村扶贫证券、扶贫票据及扶贫基金等服务,最后发展到农村普惠金融制度构建。其次,渐进性表现为我国农村金融扶贫瞄准制度的逐步完善性。农村金融扶贫瞄准与农村扶贫瞄准制度一样,也经历了由粗放式瞄准到精准瞄准扶贫对象的渐进变迁过程。最后,我国农村金融扶贫法律制度变迁的渐进性充分表明其创新性与逐步完善性。其需要立足于全面建成小康社会的需要，不断夯实农村金融扶贫法律制度的法理基础，巩固制度创新成果，逐步推进法律制度体系的构建与完善。

四、封闭性

我国农村金融扶贫法律制度变迁也具有封闭性特征。封闭性是相对于开放性而言的，主要指我国农村金融扶贫法律制度重视规制正规金融资源扶贫，而对非体制化的农村民间金融等缺乏引导和制度规范。我国农村金融扶贫体系具有明显的二元结构性，不仅有城市金融和农村金融之分，也有正规金融与民间金融之分。目前，我国农村金融扶贫法律规制主要是关于引导正规金融扶贫的制度规范，而缺乏对农村民间金融扶贫的政策规范和制度构建。农村民间金融亦可称为非正规金融、地下金融，其与农民、农村小微企业、农村新型经营主体等具有内在关系。引导农村民间金融扶贫不仅有利于充分利用民间资本助力乡村振兴战略，也有利于引导民间金融健康发展。因此，我国农村金融扶贫法律制度应突破只限于正规金融的传统思维，树立开放理念，构建引导民间金融助力农村金融扶贫的法律制度，推进农村金融扶贫法律制度开放性、包容性发展。

五、非系统性

在政府的推进下，我国制定了众多农村金融与农村金融扶贫方面的行政法规和部门规章，但总体来看，这些农村金融扶贫法律制度缺乏系统性与整体性。首先，非系统性表现为农村金融扶贫法律制度的分散性。目前，我国农村金融扶贫法律制度分散在一些国家农村扶贫开发规划文件、农村金融改革规范性文件中，十分零散。其次，非系统性体现为农村金融扶贫法律制度的非整体性。虽然中国人民银行、国家发展改革委、财政部、中国银监会、中国证监会、中国保监会、国务院扶贫开发领导小组办公室等七部门出台了《关于金融助推脱贫攻坚实施意见》，但从严格意义上来说，只是农村金融扶贫的方向性规范。我国还没有专门针对农村金融扶贫的基本立法，从而不仅导致农村金融扶贫法律制度的非系统性，而且导致大部分农村金融扶贫法律制度缺乏对权力的规制，缺乏从维护社会整体利益角度的设计制度，致使相关制度难以整合与协调。最后，非系统性表现为农村金融扶贫法律制度的冲突性。如有关农村新型金融机构的法律制度之间就存在相互抵触和不一致之处。变迁的非系统性特征必然要求我国农村金融扶贫法律制度注意从系统、整体层面进行创新,构建系统化的立法规范和制度。

第四节　农村金融扶贫法律制度建设的主要成效与经验

伴随农村扶贫开发和农村金融发展政策的全面推进,我国农村金融扶贫法律制度在目标定位、政府职能调整、基本制度建设等方面取得了许多成果,为进一步完善和创新奠定了基础。

一、农村金融扶贫法律制度的基本宗旨走向明晰

从"救济式"扶贫到"造血式"扶贫,从单一的财政扶贫到财政扶贫与金融扶贫等并举的转型模式,是我国农村扶贫理念与模式的重大进步,也是通过财政资金撬动更多资金投入农村扶贫的重要制度创新。从我国农村金融扶贫法律制度的变迁轨迹来看,其不仅对扶贫对象的瞄准日益精准,更重要的是宗旨走向更明晰,越来越科学。经过多年政策与法律制定、实践的探索,我国农村金融扶贫法律制度的宗旨已经明确,农村金融扶贫的重点为:为农村扶贫对象提供生产发展所需要的金融服务,以促进扶贫对象提高自我发展能力,强化扶贫资金运行的可持续性和有效性,促进救济式扶贫向造血式、开发式扶贫转型。我国农村金融扶贫法律制度的宗旨为:满足扶贫对象的生产性金融服务需求,这样不仅明确了农村金融扶贫法律制度创新的目标,而且有利于规范政府、金融机构等的扶贫行为,合理评价农村金融扶贫目标的实现状态,从而有利于提高农村金融扶贫的反贫困效益和社会效益。基本宗旨的确定为我国农村金融扶贫法律制度创新奠定了基础。

二、政府的农村金融扶贫职能逐步优化

作为一种市场化运行的扶贫机制,农村金融扶贫必须有效协调政府干预与市场调节之间的关系。如何通过制度构建促进政府干预与市场调节的有效协作,克服"双重失灵"困境,是农村金融扶贫法律制度创新需要解决的基础性问题。从我国农村金融扶贫法律制度的变迁过程来看,其经历了从单一的政府全面管控到政府主导、引导金融机构、鼓励公众广泛参与模式的

逐步转型。如在区域瞄准为主的扶贫开发时期,我国主要采取政府贴息贷款扶贫制度为主的农村金融扶贫模式。而到了全面建成小康社会与精准扶贫时期,我国一方面坚持完善政府贴息贷款扶贫制度;另一方面提出了建立多种类型金融机构,包括:商业性金融机构、农村合作金融机构、农村政策性金融机构、新型农村金融机构、社会公益组织等。农村金融扶贫具有明显的正外部性和社会公共利益性,属于准公共产品。因此,一方面政府应加强对农村金融扶贫供给的引导、调控与监管;另一方面政府也不能替代市场机制。农村金融扶贫应该以市场调节为主,建立商业化、可持续的农村金融扶贫法律制度。其中,政府的主要职能应定位为:加强农村金融市场调控,保障农村金融扶贫基础设施供给,采取措施引导和激励金融机构及社会公众参与扶贫,保护扶贫对象权利等。政府职能的逐步调整为我国农村金融扶贫立法、制度构建与创新奠定了基础。

三、农村金融扶贫对象瞄准制度有效建立

我国农村金融扶贫对象经历了从瞄准贫困区域、瞄准贫困农村到瞄准贫困区域、贫困村、贫困户三者结合的发展过程。在制度变迁过程中,我国农村金融扶贫对象逐步明确为农村弱势群体及带动农村弱势群体脱贫的主体。如 2014 年 3 月,中国人民银行、国务院扶贫办等联合制定的《关于全面做好扶贫开发金融服务工作的指导意见》明确规定,金融扶贫的主要对象为农村贫困农户、大学生村官、妇女、进城务工人员、返乡农民工、残疾人等群体,劳动密集型企业、小型微型企业等弱势群体。2016 年 3 月,中国人民银行、国家发展改革委、财政部、中国银监会、中国证监会、中国保监会、国务院扶贫开发领导小组办公室等七部门联合制定的《关于金融助推脱贫攻坚的实施意见》明确规定,金融扶贫对象为建档立卡贫困户,吸收贫困人口就业、带动贫困人口增收的等特色产业,贫困地区企业等主体。由此可以看出,我国农村金融扶贫对象主要为农村贫困者、返乡农民工、农村小微企业、对反贫困具有带动性的农村劳动密集型企业、农村合作社等新型农村经营主体。这些主体由于自身脆弱、排斥金融等原因,往往难以获得其生产经营所需要的金融产品和服务。精准瞄准这些扶贫对象,重点保障其发展生产所需的金融资源,创新农村金融服务和农村金融扶贫供给制度,有利于推进农村金融扶贫模式和农村金融扶贫法律制度创新。我国农村金融扶贫对象的明确,为创新农村金融扶贫主体,推进农村金融法律制度精准瞄准与精准扶持

制度建设奠定了良好基础。

四、农村金融扶贫手段制度持续创新

因为农业生产具有特殊规律,农村贫困者生产性金融服务的需求往往具有需求量少、季节性强、风险性高、偿还期限长等特征。开发和设计适合农村贫困者及带动贫困者脱贫的农村新型经营主体等所需要的扶贫性金融产品和服务,推进农村金融扶贫手段持续创新,是实现我国农村金融扶贫法律制度宗旨的关键所在。随着农村扶贫战略和农村金融改革的推进,我国农村金融扶贫手段制度不断创新,逐步推出了扶贫小额信贷等农村金融扶贫服务与产品。我国农村金融扶贫手段制度表现在以下方面。首先,农村贷款扶贫手段制度。为支持农村扶贫和乡村振兴战略,金融机构探索推出了多种类型的信贷产品和服务,开发了"农民专业合作社贷款""扶贫小额信贷"等信贷产品。2017年,中国银监会与财政部等联合印发了《关于促进扶贫小额信贷健康发展的通知》,完善和创新了扶贫小额信贷贴息对象管理、扶贫小额信贷用途、风险补偿机制等,构建了扶贫信贷产品和服务绩效评价制度,制定了差异化的授信和风险管理制度,完善了农村扶贫贷款风险容忍制度,从而有利于发挥扶贫小额信贷在农村金融扶贫中的核心作用。其次,农业保险制度。我国于2016年对《农业保险条例》进行了修改,完善了农业保险角色定位,支持政策,经营、监管制度等,为扶贫性农业保险发展提供了制度保障。我国已经建立以政策性保险为基础,商业性保险、互助性保险为补充的农业保险组织体系。农业保险服务网点的乡镇覆盖率达到95%,承保农作物品种近400种。[①] 农业保险制度的完善为发挥农业保险扶贫功能提供了条件。最后,资本市场融资制度。一是建立了支持贫困地区企业上市的优惠制度。证券监管部门通过建立"绿色通道"、缩短审核时间、减少审核程序、降低上市条件等支持贫困地区企业上市融资。二是建立支持扶贫公司的债券融资制度。对注册在贫困地区的符合条件的企业发行公司债券和资产债券实行优先和专项支持,也对注册地不在贫困地区的企业发行用于扶贫项目的扶贫专项公司债券和资产支持证券给予支持。如到2018年末,扶贫公司债券发行51只,金额245.8亿元;扶贫资产支持证券发行15

---

① 中国人民银行农村金融服务研究小组.中国农村金融服务报告[M].北京:中国金融出版社,2019.

只,金融95.36亿元。[①] 三是建立扶贫上市公司信息披露制度。《证券法》修订了上市公司信息披露制度,要求上市公司在年报和半年报中披露扶贫开发工作信息,强化对上市公司扶贫责任的规制。

五、农村金融扶贫调控监管制度走向完善

创新和完善农村金融扶贫调控监管制度,是充分发挥政府调节功能,撬动更多扶贫资金投入农村金融扶贫,强化农村金融优惠政策的定向调控和反贫困效益,防控金融风险的基本保障。随着农村金融改革和乡村振兴战略的深入,我国农村金融扶贫调控与监管制度不断完善。首先,优化扶贫再贷款调控制度。2015年12月,中国人民银行制定了《支农再贷款管理办法》。中国人民银行于2016年创设了扶贫再贷款制度。同年3月,中国人民银行发布了《关于开办扶贫再贷款业务的通知》。同年6月,中国人民银行印发《扶贫再贷款管理细则》,规范扶贫再贷款制度,提高精准扶贫的政策效果。此外,创设扶贫再贷款,专门用于支持贫困地区金融机构扩大涉农信贷投放范围,以支持贫困地区金融机构扩大对扶贫对象的信贷支持。目前,我国农村扶贫再贷款使用管理、发放对象、定价机制等方面不断完善。其次,构建农村金融扶贫风险调控制度。《中共中央　国务院关于打赢脱贫攻坚战的决定》明确提出"支持贫困地区设立扶贫贷款风险补偿基金"。目前,许多地方建立金融扶贫风险补偿基金制度,为金融机构的"扶贫小额信贷"等产品设立融资担保和风险补偿基金,从而提高了扶贫对象的风险应对能力,降低了农村金融扶贫风险。最后,建立差异化监管制度。2015年3月,《关于做好2015年农村金融服务工作的通知》要求强化农村金融差异化监管,不断加大"三农"信贷投放力度。如今,我国已在贫困地区信贷行业准入、信贷审批权限、信贷产品创新、企业资本市场融资审批等方面建立差异化监管制度。差异化监管制度强化了农村金融扶贫监管的定向调节功能,为农村金融扶贫法律制度创新提供了有力支撑。

六、农村金融扶贫协调制度基本建立

促进农村金融扶贫与其他扶贫方式的协调是形成扶贫合力、优化农村

---

① 中国人民银行农村金融服务研究小组.中国农村金融服务报告[M].北京:中国金融出版社,2019.

金融扶贫法律制度的要求。我国已在农村金融扶贫相关政策与法律法规方面基本建立了协调机制。如2001年,中国人民银行、财政部、国务院扶贫开发领导小组办公室、中国农业银行联合制定了《扶贫贴息贷款管理实施办法》。2008年,国家扶贫办发布的《关于全面改革扶贫贴息贷款管理体制的通知》确立了扶贫部门、财政部门、银行业金融机构、中国人民银行等的协调配合机制。此外,农村金融扶贫协调制度建设还体现在众多关于农村金融扶贫的规范文件是多部门共同协调制定的。如2016年,中国人民银行、国家发展改革委、财政部、中国银监会、中国证监会、中国保监会、国务院扶贫开发领导小组办公室等七部门联合制定了《关于金融助推脱贫攻坚实施意见》。农村金融扶贫协调制度的建立,对于进一步协调各主体利益,明确各主体义务,形成农村金融扶贫合力,强化扶贫对象权利保护,促进社会公共利益实现等具有重要意义。

第五节　农村金融扶贫法律制度创新的必要性

虽然我国农村金融扶贫法律制度建设取得了重要成果,但尚且存在指导理念科学性不足、政策化问题明显、立法体系不健全、法律制度体系不完善等问题。从总体来看,我国农村金融扶贫法律制度尚处于不完善状态。

一、农村金融扶贫法律制度存在的问题

（一）指导理念科学性不足

首先,我国农村金融扶贫法律制度缺乏普惠金融理念指导。随着农村金融现代化和农村全面小康社会建设战略的推进,我国农村金融扶贫法律制度建设的重点转向满足农村贫困者基本金融服务需求,保障农村贫困者、农村新型经营主体的利益,强化农村金融的反贫困功能,促进农村经济社会可持续发展。因此,提升农村金融的反贫困效应、提高农村金融发展的普惠性应是我国农村扶贫金融法律制度建设的基本目标。普惠金融的包容、公平、协调、扶弱、创新理念,应作为现代农村金融扶贫法制创新的基本指导理念。当前,我国农村金融扶贫法律制度强调扶贫的经济效益与社会稳定功能,包容、公平、协调、扶弱、创新的普惠金融基本理念明显体现得不够。

其次,我国农村金融扶贫法律制度缺乏保障农村贫困者金融权利的实

质、公平理念的指导。目前,主要强调政府对农村贫困者金融扶持的控制性,将农村金融扶贫定位为实现反贫困政治与社会目标的基本工具,甚至将农村金融扶贫看作帮助农村贫困者的恩惠和优待行为,而不是将其看作政府应该履行的基本职责,也不是将其视为农村贫困者应该享有的基本权利。农村贫困者基本金融权利的缺失和指导理念的行政化,使得我国大部分农村金融扶贫法律制度中只有简单的政策性扶贫立法模式,对扶贫对象的金融权利和政府义务规定得很模糊,且大部分情形下缺乏规定。"中国政府主导的、自上而下的强制性农村金融改革,更多的是以农村金融机构的自我完善、部门之间的利益调整而非解决农村融资难题为目标,这种供给导向的金融制度变迁脱离了农村经济社会发展的实际需求。"① 目前,不管是农村金融扶贫法律制度还是行政法规、部门规章,都缺乏从保障农村贫困者金融基本权利与落实政府等主体的保障义务视角来构建的具体制度。

最后,农村金融扶贫法律制度的法治理念较为薄弱。目前,我国农村金融扶贫法律制度指导行政化、政策化理念十分突出,强调政府对农村金融扶贫的控制,而轻视权力规制与扶贫对象权利保护,也没有构建农村金融扶贫全过程的程序规范机制,在农村金融扶贫运行实践中,政策具有优于法律的规范和指导作用。缺乏应有的法治精神和法治品性也导致我国农村金融扶贫法律制度难以构建权威性、稳定性的规范体系。

(二)政策化问题明显

从我国农村金融扶贫法律制度演进的过程来看,政策性是其制度变迁中突出的特点。从整体来看,农村金融扶贫法律制度变迁要滞后于经济社会发展需求。在每一发展阶段,农村金融扶贫法律制度都受国家重要经济政策的决定影响,制度变迁是为了维护整个经济制度的稳定和实现国家对经济资源的控制性。在这样的背景之下,我国农村金融扶贫法律制度的变迁并不是自下而上的主动变革,而是受制于实现特定国家济政策目标的需要。政策性还表现为我国农村金融扶贫法律制度的不稳定性与阶段性。从我国农村金融扶贫法律制度发展变迁来看,虽然不同时期国家都强调金融为农村贫困者提供金融服务,强调金融支持"三农"发展,但不同时期农村金融扶贫法律制度的目标与重点具有非连贯性,没有形成稳定的理念与制

---

① 苏静.中国农村金融发展的减贫效应研究[D].长沙:湖南大学,2015.

度体系。我国农村金融扶贫法律制度变迁的政策性也表现为变迁的阶段性特征。由于不同阶段的农村扶贫目标、任务和措施存在差异性,农村金融扶贫法律制度也表现出阶段性特征。我国农村金融扶贫法律制度变迁政策也表现为实施性不强。从以上变迁过程来看,大多数农村金融扶贫规范采取宣示性、促导性等表达方式,没有规定相应的责任机制和制裁措施,致使大部分相关规范只能指明行动方向而无具体的约束力。此外,我国农村金融扶贫法律制度政策性表现为渐进性。我国农村金融扶贫法律制度变迁的渐进性充分表明其创新与完善不可能一步到位,其需要立足于乡村振兴战略和全面建成小康社会的需要,不断夯实农村金融扶贫法律制度的法理基础,巩固制度创新成果,逐步推进法律制度体系构建。

（三）立法体系不健全

农村金融扶贫是一项系统工程,首要的是建立协调统一、规范齐备的立法保障体系。农村金融扶贫法律制度立法规范的构成十分复杂。目前,虽然调整农村金融扶贫的法律制度较多,但未能从农村金融法治的整体性出发构建立法体系。首先,农村金融扶贫立法体系散乱,规范分散零落,相关法律冲突与重复问题突出,相互间缺乏协调性和整体性。农村金融扶贫法律制度呈现非整体性。虽然中国人民银行、国家改革发展委、财政部、中国银监会、中国证监会、中国保监会、国务院扶贫开发领导小组办公室等七部门出台了《关于金融助推脱贫攻坚实施意见》,但从严格意义上来说,只是为农村金融扶贫规定了方向。我国还没有专门针对农村金融扶贫的基本性立法,不仅导致农村金融扶贫法律制度的非系统性,而且导致大部分农村金融扶贫制度缺乏对权力的规制,缺乏从维护社会整体利益角度的设计,致使相关法律难以整合与协调。其次,目前我国农村金融扶贫法律制度的主要来源于国务院行政法规,中国人民银行、中国银监会等的规章制度,而来源于法律的仅为《农业法》《乡镇企业法》等。从总体来看,这些法律规范的效力层级低,有些只是指导性、临时性的政策文件,零乱复杂,缺乏纲领性、权威性,约束力也很有限,难以有效适用。[①] 我国调整农村政策性金融、农村合作金融、小额信贷、民间金融等的法律法规也残缺不齐,无法适应现代农村金融发展和乡村振兴战略实施等的需要。

① 王翔翔,邵子恺.农村普惠金融的法律保障问题探究[J].当代经济,2015(13):54.

(四)法律制度体系不完善

第一,农村金融扶贫主体法律制度不完善。一是从农村金融扶贫主体来看,对正规农村金融机构的农村金融扶贫义务的规制不足,相互之间缺乏必要的协调。我国对农村合作金融的本质没有明确规定,农村信用社异化为农村商业性金融机构的问题较为突出,导致其脱离服务"三农"的根本目标。农村政策金融法律功能定位不清,农业发展银行的产权主体仅为国家,主体单一,难以从多方面筹措资金。由于政府对新型农村金融机构产权的不合理限制,农村金融基础性设施不完善,自身经营管理制度滞后等原因,新型农村金融机构扶贫能力不足和激励不足,甚至出现"脱农离农"等异化问题。相关立法过于强调政府主导地位和管控功能,对金融机构、社会组织等的农村金融扶贫重视度不够,对公众参与缺乏有效保障。二是从农村金融扶贫对象来看,大部分相关法律制度强调将扶贫对象瞄准为精准识别户,对精准识别户以外的农村贫困者缺乏应有关注。同时,对能带动农村贫困者脱贫致富的农村新型经营主体的瞄准和给予的优惠也不够。

第二,农村金融扶贫手段法律制度不完善。一是我国农村金融扶贫手段十分有限,而且获得不易,难以满足农村扶贫对象的生产、产业发展需要。如扶贫小额信贷的最高贷款额度及贷款期限规定,难以满足发展后劲足、带动贫困者脱贫能力强的农村新型经营主体的需要。二是现有立法没有对农村金融扶贫的交易基础、交易合同、交易条件、扶贫对象交易权利保护、交易环境制度建设给予特别规范,致使农村金融扶贫交易法律制度严重缺失,影响到农村金融扶贫的市场化运行和可持续发展。农村金融扶贫特别利率制度尚未建立,一方面现有利率难以实现对农村金融扶贫风险的有效补偿;另一方面现有利率难以合理反映农村金融资源供给状况,同时也难以消除金融扶贫套利的现象。三是农业保险扶贫法律规制极为简单,尚未建立与其相适应的政策性保险法律制度。四是现代性的互联网金融扶贫法律规制也处于缺失状态。

第三,农村金融扶贫保障措施法律制度不完善。农村金融扶贫法律制度运行需要以金融基础设施、农村信用、农村金融差异化监管及程序法律等作为基本保障和支撑,但目前相关支撑法律制度尚处于缺失或不完善状态。一是农村信用制度不健全。虽然我国在农村推进了信用乡镇、信用村及信用户等建设,农村信用状况有了明显提高,但是,我国农村金融扶贫对象的信用评价制度不完善,信用评价与金融扶贫优惠政策缺乏连接机制,信用信息共享性差等。二是农村金融扶贫管控制度缺乏有效性。虽然政府不断采取措施强化对农村金融扶贫的调控与监管,但其存在总体乏力、缺乏针对性等问题,从而难以发挥保障农村金融扶贫稳健运行的作用。三是农村金融扶贫程序法律制度处于缺失状态。

二、农村金融扶贫法律制度现存问题的影响

(一)影响农村金融缓解农村贫困作用的发挥

农村金融是支持农村脱贫攻坚的重要力量。发展农村金融对于缓解农村贫困问题,提高农村贫困者自我脱贫能力具有重要意义。农村金融的反贫困效应包含间接与直接两种作用机制。首先,农村金融的发展可有效促进农村经济增长,从而优化农村内部收入分配状况。农村经济增长、收入分配改善又会提升农村贫困群体的收入水平,从而起到缓解农村贫困的作用。其次,向农民特别是贫困群体提供信贷、储蓄、保险、证券等金融服务会影响农民的初始财富水平、接受教育的机会与程度、金融服务可获得性、社会参与机会和能力等,从而影响农村反贫困进程。随着我国农村金融创新和乡村振兴战略的推进,农村金融在构建"造血式"扶贫模式中的作用越来越大。目前,农村金融供给总量不足,结构不尽合理,弱势群体特别是微型企业和农村贫困者发展面临的金融服务不足问题也有待从根本上得到改观,[1]但是农村金融缓解农村贫困的作用仍有限。调研发现,虽然精准识别户能够从金融机构获得 5 万元左右的扶贫小额信用贷款,但由于贷款数额有限,大部分扶贫对象只能利用扶贫资金从事一些简单的种植、养殖产业,而部分扶贫者将这些用于教育、家庭日常开支等。此外,对于精准识别贫困户以外,没有建档立卡的大部分农村贫困者因发展生产等也有信贷、保险等金融服务需求,但是很难获得必要的金融支持。

我国农村金融难以全面发挥作用的重要原因之一在于,农村金融扶贫法律制度尚处于不完善状态。首先,我国农村金融扶贫法律制度对政府、金融机构的金融扶贫法律义务缺乏规定。在实践中,政府、金融机构也往往将农村金融扶贫看作临时性的政治任务或对农村贫困者的恩惠行为,很少从法律义务与责任的角度去开展农村金融扶贫工作,从而导致其推动农村金

---

[1]　苏静.中国农村金融发展的减贫效应研究[D].长沙:湖南大学,2015.

融扶贫的积极性不高、责任不明确。其次,我国农村金融扶贫法律制度强调正规金融的反贫困作用,而对非正规金融参与农村金融扶贫缺乏规范引导,更为突出的是对农村民间金融基本上还采取控制和压抑政策,更是影响农村非正规金融功能的发挥。最后,我国农村金融扶贫法律制度的政策性问题突出,保障机制不健全,也导致现有法律规范有时难以落实,影响到农村金融应有功能的发挥。

(二)影响农村金融资源供给

金融是农村经济增长和社会发展的重要支撑系统。农业信贷和其他金融资本配置会极大地改善农户生产要素投入和技术提升状况,从而使农户能分享经济发展和工业化的福利。[①] 农村金融资源外流即农村金融资源的非农化使用,主要是指农村金融资源通过各种渠道流向城市的非农生产部门、外投资、借贷等领域。据统计,1998年以来四大国有商业银行(中国工商银行、中国建设银行、中国银行、中国农业银行)在全国农村地区撤并机构3万多个。[②] 根据财政部金融司2013年数据,目前我国县域地区的存贷比仅为57.6%,比县域以上地区低17.2%,农村资金外流现象仍然严重。[③] 目前农村经济的现状是邮政储蓄存多贷少,商业银行县域信贷投入严重不足,政策性银行服务面狭窄,造成大量农村资金外流,成为制约县域经济发展的瓶颈。[④] 新中国成立以来,我国一直实施城乡二元金融体制,农村资金外流具有政治与经济上的必然性。新时期以来,随着新型城乡关系的持续推进,农村金融资源外流现象有所缓解(见表3-5)。农村金融对农村经济社会发展的支持力度不断加大,但农村资金外流现象甚至加剧。农村金融资源外流是造成农村人才流失、土地抛荒、农村产业化滞后等问题的重要原因。

---

① 王曙光等.普惠金融:中国农村金融重构中的制度创新与法律框架[M].北京:北京大学出版社,2013.
② 陈晓鸣,张娟,李贵荣,等.农村资金、劳动力双重流失与金融服务研究[J].金融纵横,2007(13):42.
③ 曾庆芬.城乡二元体制下农村产权的信贷供给效应研究[J].江汉学术,2013(6):12.
④ 李富有,金娟.资金流失:新农村建设中的瓶颈解析——以西安农村地区为例[J].甘肃社会科学,2011(3):240.

表 3-5　农村资金外流情况

阶段	年份	主要外流手段	外流金额/亿元
第一阶段 （1978—1992 年）	1978	价格剪刀差	272.00
		财政手段	−100.30
		金融手段	18.96
	1992	价格剪刀差	1396.90
		财政手段	237.48
		金融手段	−54.20
第二阶段 （1993—2005 年）	1993	财政手段	633.11
		金融手段	−189.30
	2005	财政手段	3667.09
		金融手段	11378.46
第三阶段 （2006—2013 年）	2006	金融手段	15000.00 以上
	2013	金融手段	20000.00 以上

数据来源:付霖炜,袁旺兴,张明龙,等.新时期我国农村资金流失与回流机制研究[J].科技广场,2015(5):206—211.

农村资金外流的原因众多,诸如农村经济风险高与效益低,农村二元体制,农村金融有效需求不足等都是造成农村资金外流的因素。其中,我国农村金融法律制度与农村金融扶贫法律制度不完善是造成农村资金外流的重要原因。由于农村金融扶贫法律制度的不完善,缺乏对农村金融机构将一定比例存款用于农村贷款义务的法律规制,缺乏对农村金融机构支持农村金融发展、推进农村反贫困的必要法律规范,以及缺失激励法律机制,农村金融资源外流也就具有必然性。抑制农村金融资源外流,一个重要措施是完善与创新我国农村金融扶贫法律制度,强化对金融机构扶贫义务的规制,推进普惠型农村金融体系建设。

（三）影响农村普惠型金融体系建设

1.农村普惠金融体系测度的思路

经过多年的农村金融体制机制改革,我国农村普惠金融的覆盖面逐年扩大,可获得性和满意度逐年提高。但总体来看,我国农村普惠金融体系建设尚为缓慢。造成该问题的原因有,农村普惠金融服务成本高、风险大,金融机构激励不足,农民缺乏可抵押财产,农村信用体系尚未建成等,其中我国农村金融与农村金融扶贫法律制度不完善是重要原因。因此,深入分析农村普惠金融体系建设缓慢的法律因素是促进其建设的条件。就农村普惠金融体系发展状况的测度和评价,国内外学者提出了众多具有可操作性的观点。Mandira Sarma 参考构建 UDI 指标的方法来构建普惠金融发展水平指标,总结出普惠金融发展水平的三大测评维度指标,分别是:地理渗透性(geographic penetration)、产品接触性(credit avail-ability)、使用效用性(usage)。① 李建伟、李树生、胡斌运用银行渗透度、银行服务的可用度和银行系统的使用三个指标进行衡量。② 王修华、关键、谷溪从渗透性、使用效用性、可负担性三个维度来测量我国农村金融包容情况。③ 丁竹君、郑晓栩从金融服务深度、广度、可得度、使用度、规模度五个指标来分析我国西部农村地区金融普惠发展程度。④ 以上有关农村普惠金融体系发展水平测度与评价的观点虽然存在分歧,但大体都是从金融覆盖面、可获得性两个层面来构建评价体系,区别只是在于所采取的具体指标不同。

随着农村金融改革和扶贫开发等政策的推进,我国农村金融机构不断增多,金融服务覆盖面得到扩大,金融服务供给能力和农村金融可获得性得到提升,但农村普惠金融发展的广度、深度、满意度等还不够。为有效评价农村普惠金融体系发展情况和存在问题,在根据《推进普惠金融发展规划(2016—2020 年)》的理念和目标,以及综合上述有益观点的基础上,从农民、农村小微企业等主体感知的视角,重点评价了农村普惠金融发展的覆盖面、可获得性、满意度三个核心要素,以农村银行信贷服务、农业保险服务发展情况为主要调研对象,设计了"农村金融服务网点数量和距离""获取金融服务和贷款难的原因"等问题来分析农村普惠金融体系建设状况和面临问题。采取问卷调查、个案访谈等方式,在湖南等地开展了广泛的实证调研,

① 蔡洋萍.中国农村普惠金融发展的差异分析——以中部六省为例[J].财经理论与实践,2015(6):31.

② 李建伟,李树生,胡斌.具有普惠金融内涵的金融发展与城乡收入分配的失衡调整[J].云南财经大学学报,2015(1):112—113.

③ 王修华,关键,谷溪.中国农村金融包容的省际差异及影响因素[J].经济评论,2016(4):52—54.

④ 丁竹君,郑晓栩.我国西部农村地区金融普惠程度的测度及影响因素[J].青海社会科学,2016(4):114—115.

获得了一手研究数据。在对数据分析统计的基础上,对我国农村普惠金融体系建设现状进行如下分析。

2.我国农村金融普惠金融体系建设现状

(1)农村金融服务网点不足,获取金融服务不够便利。调查数据显示,大部分被调查者知道本乡镇设有金融机构网点,而且普遍认为金融机构距离较远。36.7%的被调查者确定金融机构距离居住地1~4公里,26.5%的被调查者认为在5~9公里,有16.3%的被调查者认为在10~20公里(见图3-2)。许多乡镇只设有农村信用社或农村商业银行一个金融机构,每年的信贷规模较小。59.1%的被调查者认为获取金融服务不便利的原因在于网点太少,18.7%的被调查者认为由于距离太远而难以有效获得金融服务(见图3-3)。

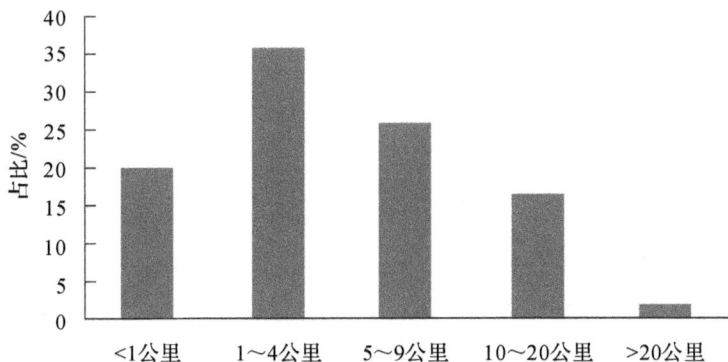

图 3-2　农村金融机构距离

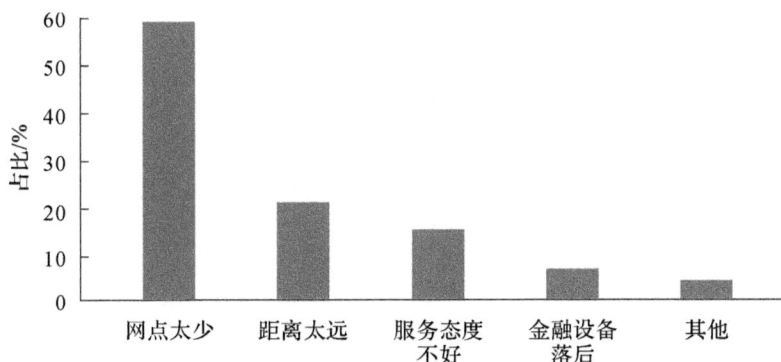

图 3-3　获取农村金融服务不便利的原因

(2)获得资金渠道窄,农村融资难问题较为突出。随着农村金融扶贫和社会主义新农村建设战略等叠加推进,农村经济社会得到较快发展,从而内生对金融服务的大量需求。调查数据显示,80.0%以上农民、农村小微企业向金融机构申请过贷款,但只有42.0%的主体获得了贷款。从金融机构获得的贷款中,52.7%来源于农村信用社或农商银行,从传统商业银行、村镇银行等获得贷款的很少。农民和农村小微企业的另一个重要融资来源为民间借贷,25.9%的被调查者曾进行过民间借贷(见表3-6)。调查显示,40.0%以上的被调查者认为农村贷款难的原因在于贷款手续复杂,30.0%以上的被调查者认为原因在于没有关系(见图3-4)。

表 3-6　农民和农村小微企业主要融资渠道

选项	所占比例/%
商业银行	2.0
农村信用社或农商银行	52.7
村镇银行	3.0
民间借贷	25.9
农村资金互助社	6.0
其他	10.4

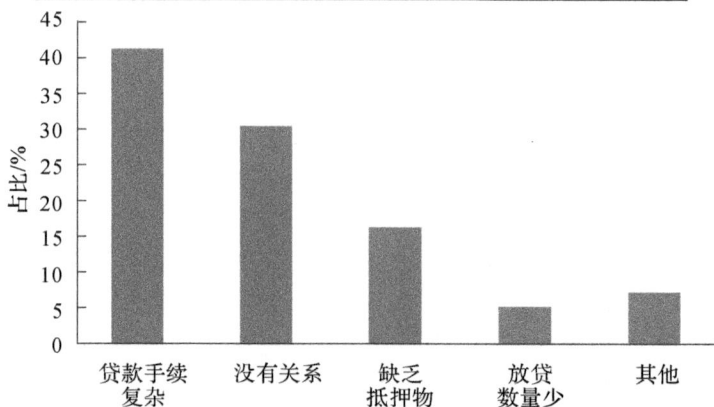

图 3-4　农村贷款难的主要原因

(3)金融知识较少,普惠金融消费能力不高。金融知识是获得普惠金融服务的基础和前提,也是促进金融消费和提高金融服务可获得性的保障。

调查数据显示,27.0％的被调查者表示对金融服务不了解,50.0％的表示了解一点,表示很了解的只有8.0％。大部分被调查者希望能够获得金融政策和金融消费方面的知识。上述数据反映出,目前农民对金融知识和普惠金融知识知之较少,直接影响到对农村普惠金融政策的了解和运用。

(4)农村金融服务需求不断扩展,但农村金融产品供给能力不足。目前,我国农村产业化程度明显提高,农民财富不断增多,对金融服务种类和质量的需求不断提高。从调查数据来看,存贷款业务依然是农村主要金融服务需求品种,占43.8％(见表3-7)。而对保险、结算业务、个人理财等的需求在不断增加。在金融服务满足生产和生活状况的调查中,11.4％的被调查者表示金融机构提供的金融服务能满足需求,45.5％表示能基本满足,有31.9％表示较少满足。

表 3-7　农村金融服务需求种类状况

选项	所占比例/％
存贷款业务	43.8
保险	14.5
结算业务	20.1
个人理财	18.8
其他	2.8

(5)农村金融服务满意度有所提高,但还不够高。随着众多金融机构特别是农商银行、农村信用社将农村作为金额服务的主要战场和金融服务创新基地,金融机构所提供的金融服务数量、产品和质量都有所提高。从调查数据来看,被调查者中对金融机机构服务表示满意的为22.1％,基本满意为43.4％,不满意为30.3％。可见,农民和农村小微企业对农村金融服务为基本满意,离建设成让大部分人满意的农村普惠金融体系还有一段距离。

从上述调查可以看出,农村金融扶贫法律制度不完善是导致农村普惠金融体系建设缓慢的重要原因。农村金融扶贫的重要目标在于为农村贫困者提供普惠型金融服务,以通过向其提供有效的金融资源,促使其提升自我反贫困能力。可以说,农村金融扶贫是农村普惠金融运行的重要形式和初级阶段,因此,优化农村金融扶贫工作是现阶段农村普惠金融体系构建的重点内容之一。我国农村普惠金融体系建设缓慢,与农村金融扶贫法律制度不完善具有一定的关联性。目前,我国农村金融扶贫法律制度还存在诸如指导理念和基本原则滞后,参与金融扶贫主体积极性不高,金融扶贫产品与服务供给不足,金融扶贫调控乏力,金融扶贫监管缺位,实施保障机制不完善等问题,从而难以为农村金融扶贫提供有效的法律保障。我国农村金融扶贫法律制度不完善不仅导致农村金融扶贫效果不佳,而且影响到农村普惠金融体系建设。因此,推进我国农村金融扶贫法律制度创新,有利于加快农村普惠金融体系建设,促进农村金融公平发展。

(四)影响到"三农"法律制度建设进程

"三农"问题是关系乡村振兴和全面小康社会建设的关键性问题,也是关系社会公平和社会主义制度优越性的重大问题。"三农"法律制度是关于农业发展、农民增收和农村治理的法律制度总称,是破解"三农"问题的重要制度保障。目前,我国已经初步建立起"三农"法律制度体系,包括《农业法》《农村土地承包法》《乡镇企业法》等法律,而且大量的行政法规、部门规章和地方性法规已经制定实施。但是,有关农民权益保护、农村治理的法律制度总体尚处于建设缓慢和落后的状态。我国"三农"法律制度建设存在问题的主要原因是农村金融扶贫法律制度不完善。农村金融扶贫法律制度是农村反贫困和农村治理的基本保障制度,也是驱动诸如农村土地、农村金融、农村社会保障、农业发展、农民权益保护的重要制度。目前,我国农村金融扶贫法律制度尚存在诸如理念不科学、实体制度不完善、程序制度缺失等问题,从而不仅难为农村金融扶贫提供有效的法律保障,而且会影响有关农村土地、金融、农业发展等的法律制度建设。我国农村金融扶贫法律制度不完善必然影响到"三农"法律制度进程,影响农村金融扶贫对推进农业发展、农民权益保护、农村治理作用的发挥。因此,我国应推进农村金融扶贫法律制度创新,以不断驱动"三农"法律制度建设,从而为农村反贫困与乡村振兴战略实施提供有效的法律保障。

二、推进法律制度创新是破解农村金融扶贫问题的必然选择

经济是法律构建的基础,而法律对经济发展起到重要支持和保障作用。制约我国农村金融发展的原因众多,其中之一就是农村金融扶贫法律制度不完善。要破解我国农村金融扶贫问题,促使其持续健康发展,就应推进农村金融扶贫法律制度创新。传统农村金融扶贫法律制度由于强调政府管控作用,缺乏规制政府权力和保护权利的理念和制度设置,政策的制定和实施

也依赖于政策机制,从而难以实现对农村金融扶贫问题的有效破解。而现代农村金融扶贫法律制度以法治、金融公平、普惠金融为指导,以建立商业化可持续的农村金融扶贫法律制度为目标,以构建体系化的农村金融扶贫立法规范和完善的实体和程序制度为重点。可见,推进我国农村金融扶贫法律制度创新,是破解农村金融扶贫问题与保障其稳健发展的必然选择和重要路径。

(一)克服农村金融扶贫政策缺陷的要求

农村金融扶贫政策虽然具有灵活性好、针对性强的优点,但也存在稳定性差、执行力弱的内在缺陷。将一般性、普遍性和稳定性好的农村金融扶贫政策法制化,构建农村金融扶贫法律制度,是保障农村金融扶贫稳健发展,提高农村金融扶贫整体效益的必然选择。农村金融扶贫法律制度创新,有利于充分利用法律调节机制的优越性克服政策的内在缺陷,保障农村金融扶贫政策的有效落实。体系化的农村金融扶贫法律制度有利于促进农村金融扶贫主体、行为、程序与责任机制的相互配合,克服政策机制的弱强制性和缺乏稳定性等缺陷,保障农村金融扶贫有序发展。

(二)保障农村金融扶贫公平的基础

农村金融扶贫的公平实质上是金融公平价值的具体化,也是实现城乡金融平等发展的基本要求。金融公平是农村金融法律制度构建的核心价值目标,而农村金融扶贫法律制度是实现农村金融公平的基本保障。农村金融扶贫公平的实现,需要对金融发展模式、城乡金融资源配置、农村金融供给机制等进行多维度变革。这些方面的变革需要改变众多主体之间的利益关系和利益结构,因此,需要构建具有权威性的法律规范作为基础。创新相应法律制度是实现农村金融扶贫的公平价值的条件和保障。我国农村金融扶贫法律制度创新是实现城乡金融资源公平配置,农村贫困者金融权利倾斜保护、农村金融服务创新的基础。

(三)规制农村金融扶贫调控权的需要

权力法律规制是现代法治的核心内容。现代农村金融扶贫法律制度首先为政府调控权的行使提供了法律依据。法治的主要任务是将政府权力置于法治客体的首要位置,而不是超然地游离于法治客体之外。因此,农村金融扶贫法治化是规范与控制政府权力的必然选择。诺斯曾指出:"国家的存在是经济增长的关键,然而国家又是人为经济衰退的根源。"①权力腐败、寻租及滥用等行为,是引发政府失灵的关键性原因。规范农村金融扶贫调控权,有利于克服公权力行使中存在的诸多问题,保障其正当行使权力和农村金融健康发展。可见,规范和控制农村金融扶贫调控权是破解我国农村金融扶贫问题的重点所在。而作为具有权威性和强制力优势的农村金融扶贫法律制度,则是规范政府调节行为的内在需要。此外,现代农村金融扶贫法律制度有利于促进中央与地方政府之间合理分配调控权。明确中央政府和地方政府在农村金融扶贫的职责分工和合理分配调控权,可以起到规范和约束中央和地方调控权,实现中央政府和地方政府良性互动的作用。再者,现代农村金融扶贫法律制度能通过法律责任机制来规制政府调控权。法律责任制度的确立,将强化对政府农村金融扶贫调控行为的约束,有效规制其违法行为,从而提高权力行使的规范性和公正性。可见,推进我国农村金融扶贫法律制度创新是破解农村金融扶贫问题的内在需要。

(四)保护扶贫对象权利的条件

"权力具有合法侵害能力和处分公共产品的能力,而面对此类公权行为,公民不得以原来的权利作为抗辩。"②相对于扶贫对象,农村金融扶贫主体具有地位和资源上的优越性,农村金融扶贫对象总体上处于弱势地位。而保护扶贫对象的权利是正当权力行使的基础和重要目的所在,也是实现农村金融扶贫的基本目标要求。农村金融扶贫法律制度是保护扶贫对象权利的必然选择与有效武器。首先,我国农村金融扶贫法律制度通过规制农村金融扶贫主体行为,从而起到保护扶贫对象权利的作用。其次,我国农村金融扶贫法律制度有利于明确扶贫对象的权利义务,并可通过增加权利配置的方式提高其的谈判能力,从而起到加强其权利保护的作用。再次,我国农村金融扶贫法律制度有利于强化农村扶贫对象权利救济的方式与权威性,从而强化对扶贫对象权利的保护。最后,农村金融扶贫法律制度有利于协调扶贫对象之间、扶贫对象与农村贫困者之间的权利冲突,强化对扶贫对象的权利保护。

(五)协调农村金融扶贫利益的选择

农村金融扶贫不仅关系扶贫对象的利益平衡,而且关涉政府、扶贫金融

---

① [美]道格拉斯·C.诺斯,经济史中的结构与变迁[M].陈郁,译.北京:上海人民出版社,1994.
② 周永坤.规范权力——权力的法理研究[M].法律出版社,2006.

机构、社会中间组织等之间的利益关系。协调好主体利益关系是农村金融扶贫健康发展的基础,而法律是利益协调与利益保护的权威性规范。农村金融扶贫实际上是农村金融利益的调整和重新配置,因此,必须协调公平和效率的关系,合理处理乡村之间、区域之间的利益关系。农村金融扶贫法律制度以实质公平为基本目标,通过构建农村金融扶贫主体义务机制、保护扶贫对象权利等法律制度,有效协调金融扶贫主体的利益关系,促进农村精准脱贫。现代农村金融扶贫法律制度对利益的协调作用体现为:首先,农村金融扶贫法律制度有利于保障金融扶贫利益在主体之间公平分配,实现主体间利益实质公平。其次,农村金融扶贫法律制度有利于以法律方式协调主体之间的利益矛盾,缓解社会冲突。最后,农村金融扶贫法律制度有利于促进社会公共利益保护。农村金融扶贫法律制度以法律方式合理、公正地处理主体之间的利益关系,从而协调整体利益与个体利益、短期利益与长远利益的矛盾,促进农村金融扶贫社会效益、经济效益与政治效益等兼容。

（六）提升农村金融扶贫整体绩效的需求

绩效是指农村金融扶贫成本与收益之间的比例,提高绩效是实现农村金融扶贫目标的内在要求。农村金融扶贫法律制度创新是提升绩效的重要保障。首先,农村金融扶贫法律制度创新能够优化政府调控行为、克服市场失灵。农村金融扶贫应以市场调节为基础,但单纯依赖市场也不行,必须建立政府主导的农村金融扶贫机制。农村金融扶贫法律制度创新有利于明确政府调控责任,降低调控成本,从而提高农村金融扶贫绩效。其次,农村金融扶贫法律制度创新有利于提高农村金融扶贫决策的权威性和执行力。农村金融扶贫法律制度创新使相关决策获得了法律的强制力保障,不仅有益于提高其权威性和实施性,而且有利于增强社会公众对农村金融扶贫决策效力的认同感和遵守的自觉性,从而提高执行力。最后,农村金融扶贫法律制度创新有利于降低扶贫对象的维权成本。其一方面有利于明确扶贫对象的权利,降低与扶贫主体的谈判成本和缔约成本,从而起到提升农村金融扶贫绩效的作用;另一方面有利于明确和强化农村金融扶贫法律的保障途径,从而起到提高绩效的作用。

伴随着乡村振兴战略的实施,我国农村金融扶贫取得了一些重要成效,不断优化对农村产业扶贫等的支撑作用。但是,我国农村金融扶贫尚存在政府定位偏差、供需不均衡、风险与成本高、激励与约束不足等问题,从而内在要求推进农村金融扶贫法律制度创新。我国农村金融扶贫法律制度变迁深受农村扶贫开发与农村金融发展政策的双重影响,大体经历了产生与形成、全面发展与勃兴、现代性转型与优化三个发展阶段。我国农村金融扶贫法律制度建设取得了众多成效,但还存在指导理念科学性差、政策化问题突出、立法体系不健全、法律制度体系不完善等问题。推进我国农村金融扶贫法律制度创新,是破解农村金融扶贫问题与保障其稳健发展的必然选择。

第四章　乡村振兴背景下农村
金融扶贫法律制度创新理论分析

我国农村金融扶贫法律制度创新的理论正当性何在,指导理念和基本原则如何确立,创新目标如何确定,对这些基本理论问题的分析,有利于强化对乡村振兴背景下农村金融扶贫法律制度创新的整体性研究,为其的构建与完善提供有效的理论指导。

第一节　农村金融扶贫法律制度创新的理论基础

一、经济与法律互动理论

经济与法律的关系一直是学者们孜孜探求的重要理论问题,对其的阐释关系国家经济发展战略和政府干预模式的选择。对于经济与法律之间的关系,学者们提出许多富有创建性的学术理论。

亚当·斯密(Adam Smith)是自由经济理论的代表人物,他所提出的"看得见的手"理论,形象解释了市场机制的功能。亚当·斯密并非完全否认政府机制的作用,而是认为以利己为目的的商业行为也会带来一些害处,如损人利己、两败俱伤、合谋垄断等现象,这就需要国家调控和法律控制,经济发展也离不开"看得见手"的作用。[①] 在《国富论》中,亚当·斯密指出了

---

① 蔡宝刚.法律与经济发展:读解经济学家眼中的法律作用[J].扬州大学学报(人文社会科学版),2003(5):79.

法律对财产保护和公共事业发展的重要意义。在《道德情操论》中,亚当·斯密认为正义要靠自律和强制力来实现,人为法的规则和法规领域为社会存在的基础,而且认为正是体现正义的法律的作用,才使得人们有秩序地生活。① 马克思以历史唯物主义思想为指导,对法律与经济发展的关系进行了辩证分析,认为经济基础决定法律等上层建筑,法律等上层建筑对经济基础具有能动的反作用,经济与法律之间是一种互动关系。马克思认为资本主义制度促进生产业巨大发展的主要原因在于"在现代各国人民那里,工业和贸易瓦解了封建共同体形式,因此对它们说来,随着私有制和私法的产生,便开始了一个能够进一步发展的新阶段"②。马克思在经济基础决定法律上层建筑理论的基础上,提出"法律对经济发展具有重要反作用,是发展商品经济和维护经济秩序的基础"的观点。此外,马克思认为:"过去表现为实际过程的东西,在这里表现为法律关系,也就是说,被承认为生产的一般条件,因而也就是在法律上被承认,成为一般意志的表现。"③马克思的上述理论深刻揭示了经济与法律之间存在着密不可分的内在逻辑关系。

　　新制度经济学派代表道格拉斯·诺思(Douglass North)提出了经济增长理论即"制度决定论",认为"有效率的经济组织是经济增长的关键,有效率组织需要在制度上进行安排和确立所有权"④。此外,他还提出"制度可能是由人们创造出来的,如美国宪法;也有可能仅仅是随时间演进出现的,如普通法"⑤。新制度经济学派所指的制度,主要为正式制度,具体表现为法律或政策。诺思提出制度特别法律制度是交易、契约行为得以发生的基础,认为"宪法、法规、产权证书、组织章程、工会契约,所有这些都包含着对行为的制约;交易的基础——使交易成为可能的——是一个复杂的法律结

---

① 蔡宝刚.法律与经济发展:读解经济学家眼中的法律作用[J].扬州大学学报(人文社会科学版),2003(5):78.

② 马克思,恩格斯.马克思恩格斯全集:第3卷[M].北京:人民出版社,1965.转引自蔡宝刚:蔡宝刚.法律与经济发展:读解经济学家眼中的法律作用[J].扬州大学学报(人文社会科学版),2003(5):81.

③ 马克思,恩格斯.马克思恩格斯全集:第3卷[M].北京:人民出版社,1965.转引自蔡宝刚:蔡宝刚.法律与经济发展:读解经济学家眼中的法律作用[J].扬州大学学报(人文社会科学版),2003(5):81.

④ 窦玲.制度供给差异对区域经济差异的影响[M].北京:中国财经经济出版社,2008.

⑤ [美]道格拉斯·诺思.制度、制度变迁和经济绩效[M].刘守英,译.上海:上海三联书店,1994.

构及其实施"①。在诺思的基本思想的基础上,其他新制度经济学家也就制度对经济增长的作用进行了进一步的探索。约翰·鲍威尔森(John Powelson)也认为在经济增长过程中,只有借助于制度,不同经济主体之间才能得以有效协调,合作才能顺利实施,组织的经济效率才能得以提高。②哈罗德·德姆塞茨(Harold Demesetz)则指出对制度引起经济绩效改变的判断具有历史事实的支持,经济绩效随着技术的快速变化而提高,而技术变化又得到大规模市场和更完善的产权制度支持。③

从以上经济与法律互动理论来看,法律对农村金融扶贫的作用主要体现在四个方面。

第一,改变激励机制。"激励机制一方面反映了个人工作努力程度与报酬的关系,另一方面反映了个人目标与社会目标的关系。"④不同制度安排具有不同的激励机制,作为主要的正式制度安排,法律具有改变农村金融扶贫激励机制的重要作用。我国农村金融扶贫出现的种种问题,从某种程度上来看,正是制度激励机制不合理的结果。建立公平的法律制度,强化对金融机构等的激励,促使其产生有利于农村扶贫金融服务的供给行为,是保障农村金融扶贫持续发展的主要路径。法律对农村金融扶贫的激励作用主要体现在:一是法律能够改变对金融机构扶贫行为的激励。如国家对金融机构的农村金融扶贫行为,采取税收优惠、差异化监管等的法律措施,从而起到改变其行为、鼓励其实施农村金融扶贫的作用。二是法律能够改变对地方政府行为的激励。地方政府过于重视经济效益、恶性竞争等行为,是造成我国农村金融扶贫出现问题的重要原因之一。改变地方政府的农村金融扶贫激励机制,是实现区域产业协调发展的有效途径。而法律是改变地方政府激励变量的重要工具,如可通过制定关于财政转移支付、政府投资和官员晋升等的法律制度,促进地方政府改变农村金融扶贫行为。

第二,降低交易费用。科斯在《社会成本问题》一文中对交易费用进行

① [美]道格拉斯·诺思.制度、制度变迁和经济绩效[M].刘守英,译.上海:上海三联书店,1994.
② Powelson J P. Lenturies of Economic Endeavor[M]. Arbor,ML:University of Michigan Press. 1994.
③ [美]哈罗德·德姆塞茨.所有权、控制与企业——论经济活动的组织[M].段毅才,等,译.北京:经济科学出版社,1999.
④ [美]哈罗德·德姆塞茨.所有权、控制与企业——论经济活动的组织[M].段毅才,等,译.北京:经济科学出版社,1999.

了解释，"为完成一项交易，有必要找到愿意交易的人，告诉人们有人要做交易以及交易的条件，有必要进行讨价还价，签订合同，并监督合同条款的执行情况"①。交易费用是达成交易前与交易后的所有发生的成本总和。由于交易信息不对称、交易者有限理性和投机本性，因而实际上交易费用一般很高。"交易费用还可以分为市场组织方式中的交易费用和行政组织方式中的交易费用，前者如起草契约费用、调整契约费用和契约引起的费用等；后者则包括行政管理费用、激励弱化导致的费用以及企业内部管理人员为了争夺职位导致的内耗等。"②降低农村金融扶贫服务交易费用，是提高农村金融扶贫整体效益的重要途径。而作为正式制度核心部分的法律制度，无疑是降低交易费用的重要保障。农村金融扶贫的交易费用不仅包括农村金融扶贫机构和扶贫对象之间产生的交易费用，更重要的是，还包括政府调控费用。我国农村金融扶贫存在种种问题主要在于扶贫主体和扶贫对象之间的交易费用过高，以及政府特别是地方政府干预行为的交易费用。农村金融扶贫法律制度的构建与创新，不仅将减少扶贫主体和扶贫对象间的交易成本，如双方合作的成本，而且有利于规范和控制政府行为，比如消除市场分割状况等，从而降低农村金融扶贫的成本。

第三，协调利益冲突。法律与利益有着天然的联系。法律产生、发展的基本目的在于调整利益关系。"法的产生、内容、本质和发展，在很大程度上是基于对利益的配置和固化的结果。"③由于主体所追求的利益目标、种类具有交叉性、重合性，因此，主体利益冲突具有常发性。而法律是预防和消解主体利益冲突的有效武器。④ 博登海默曾指出："法律的主要作用就是调整及调和上述种种相互冲突的利益，无论是个人的利益还是社会的利益。"⑤农村金融扶贫过程，从本质上来看，就是金融利益的重新配置与再分配，因而政府、金融机构、扶贫对象之间就会产生利益冲突。法律通过协调利益关系，使政府、金融机构、扶贫对象的利益冲突得以调和，从而形成有利于农村金融扶贫稳健发展的利益关系。法律对农村金融扶贫利益冲突的协

①　Coase R H. The problem of social cost[J]. Journal of Law and Economic，1960，56(4)：1-44.
②　吕中楼.新制度经济学研究[M].北京：中国经济出版社，2005.
③　周旺生.论法律利益[J].法律科学，2004(2)：26.
④　周旺生.论法律利益[J].法律科学，2004(2)：25.
⑤　[美]E.博登海默.法理学：法律哲学与法律方法[M].邓正来，译.北京：中国政法大学出版社，1999.

调主要体现在以下方面:一是消解主体利益冲突。法律通过权利救济机制、责任机制等保护合法利益,化解主体之间的利益冲突。二是预防利益冲突发生。法律制度通过事先确定的利益分配机制,为主体提供利益协调的基本规则,从而有利于减少利益冲突发生。三是保护合法利益。通过明确法律责任等方式,对受到侵害的农村金融扶贫主体利益进行救济,以有效平衡主体利益关系,实现调整目标。

第四,激发内生要素。"不同的制度安排会产生不同的理性经济反应,进而产生不同的经济绩效。"①作为正式制度的法律,其不仅是经济发展的保障,而且是经济发展的内生要素,直接成为经济发展中不可或缺的组成部分。"GDP 增长的一部分来自实际的资本投入与劳动投入量的增加,另一部分就来自实际的生产率的增加,一国经济并不是生产要素的简单叠加,劳动、土地、资本和技术这些生产要素,有了制度才能得以发挥功能。"②在农村金融扶贫发展过程中,有效、合理的法律制度本身就是一种重要的生产要素。法律制度通过作用于政府、金融机构、扶贫对象等的行为,起到规范主体关系,减少信息成本、交易费用,优化农村金融扶贫要素关系和结构关系的作用。法律制度作为一种公共产品,其制定与实施需要一定成本,因此只能由政府负责提供这种公共产品。

从以上经济与法律关系理论来看,农村金融扶贫法律制度与农村金融扶贫存在双向互动关系。一方面,法律制度是农村金融扶贫的重要构成要素之一;另一方面,农村金融扶贫也需要法律制度规制,以及通过法律制度创新保障进一步发展。农村金融扶贫对法律制度的需求表现如下:一是需要法律制度保护正当利益。农村金融扶贫的过程,也就是新的利益关系形成与原有利益关系调整的过程,这就需要借助法律制度来保障农村金融扶贫中的正当利益,激励金融机构等主动参与农村扶贫。如农村金融扶贫的交易关系,必然要求法律制度对农村金融扶贫交易协议、预期利益等予以保护。二是需要法律制度推进创新。"经济持续发展需要对稀缺资源进行重新配置,以尽可能消除资源稀缺对经济发展和社会进步的影响,经济发展对资源的重新配置就需要制度的创新。"③农村金融扶贫过程实际上是要素的

---

① 邹薇.制度与经济发展:理论、历史与现实[J].武汉大学学报(哲学社会科学版),1998(1):24.
② 窦玲.制度供给差异对区域经济差异的影响[M].北京:中国财经经济出版社,2008.
③ 窦玲.制度供给差异对区域经济差异的影响[M].北京:中国财经经济出版社,2008.

重新组合和排列,以及利益的重新配置过程。为保障利益分配的公平,提高农村金融扶贫效率,必然需要对阻碍农村金融扶贫发展的法律制度进行改革与创新,以破除传统法律制度对其的阻碍与影响。对传统法律制度的改革与创新将进一步优化与保障农村金融扶贫。三是需要法律制度规制权力。农村金融扶贫稳健发展需要政府调控,离不开政府公权力的有序行使和保障。从权力本性和运行规律来看,政府权力需要法律的规范和控制,法律制度是规范和保障政府权力的重要机制,因此农村金融扶贫法律制度是保障公权力合法、有序运行的必然选择。经济与法律互动理论不仅充分证明了农村金融扶贫法律制度的构建与创新的必要性和重要意义,而且也为农村金融扶贫法律制度构建和创新指明了方向。因而应以经济与法律互动理论为指导,在对农村金融扶贫现实需求深入分析的基础上,推进农村金融扶贫法律制度创新,建立有利于促进经济与法律互动的制度与机制,从而为农村金融扶贫提供有力的法律保障。

二、双重失灵理论

“双重失灵”是市场失灵与政府失灵的简称,其含义是市场失灵需要政府干预,但政府在干预过程中,基于政府经济本性、信息不完全等缺陷而出现失灵现象,从而不仅导致政府干预达不到克服市场失灵的基本目标,而且可能成为引发新市场失灵的原因。双重失灵理论充分证明了市场调节与政府干预的内在缺陷。

市场失灵理论是分析市场机制非自洽性和政府干预正当性的常用理论分析范式。市场失灵包括两层基本含义:一是市场机制本身对于资源配置可能是缺乏效率的,这是本来意义的市场失灵,可称为狭义上的市场失灵。二是“市场机制存在其自身无法解决的问题,这就是扩展了的市场失灵,称之为广义的市场失灵。”[①]一般认为,市场失灵表现为市场在配置资源时出现信息不对称、外部性、分配不公、公共产品无法有效提供、宏观经济无序等问题,是市场主体追求自身利益最大化导致集体非理性的结果。市场失灵必然影响到市场机制在资源配置中决定性作用的发挥,也减缓了市场机制对社会公共利益的促进功能。由于市场失灵问题的存在,市场机制在农村

---

① 　胡元聪.国家干预行为的法经济学分析——基于经济法的认知视角[J].河南社会科学,2008(2):109.

金融扶贫调节中达不到理想状态。农村金融扶贫市场失灵是指市场机制在调节农村金融扶贫资源配置和反贫困过程中所出现的低效益,甚至负效益的现象,也是市场机制难以实现对农村金融扶贫有效调控目标的状态。农村金融扶贫市场失灵主要表现在以下方面。

第一,金融的逐利性导致农村金融服务体系不健全与金融供给严重不足,农村贫困者、农村小微企业等难以获得有效的金融服务。

第二,农村金融扶贫服务排斥问题突出。随着农村金融扶贫市场化改革推进,近年来,我国大量商业银行逐步退出农村金融扶贫市场,而留守的农村金融机构也将服务对象定位为中高端客户,农村贫困者被排除在金融服务之外。

第三,农村金融扶贫资金外流问题突出。"农业生产风险高、收益低,农村市场化程度较低,农村金融需求受到抑制,影响了农村金融扶贫机构在农村发放贷款的积极性。"① 农村金融扶贫机构在高利润的驱使下,将吸收的农村存款通过各种途径转向城市,导致农村金融扶贫资源更为匮乏。

第四,农村金融扶贫市场垄断问题严重。农村金融扶贫市场利润低而风险高,必然导致正规金融机构不断撤离,农村金融扶贫机构稀少,农村金融扶贫市场垄断问题由此产生。垄断必然造成农村金融扶贫机构服务的垄断高价和农村扶贫性金融服务成本提高。譬如,"目前央行规定农村信用社贷款利率可以在基准利率上浮动 0.9～2.3 倍,在实际执行过程中,农村信用社对除小额贷款外的贷款实行'一浮到顶'的信贷政策。"②

第五,农村金融扶贫产品缺乏,服务方式单一,特别是能满足农村贫困者金融需求的产品稀缺。

第六,市场机制"循环累积效应"③ 使得地方农村金融扶贫发展的差距不断扩大。农村金融扶贫的市场失灵,不仅影响到市场调节功能,减损市场机制福利,而且制约农村扶贫开发和经济社会发展的整体效益。因此,有必

---

① 王峰虎,谢小平.农村金融发展中的市场失灵、政府失灵与财政对策[J].软科学,2010(5):108.
② 王重润.农村金融市场失灵及其治理——基于对冀西南农村金融状况调查的思考[J].学习与实践,2008(4):62.
③ 瑞典经济学家缪尔达尔(G. Myral)认为,发展中国家一般都存在地理上的二元经济结构,即发达地区与落后地区并存的二元结构,经济发展地区对落后地区同时产生两种效应即扩散效应与回流效应。在市场机制作用下,扩散效应小于回流效应,这样发达地区经济发展表现为螺旋式上升,而欠发达地区表现为螺旋式下降,从而使得区域差距不断扩大。

要对农村金融扶贫进行干预,以恢复市场机制在农村金融扶贫和资源配置上的决定性作用。面对市场"无形之手"的失灵,如果选择让市场机制自我克服问题,则容易导致其以破坏性,甚至毁灭性的方式强制恢复失衡关系,社会成本相对高昂。因此,合理的选择是让政府对其进行干预,以通过外在力量恢复市场机制的基础性调节功能。建立政府干预下的市场化农村金融扶贫机制,成为克服农村金融扶贫市场失灵的理性选择。

政府以"有形之手"干预农村金融扶贫市场,起到降低运行成本、优化市场调节机制、提高资源配置效益的作用,乃克服农村金融扶贫市场失灵的"良药"。美国经济学家约瑟夫·斯蒂格利茨(Joseph Stiglitz)曾指出,政府在纠正市场失灵方面具有四大比较优势:一是征税权。指政府具有唯一的强制性的税征收权。二是禁止权。政府能禁止某些活动。如果没有政府的授权,那么任何企业不能禁止其他企业进入某一市场。三是处罚权。政府可依法对违法者实施处罚,从而增加违法成本和预防违法行为发生。四是交易成本优势。政府在解决某些市场失灵问题方面具有一定的交易优势,具体表现在能够组织费用,对于搭便车和市场逆向选择问题的克服具有明显优势。[1] 农村金融扶贫市场失灵影响到扶贫目标实现和农村扶贫对象利益保护,制约农村经济社会健康发展。因此,农村金融扶贫市场失灵必然需要政府干预。但政府干预并不是万能的,有时候政府干预会出现低效率,甚至负效率的失灵状态,成为引发新的市场失灵的原因之一。政府失灵是政府干预中必然会出现的"副产品"。我们只能力求减少政府失灵对市场资源配置的影响,但难以从根本上根除政府失灵的发生和存在。"政府的失败既可能是由于它们做得太少,也可能是由于它们做得太多。"[2]规制政府干预失灵问题,是农村金融扶贫必须面对的另一问题,也是保护农村贫困者权益与优化市场机制的必然选择。因此,合理的抉择可以促进市场调节与政府干预协作与互补,充分发展政府与市场机制的比较优势,尽可能使市场调节和国家干预的负面效应降到最小。法律是现代国家规约授权和控权的基本规范。基于政府失灵的客观必然性和影响的严重性,政府的农村金融扶贫行为必须受到法律的规制,否则无法承担克服市场失灵问题的重任。

---

① [美]斯蒂格利茨.政府为什么干预经济——政府在市场经济中的角色[M].郑秉文,译.北京:中国物资出版社,1999.

② [美]W.阿瑟·刘易斯.经济增长理论[M].梁小民,译.上海:上海人民出版社,1994.

农村金融扶贫市场失灵问题是推进乡村振兴战略和全面建成小康社会必须破解的难题。授权政府对农村金融市场进行干预，是克服市场失灵的必然选择。但由于存在政府失灵现象，一方面需要强化政府干预农村金融扶贫的行为；另一方面必须对政府干预行为进行必要的规制。其中，法律是克服双重失灵问题的重要武器，一方面通过授权政府干预市场的权力，确立政府干预的正当性和法律依据；另一方面通过程序等控制政府干预，克服政府失灵的问题。法律作为国家最重要的行为规范，毫无疑问应成为克服农村金融扶贫双重失灵问题的首要选择。因此，面对既要克服农村金融扶贫市场失灵问题，也要警惕和防控政府干预引发的政府失灵问题的难题，合理的选择是创新农村金融扶贫法律制度，以法律规制市场调节和政府干预行为，强化扶贫对象的权利保护。农村金融扶贫受到市场失灵与政府干预失灵的双重困扰，不仅内在要求推进农村金融扶贫法律制度创新，也为其创新思路选择与对策设计提供了重要的理论指导。

三、博弈理论

博弈理论（game theory）主要研究公式化了的激励结构间的相互作用，其考虑游戏中的个体预测行为与实际行为，并研究它们的优化策略，是研究具有斗争或竞争性质现象的数学理论和方法。著名的《孙子兵法》一书中就包含了较为丰富的博弈理论思想。博弈理论的研究始于策墨洛、波雷尔及冯·诺伊曼。1951 年，约翰·福布斯·纳什利用证明了博弈均衡点的存在，为博弈理论的一般化和实践应用奠定了良好的基础。纳什的开创性论文《n 人博弈的均衡点》《非合作博弈》等证明了在一类的竞争中，在很广泛的条件下存在稳定解，只要参与者的行为确定下来，竞争者就可以选择出最佳的策略。[①] 20 世纪 60—80 年代则是博弈理论兴起与发展的时期。这期间，合作博弈理论得到不断充实，非合作博弈理论也迅速发展，成为博弈理论研究的重要内容。博弈理论体系日益成熟，地位不断提高，已经发展成为经济学领域中一门重要的学科。[②] 一般的博弈问题由三个基本要素构成：其一，局中人。在一局博弈中，每一个有决策权的参与者成为一个局中人。其二，策略。在一局博弈中，每个局中人都可以选择实际可行的方案。如果

① 胡佳.区域环境治理中的地方政府协作研究[M].北京：人民出版社，2015.

② 谭屹然，石柱鲜，赵红强，等.博弈论发展概述[J].企业研究，2011(2)：79.

在一局博弈中,局中人只有有限几个策略可供选择,则称为有限博弈,否则称为无限博弈。其三,得失。一局博弈结局的结果称为得失。每个局中人在一局博弈中所选择的策略与其他人所选定的策略相互关联。一般来说,博弈问题必须具有以上三个基本要素。

农村金融扶贫是提高农村贫困者自我反贫困能力,有效推进乡村振兴战略的重要扶贫模式。但是,由于农村金融扶贫主体与对象所追求的目标和效益等因素的差异,在农村金融扶贫过程时,两者并不一定会选择对各方都有利的策略,而常常会选择不合作甚至是恶性竞争。特别是作为农村金融扶贫的重要主体——金融机构和扶贫对象,在实际中往往会进行多维的利益博弈。利用博弈理论分析农村金融扶贫,有利于深入对扶贫主体和对象的行动和策略选择的认识。如在金融机构和扶贫对象的博弈中,金融机构的策略选择包括积极扶贫和消极扶贫两种,既可以选择积极主动承担扶贫责任,达到甚至超过预定的扶贫目标;也可以选择被动甚至消极对待农村金融扶贫以降低风险。农村金融扶贫对象的策略选择为守信和失信两种,在获得金融扶贫产品和服务时,可以选择如实告诉自身的贫困状况和资金使用计划,并按约定使用资金以实现反贫困目标,到期偿还金融机构扶贫性贷款;也可以选择利用双方信息不对称等在扶贫资金的使用和偿还中违约。依据博弈理论,假设金融机构与扶贫对象双方都采取合作策略,双方的得益(如政府财政补贴和税收优惠)都为 m;当都采取不合作策略,双方的得益都为 n;双方采用的策略互不相同时,采用合作策略一方得益为 $n-a$,采用不合作策略一方得益为 $n+a$。其中 $m-n>a$。

从上述博弈双方的关系矩阵可以看出,在农村金融扶贫法律制度中,当博弈双方均选择合作策略时,都能实现收益最大化;当均选择不合作策略时,双方都只能获得相对较小的利益。当双方选择的策略不相同时,都无法实现农村金融扶贫收益最大化。当选择合作策略的一方由于参与合作,必然需要付出一定的代价,其得益为 $n-a$;而选择不合作策略的,则从对方获得了这部分的额外好处,其得益为 $n+a$。可见,博弈双方同时选择合作策略时收益最大。但如果没有外在力量与机制介入打破博弈结构,两者都会选择不合作策略。按照亚当·斯密的理论,每个人都是从利己的目的出发,选择不合作策略为最优策略。虽然双方选择合作策略,可以实现自我利益最大化;但如果对方选择不合作策略,则还不如自己选择不合作策略,这样显然要比选择合作策略对自己有利。因此,在没有外力干预,缺少有效的信息和信用保障机制下,博弈双方都会选择不合作策略,原本对双方都有利的策略与结局并不会出现。

博弈双方的选择策略包括合作与非合作两种类型。从农村金融扶贫机构、扶贫对象等主体的策略选择来看,也表现出合作与非合作两种基本选择。因此,有必要通过相应制度创新对金融机构和扶贫对象博弈的行为进行引导。从总体来看,金融机构扶贫行为既受本群体和政府积极行为的影响,还受到扶贫对象信用选择的影响。加强对金融机构积极扶贫行为的激励和消极扶贫行为的惩罚,加大对扶贫对象的失信惩罚和风险补偿有利于引导双方合作博弈,从而提高农村金融扶贫的整体效益。政府可通过采取税收、财政等激励措施,鼓励金融机构与农村扶贫对象选择合作博弈,也需要通过多维度的考核、监督、失信惩罚和违法制裁等措施,强化对金融机构、扶贫对象等的约束,从而营造良好的农村金融扶贫生态环境,改善主体博弈的均衡情况,促进金融机构等选择积极扶贫策略,为双方的合作提供良好的制度保障。在现代法治社会,农村金融扶贫激励约束工具的使用、利益配置和保障措施的运用等都离不开法律保障和规范。因此,从博弈理论来看,构建和创新农村金融扶贫法律制度,具有理论上的正当性和必要性。博弈理论也为农村金融扶贫手段、保障措施法律制度等的创新提供了基本思路。

四、制度变迁理论

制度是规范人们的行为,降低交易成本的一系列规则安排。[①] 一般把制度分为正式制度和非正式制度两类。正式制度是人类有意识制定的规则,主要包括法律、政策、章程等;非正式制度包括习惯、禁忌、道德、习俗、民间信仰等。早期制度经济学兴起于两次世界大战期间,凡勃仑、康芒斯和米契尔为重要代表人物,他们关注制度变迁过程,考察影响制度变迁的内在和外在因素。制度不仅被视为对个体行为的约束,还被认为能够塑造和影响个体的习惯和偏好等。[②] 新制度经济学是兴起于 20 世纪 60 年代的经济流派,其将交易成本、产权制度、制度创新等理论引入经济分析领域,对传统的制度经济学理论研究假设和范式进行了变革。新制度经济学通过弱化新古

---

① 胡鞍钢.国情报告:第十一卷:下[M].北京:社会科学文献出版社,2008.
② 黄凯南,程臻宇.制度经济学的理论发展与前沿理论展望[J].南方经济,2018(11):15—26.

典经济学中某些远离现实的假设,尝试将制度纳入经济分析中。[①] 制度变迁理论是新制度经济学理论的重要组成部分。诺斯等人在继承和深化科斯、威廉姆森等经济学家关于制度研究成果的基础上,对制度变迁理论进行了深入研究,在《西方世界的兴起》《制度变迁与美国经济增长》等著作中,进行了系统阐述,搭建了理论研究框架。新制度经济学主要运用"需求—供给"理论框架对制度变迁的原因进行了深入分析,认为当一项新制度安排在创新时的预期收益大于预期成本时,制度创新才会发生。[②] 制度变迁的潜在利益(亦称外部利润),主要来源于四个方面:规模经济、外部性、风险厌恶的克服、信息流的组织与增进。[③] 新制度经济学认为,制度变迁供给应从"成本—收益"逻辑出发,只有在预期收益大于预期成本情况下,主体才会推进制度供给与变迁。制度变迁的成本主要包括五个方面:规划设计、组织实施的费用,清除旧制度的费用,减少变迁阻力的费用,制度变迁造成的损失及机会成本。[④] 从源头来说,制度要实现创新,既与制度供给主体有关,同时也需要制度需求主体持续不断地释放压力,形成制度变革驱动力。[⑤] 诺思进而提出了五个关于制度变迁的命题:一是竞争是制度变迁的关键;二是竞争迫使组织不断对技能和知识进行投资以使其存续;三是制度框架提供了激励,这些激励规定了哪些种类的技能和知识能够带来最大报酬,从而规定了组织对技能和知识的投资方向;四是感知(人脑理解所接受信息的方式)源于参与者的心智结构;五是范围经济、互补性和制度框架的网络外部性使制度变迁具有显著的渐进性和路径依赖特征。[⑥] 新制度经济学也提出了制度变迁的"路径依赖"理论,其认为原有制度结构对制度变迁具有影响,既可能导致新制度沿着良性轨道优化,也可能导致新制度被锁定在原有低效状态。由于制度具有塑造认知模型的功能,制度演变不仅仅是由正反馈性和网络效应等引致的路径依赖,还存在一定程度的认知路径依赖。[⑦] "路

---

① 黄凯南,程臻宇.制度经济学的理论发展与前沿理论展望[J].南方经济,2018(11):15—26.

② 陈婷婷.我国农村小额人身保险的新制度经济学分析[D].大连:东北财经大学,2012.

③ 陈婷婷.我国农村小额人身保险的新制度经济学分析[D].大连:东北财经大学,2012.

④ 杨德才.新制度经济学[M].南京:南京大学出版社,2007.

⑤ 涂开均,杨继瑞.我国反贫困的制度经济学分析[J].桂海论丛,2018(1):62—67.

⑥ North D C. Understanding the process of economic change [M]. New Jersey: Princeton University Press,2005. 转引自何国平."三权分置"的发生与演进——基于交易费用和制度变迁理论的分析[J].云南财经大学学报,2019(8):3—11.

⑦ 黄凯南,程臻宇.制度经济学的理论发展与前沿理论展望[J].南方经济,2018(11):15—26.

径依赖"理论表明大部分制度变迁过程是渐进的、曲折的,并非一帆风顺。

我国农村金融资源匮乏是阻碍农村金融扶贫推进的主要原因。长期以来,农村金融资源的供给远远小于需求,尤为突出的是原本稀缺的金融资源反而通过农村信用社(农商银行)、邮政储蓄银行等农村金融机构反向输入城市和支持城市工商业发展。农村信用社和农村合作基金会不仅没有扮演好小额信贷供给者的角色,反而在一定程度上充当了将农业资本转换成工商业资本的转换器。因而,推进现有农村金融和农村金融扶贫法律制度创新具有现实必要性。一方面农村金融扶贫法律制度创新本质上属于农村金融与农村金融扶贫法律制度的变迁,因而可利用制度变迁理论为其创新提供指引;另一方面也为制度变迁理论提供了应用和检验的案例。

第一,从制度变迁的供需理论来看。农村金融扶贫法律制度创新是由于外部环境变化而引起,主要为制度变迁的需求和制度变迁供给的变化。从制度变迁的需求来看,随着乡村振兴战略的推进和农村经济社会发展,农村贫困者及能带动农村贫困者脱贫的新型经营主体等的生产和扩大规模的需要不断增强,对农村金融扶贫服务和工具创新规模扩大的要求日益凸显,从而导致农村金融扶贫需求与供给之间的矛盾日益突出,进而内在要求推进农村金融扶贫及法律制度创新,以优化农村扶贫等的金融资源供给。如农村扶贫贴息贷款的利率为同期信用社利率的一半左右,在市场机制作用下,利率补贴必然要导致信贷寻租现象的出现,使利率补贴所带来的好处主要流向能支付更高租金的利益群体,而穷人很少能在支付租金争取利率补贴的竞争中占据优势。[①] 从制度变迁的供给情况来看,农村金融扶贫及乡村振兴战略实施、农村经济社会发展、相关制度环境以及农村金融观念的进步等都使得农村金融扶贫法律制度变迁的成本更低,从而使得制度实施的获利也越来越多。农村扶贫开发持续推进,农村教育状况的不断改善,传统厌贷、害怕风险的观念不断清除,重视信用等现代化观念深入人心,从而有利于增强农民对农村金融扶贫及法律制度创新的认可,降低交易成本和减小制度变迁阻力。农村金融体系改革不断推进,农村金融组织和服务优化也为强化农村贫困者的金融反贫困意识和农村金融扶贫服务奠定了基础。同时,农村金融扶贫、"三农"相关政策,法律法规的不断完善也为农村金融

---

① 高杨,薛兴利.对扶贫贴息贷款和扶贫互助资金的比较研究——基于新制度经济学视角[J].中国海洋大学学报(社会科学版),2013(1):73—76.

扶贫及法律制度创新提供了有利的制度变迁条件。

第二,从制度变迁的成本与效益来看。农村金融扶贫法律制度以激发贫困者自我反贫动力和提升自我反贫困能力为基本目标,为农村金融扶贫法律制度的重要创新,其对改善农村地区扶贫性金融服务供给,促进农村金融服务创新,推进农村经济社会发展具有重要作用。特别是在乡村振兴战略全面推进的时代背景下,农村金融扶贫法律制度创新的重要性更为凸显。农村金融扶贫法律制度创新的成本主要包括制度变迁的路径依赖、实施费用以及法律规制滞后性等。从总体来看,农村金融扶贫法律制度创新的收益要大于制度变迁成本,因而制度变迁具有内在的必然性。农村金融扶贫的发展需要相应的制度环境,要求作为正式制度的法律对其进行规范和保障。从制度变迁主体来看,主要需求者为农村贫困者与政府,但目前农村贫困者是单向度的接受者,而不是制度制定的参与者,因而制度变迁主要依靠政府的强力推动。所以,我国农村金融扶贫法律制度变迁主要为政府主导下的强制性制度变迁。制度变迁理论为农村金融扶贫法律制度创新提供了很好的理论分析框架,为不断发掘和利用法律制度创新提供了动力。

五、农民发展权理论

1969 年,阿尔及利亚正义与和平委员会发表了《不发达国家发展权利》报告,首次提出了"发展权"概念。1970 年,塞内加尔法学家凯巴·姆巴耶(Keba M. Baye)在斯特拉斯堡国际人权研究院演讲时,第一次指出发展是所有人的权利,每个人都有生存的权利并且每个人都有生活得更好的权利。[1] 1986 年,《发展权利宣言》就发展权内涵做出了更为全面阐述:"发展权利是一项不可剥夺的人权,由于这种权利,每个人和所有各国人民均有权参与、促进并享受经济、社会、文化和政治发展,在这种发展中,所有人权和基本自由都能获得充分实现。"《经济、社会、文化权利国际公约》和《公民权利和政治权利国际公约》也明确规定了所有人享有发展的基本权利。《联合国千年宣言》强调:"使每一个人实现发展权,并使全人类免于匮乏。"目前,学界普遍认为,发展权是继自由权、生存权之后,人应该享有的又一项重要基本人权。发展权以保障所有人的公平发展为基本目标,为实现个人、区域和国家平等、共同发展提供了理论武器,更是为弱势群体获取平等的发展机

---

① 王莹丽.农民金融发展权及其法律保障机制[J].上海经济研究,2010(7):41—47.

会和发展结果提供了理论支撑。就一国内部发展情况来看,保障和促进弱势群体的发展权是基本目标和核心内容,而作为公认的弱势群体之一的农民,其发展问题更是重中之重。可见,农民发展权理论的提出具有坚实的理论与实践基础。农民发展权是发展权理论在"三农"领域的具体化应用和体现。发展权奠定了农民发展权的母体性权利基础,实质公平理论也为农民发展权理论奠定了伦理基础。"实质公平是相对于形式公平而强调结果公平的公平观,其在承认主体存在差异性的基础上,将内容和目标的公平性作为着眼点,从结果来考察公平。"①实质公平在承认主体差异客观存在的基础上,以实现社会正义为目标,主张在平等对待所有主体的基础上适当赋予弱势群体相对特权和给予倾斜性保护,以实现发展结果的相对公平。实质公平并非追求平均主义,而是在形式公平基础上,对农村贫困者等弱势群体给予必要关怀,以缩小主体之间的发展差距。政府对农民给予倾斜保护和扶持,既是发展成果公平分享的需要,也是保护弱势群体,促进社会公平发展的伦理要求。从发展权理论来看,农村金融扶贫实际就是对农村贫困者赋权的过程,因为"三农"问题的出现,很大程度可归咎于农民发展机会和成果城乡分享不公平。"赋权的过程也是《发展权利宣言》所表明的所有人权和基本自由都能获得充分实现的过程,特别是增加那些弱势者权利的过程。"②赋予农民发展权是提高其公平分享发展成果和自我发展能力的必然选择。

农民发展权是农民平等获得发展机会与发展结果的基本权利,是提高农民发展能力和实现发展正义的制度保障。农民发展权具有以下基本特征:其一,基本性。农民发展权是关乎城乡公平发展、公民生存权和发展权实现的基础权利。基本性决定了农民发展权的基本义务主体为国家。其二,平等性。所有农民应享有实现其发展的基本权利,不因身份差异等而不同。平等性也指应消除传统对农民身份的歧视,使其获得与其他公民同样的身份待遇。其三,共享性。农民发展权的主体包括所有农民,其目标在于保障所有农民公平享有发展权利,实现工农、城乡共同发展。其四,集体性。农民发展权是作为整体的农民要求政府或其他主体满足其发展权所必需的权利,是一项集体的、团体性权利。其五,综合性。"农民发展权是一项母体

① 陈妮.经济法追求的实质公平[J].北京工业大学学报(社会科学版),2008(4):52.
② 周明海.后农业税时代应认真对待农民的发展权[J].学术论坛,2008(3):95.

性的权利,它不是对农民经济、社会、政治和文化权利的简单相加,而是全面促进农民平等参与经济、政治、社会和文化活动并享有发展成果的一个高度抽象和概括。"①综合性意味着农民发展权是关涉农民多维基本权利的综合体,乃为农民基本权利组成的权利束。

从农民发展权理论来看,农民金融发展权应包括获取基本金融服务的权利、参与金融发展的权利、促进金融发展的权利、分享金融发展成果的权利、获得金融发展扶贫的权利等。农民贫困的重要原因之一在于其金融权利的缺位和权利的难以落实。农民发展权理论深化了对农村金融扶贫与农村金融扶贫法律制度创新的正当性和功能的认识。首先,由于作为现代经济发展核心元素的金融服务对农民发展极为关键,农民应具有获得必要金融扶持的权利。获得金融扶贫应该是农民,特别是贫困农民应具有的基本权利。其次,从农民发展权来看,农村金融扶贫的基本义务主体为国家。《联合国发展宣言》明确指出:"创造有利于各国人民和个人发展的条件是国家的责任。"其中第八条更是对国家保障个人发展权利责任进行了具体规定。保护公民基本权利是国家存在和运行的根本目标,也是获得公民认同的基础。只有国家积极履行基本义务,采取有效措施保护农民发展权,才能确保农民享受发展的成果。我国"三农"问题的出现,很大程度可归咎于农民发展机会和改革发展成果城乡分享不公平,所以保障农民发展获得必要的金融支持,是保护农民发展权、破解农民贫困问题和促进城乡公平发展的重要路径。

改革开放以来,我国实施以城市为中心的非均衡发展战略,在带来国家综合实力快速提升的同时,也带来城乡发展差距不断扩大、农民贫困和农村落后等问题。发展机会和发展结果的不平等,是造成农民贫困与"三农"问题的重要原因之一。为破解这些问题,我国先后实施了新农村建设、城乡一体化建设、乡村振兴等战略,以通过向农村实施倾斜性政策与制度扶持,推进农村脱贫致富与强化农民发展权保护。农民发展权的实现离不开法律的规制和保障,法律是规制国家义务和保护农民基本权利的基本武器。通过农民金融扶贫法律制度的构建与创新等来保护农民发展权的实现,是农民发展权的内在需求与现代法治国家建设的重要内容。农民发展权理论不仅充分证明了农村金融扶贫法律制度创新的必要性,也为强化政府的农村金

---

① 刘安华.农民发展权保障的现实困境与法治路径[J].广东农业科学,2010(4):415.

融扶贫义务提供了理论依据。此外,农民发展权理论为有效破解农村金融发展问题,创新农村金融扶贫法律制度提供了重要理论依据。

六、公共利益理论

公共利益,亦可称为社会利益、社会公共利益。公共利益理论的发展分成两个阶段,第一阶段重视的是生产者本身的利益,第二阶段则开始重视消费者的利益。古希腊时期存在一种整体国家观,与整体国家观相联系的是具有整体性和一致性的公共利益,被视为一个社会存在所必需的一元的、抽象的价值,是全体社会成员的共同目标。[①] 哲学家阿奎那认为,根据实践主体的不同,公共利益大体可以分为三类:一是由祭司负责促进和实现的精神属性的公共利益;二是由治理社会的统治者负责促进和实现的涉及公共秩序、社会安宁、物质福利等方面的公共利益;三是由军人负责促进和实现的国家安全方面的公共利益。[②] 阿奎那提出公共利益具有优越性,促进公共利益,就是促进个人利益。[③] 罗斯科·庞德认为"社会利益是指包含在文明社会生活中并基于这种生活而提出的各种要求、需要和愿望"[④]。E.博登海默认为"公共利益意味着在分配与行使个人权利时决不可超越的外部界限,而外部界限是指赋予个人权利以实质性的范围,本身就是增进公共利益的一个基本条件"[⑤]。孙笑侠认为"社会利益是与个人利益、集体利益、国家利益并列的一种利益,它是公众对社会文明状态的一种愿望与需要"[⑥]。综上,公共利益意指社会共同体中大多数人的共同利益,其目的在于维护社会共同体的普遍利益。社会公共利益具有以下基本特征:其一,共享性。既然社会公共利益是共同利益,影响着共同体中的所有成员或绝大多数成员,那么它就应该具有社会共享性,社会共享性表明其与社会公众的基本利益紧密相关。其二,普遍性。社会公共利益与社会共同体成员密切相关,关系所

---

① 麻宝斌.公共利益与公共悖论[J].江苏社会科学,2002(1):39.转引自刘向南,陈定荣,许丹艳.公共利益:理论与实现的比较研究[J].城市规划学刊,2005(3):59.

② [意]阿奎那.阿奎那政治著作选[M].马清槐,译.商务印书馆,1982.117.

③ 范沁芳.在调和中传承与创新——托马斯·阿奎那的公共利益理论解读[J].南京社会科学,2007(9):131.

④ [美]庞德.通过法律的社会控制——法律的任务[M].沈宗灵,译.北京:商务印书馆,1984.

⑤ [美]E.博登海默.法理学:法律哲学与法律方法[M].邓正来,译.北京:中国政法大学出版社,2004.

⑥ 张文显,李步云.法理学论丛:第一卷[M].北京:法律出版社,1999.

有成员的共同利益和法律普遍性价值的实现。其三,基础性。社会公共利益是社会共同体的基本利益,对成员其他利益的实现起到基本保障作用。其四,社会性。社会公共利益关系社会共同体的生存与发展,是社会共同体成员利益相互整合的结果,是政府治理和个人发展社会化的产物。其五,整体性。社会公共利益是对个人利益整合的结果,是作为个人整体的社会群体或社会集团的公共利益。"社会尤其是当代社会无疑是利益多元且各种利益相互交织和冲突的社会,法律作为利益关系的调节器,必须回应和平衡各种利益诉求。"[①]经济法是以社会公共利益为本位的法律,维护社会公共利益是经济法的根本宗旨。"在经济法视域下,公共利益具体包括如下基本方面:其一,自由竞争秩序,自由竞争是经济秩序的基础。其二,对特殊群体的限定和保护,如对消费者、中小企业、农民利益的保护。其三,维护和发展对社会持续发展有利的、和谐稳定的社会关系。"[②]公共利益理论为分析我国农村金融扶贫问题形成的原因与农村金融扶贫法律制度创新提供了重要的理论指导。

公共利益理论的基本观念是法律应当反映"公意",代表全体人民,或者"最大多数人民的最大利益"。从公共利益理论来看,构建与创新农村金融扶贫法律制度助推农村金融扶贫与农村反贫困具有维护公共利益的内在正当性。其一,乡村振兴是当前重要的公共利益。按现行国家农村贫困标准测算,至 2018 年末,我国农村贫困人口 1660 万人,比上年末减少 1386 万人;贫困发生率 1.7%,比上年下降 1.4 个百分点。虽然我国农村贫困人口数快速下降,脱贫攻坚战略取得了全面胜利,但剩下的农村贫困人口大多数位于国家深度贫困地区,越是往后,其脱贫成本越高和难度越大。贫困问题不仅影响到农民基本权利保护和自我发展能力的提高,更制约乡村振兴战略和全面小康社会建成战略实施。作为产业扶贫等的重要支持体系,农村金融扶贫在农村反贫困治理中的作用日益重要。创新我国农村金融扶贫法律制度、保障农村金融扶贫稳健运行是乡村振兴战略的内在需求。其二,农村金融扶贫问题影响到农村贫困者基本权利的实现。经过多年建设,我国农村金融扶贫体系初步形成,但是农民特别是贫困农民等获得信贷等金融服务依然困难,农民基本金融服务获得权利依然得不到有效保障。"农村地

---

① 卢代富.经济法对社会整体利益的维护[J].现代法学,2013(4):24.
② 张守文.经济法学[M].北京:高等教育出版社,2016.

区金融资金逆向流动严重,大量农村资金通过农村金融机构等渠道净流出,'三农'资金'失血'严重,'三农'获得金融支持的比例不升反降。"①农村金融扶贫问题影响农村贫困者发展生产与权利保护,制约农村人权事业的进步,保护农村贫困者的权利是维护公共利益的应有之义。因此,从公共利益理论来看,我国农村金融扶贫法律制度创新具有必要性和正当性。

我国乡村振兴战略的推进,必然要求国家从公共利益角度加强农村金融扶贫体制和制度改革。创新我国农村金融扶贫法律制度,是保护农村贫困者金融权利、保障民生利益、维护公共利益、推进乡村振兴战略实施的必然选择。公共利益理论不仅有力支撑了我国农村金融扶贫法律制度的创新发展,也充分彰显了普惠金融理念和实质公平的价值取向。公共利益理论也为厘清我国农村金融扶贫法律制度创新的宗旨,优化基本原则和构建制度等提供了基本理论指导。我国农村金融扶贫法律制度创新应以保护农村贫困者金融权利、提高其自我发展能力、促进农村全面建成小康社会为基本宗旨,协调利用政府"有形之手"和市场"无形之手",有效化解个人利益与公共利益的冲突,增进福祉,促进农村经济社会正常发展。

第二节　农村金融扶贫法律制度创新的理念与价值取向

创新我国农村金融扶贫法律制度,保障农村贫困者能以公平价格获取金融服务,促使其更好利用人力资本和生产资本去提高财富创造能力、内生自我脱贫和自我发展能力,是提升农村扶贫开发绩效和贫困者自我反贫困能力的重要路径。

一、农村金融扶贫法律制度创新的指导理念

革新我国农村金融扶贫法律制度指导理念,是进一步明确其创新目标与方向,夯实创新理论支撑的要求。我国农村金融扶贫法律制度创新应以下列理念为指导。

---

① 王煜宇,邓怡.农村金融政策异化:问题、根源与法制化破解方案[J].西南大学学报(社会科学版),2017(2):46.

（一）新发展理念

党的十九大把坚持新发展理念作为新时代坚持和发展中国特色社会主义的基本方略，对发展内涵做了具有新的时代特点的全方位拓展。新发展理念将现代发展思想和发展理论提升到了新的高度，也为我国农村金融扶贫法律制度创新提供了科学的指导理念。我国农村金融扶贫法律制度应以创新发展、协调发展、绿色发展、开放发展、共享发展等新发展理念为指导，根本目标是破解城乡发展不均衡、不协调、不公平问题，提高农村贫困者自我脱贫能力和自我发展能力。毫无疑问，我国农村金融扶贫法律制度内在蕴含了新的发展理念和发展思想。第一，创新是我国农村金融扶贫法律制度发展的动力，也是农村金融扶贫问题破解的根本出路。因此，需要以创新理念为指导。创新理念是驱动我国农村金融扶贫法律制度创新的基本指导思想，只有以创新理念为指导思想，以破解农村金融扶贫实践问题为出发点而不断推进规范和制度创新，才能肩负起乡村振兴战略实施的重任。第二，我国农村金融扶贫法律制度不仅需要协调复杂的行为关系，也需要协调复杂的利益关系和主体关系，因此其应以协调理念为指导。第三，绿色发展理念也为我国农村金融扶贫法律制度的金融产品、服务创新，支持产业选择提供了有力指导，农村金融扶贫也应重点支持资源节约型、环境友好型产业发展，突出整体效益。第四，我国农村金融扶贫法律制度创新也需要以开放理念为指导，破除传统只依靠正规金融扶贫的理念，吸引和鼓励农村民间金融参与农村金融扶贫，激励社会公众参与农村金融。第五，我国农村金融扶贫法律制度的根本目的是让农村贫困者共享金融发展成果和红利，共享理念应为其指导理念之一。因此，只有以新发展理念为指导，才能深刻理解我国农村金融扶贫问题形成的根源，从而从国家战略和时代高度提出促进我国农村金融扶贫法律制度创新的对策。我国应以创新、协调、绿色、开放、共享理念指导农村金融扶贫法律制度创新，激励金融机构充分利用互联网、大数据等现代技术，创新农村金融扶贫产品供给和服务，保障农村贫困者等能够以可负担的价格获得金融服务，提高农村金融的可获得性，增强农村金融发展的益贫性和社会公平效应。

（二）普惠金融理念

我国农村金融扶贫法律制度创新应以普惠金融理念为指导。发挥普惠金融理念的引领作用是农村金融扶贫法律制度创新的基本保障。由于目前大部分相关法律不是在明确的普惠金融理念指导下制定的,存在理念滞后、条块分割、相互矛盾、立法不全、执法不严、监督不力等较为突出的问题,从而难以有效保护农村贫困者的金融权利与规制扶贫主体义务。要扭转这种困境,就必须根据普惠金融理念和农村经济社会发展需要,创新农村金融扶贫法律制度的保障理念、原则和措施。我国应将促进普惠金融理念作为农村金融扶贫立法的基本宗旨,突出其对农村金融扶贫法律制度创新的规制和引领作用。第一,应以包容理念、保护弱势者理念引领农村金融扶贫法律制度创新,建立协调扩大农村金融服务覆盖面、促进农村普惠金融可持续发展的法律保障机制,健全倾斜保护农村贫困者金融权利的基本制度。第二,将实现实质公平和金融公平作为农村金融扶贫法律制度的重要目标,构建金融安全、金融效益与金融公平价值兼容的体制机制,促进农村金融改革与发展成果的公平分享。我国农村金融资源匮乏与农村金融扶贫非持续性、城乡金融资源配置不公平、农村金融发展不平衡密切相关。普惠金融理念内涵了实质公平精神和追求。我国农村金融扶贫法律制度创新必须以公平作为核心理念指导制度体系构建,以保障制度构建的公平性、正义性。当然,在坚持公平优先理念基础上,也应兼顾金融效率与金融安全,以实现农村金融扶贫的稳健与可持续性。

（三）法治理念

法治理念以法律的权威性为基础,以限制公权力为基本精神,以实现公平正义为价值取向,以尊重和保障人权为实质价值。法治理念体现了社会主义法治国家的精神实质和价值取向,是社会主义法制现代化的基本指导思想。目前我国农村金融扶贫法律制度政策化色彩浓厚,法治理念彰显不够。因此,应以法治理念指导创新,强化创新的法治理念规制。第一,我国农村金融扶贫法律制度应确立保护农民基本金融权利的理念,确立农村贫困者有权获得金融支持的基本权利理念,并从公民基本权利高度系统规定农村贫困者金融权利,这样才能强化政府和金融机构等主体的保障义务,科学构建农村贫困者金融权利体系,推进法律责任机制构建。第二,确立科学扶贫理念。农村金融扶贫法律制度发展的基本目的在于提高扶贫对象的自我发展能力,也是农村精准扶贫的重要措施。提高农村金融扶贫法律制度设计的科学性,架构农村金融扶贫精准识别、精准扶贫、精准管理的制度体系,才能提高农村金融扶贫的有效性和法治化水平。第三,我国农村金融扶贫法律制度创新应以正当程序理念为指导。正当程序是现代法治理念的重要内容。构建正当程序,不仅对规范政府权力和保护权利意义重大,也有利于提高制度运行绩效。我国农村金融扶贫法律制度应以正当程序理念为指导,强化对政府调控、监管程序的规制,从而全面彰显现代法治理念。

二、农村金融法律制度创新的价值取向

我国农村金融扶贫法律制度是规制国家金融扶贫干预权和保障扶贫对象权利的基本武器,内含一定的价值目标和价值取向。我国农村金融扶贫法律制度创新应在科学精神和现代理念指导下,以实质公平、整体效益、金融安全和金融秩序等基本价值为引领,实现促进农村金融扶贫法治发展和保障农村反贫困战略实施等目标。

(一)实质公平

1.基本含义

"公平"是一个古老又常新的基础性范畴。追求公平始终是人类孜孜以求的基本目标。公平是哲学、伦理学和法理学等共同关注的永恒命题。任何时代的法律都离不开对公平价值的关注。"中外学者从不同角度对公平进行了解读,而每一种理解都可以有自己的充分依据,因为它首先涉及价值判断问题,即道义上的是非标准问题。"①在古代,人们所说的公平是指以同样的态度对待各种事物,为"公"而求"平",做到不偏不袒、无私无怨。"所谓公平,是指在特定的社会历史条件下,人们按照一定的社会评价标准(制度规则、道德习俗等),对于以利益分配对称为核心的、人与人之间的社会关系的现实状态而做出的应当、合理的规范要求和价值评判。"②"实质公平是以追求结果公平为基本内核的公平观,其在承认主体存在差异性的基础上,将内容和目标的公平性作为着眼点。"③市场经济消除了按身份配置资源的不公平传统,这对解放生产力,促进人的自由发展具有十分重要的作用。由于自然禀赋、经济实力、历史传统、发展机遇等因素的影响,主体差异无法避免。"对所有人无差别地平等对待,有利于充分发挥主体能动性和优化资源配置,但也使主体之间的实质不平等变得天经地义,甚至成为加剧不公平的

① 厉以宁.经济学的伦理问题[M].北京:生活·读书·新知三联书店,1995.
② 周庆国.辨析公平、公正、正义的基本含义[J].延边大学学报(社会科学版),2009(5):108—114.
③ 陈妮.经济法追求的实质公平[J].北京工业大学学报(社会科学版),2008(4):51.

推手。市场竞争中的大量弱势群体由于不具备足够竞争能力而无力消受这份'公平',从而不可避免地带来一部分人的个人利益和社会公共利益的分裂和对抗,由此导致一系列社会矛盾。"①形式化地推崇公平,必将造成强者与弱者、发达地区与落后地区的发展差距不断扩大。如垄断资本主义时期,极端化的推崇自由放任和形式公平导致经济社会矛盾激化,这就产生了克服形式公平内在弊端、改革传统公平理念的诉求。实质公平在承认主体差异客观存在的基础上,以实现社会正义为目标,主张在平等对待所有主体基础上适当赋予弱势群体相对特权和倾斜性保护,以实现发展结果的相对公平。

2.将实质公平确立为价值取向的理由

(1)实质公平是我国农村金融扶贫法律制度的精神内核。发展机会和制度的不公平,是造成农民贫困的重要原因之一。长期以来,我国采取效率优先的发展战略,通过农业支持工业、农村支持城市发展的原则,以换取城市的快速发展和国家整体经济实力提升,这种发展战略在一定时期具有正当性。面对逐步扩大的城乡差距和农村发展差距,发展的公平问题日益突出。在工业化达到相当程度以后,工业反哺农业、城市支持农村,实现工业与农业、城市与农村协调发展,也是带有普遍性的趋向。政府对农村贫困者的金融需求给予倾斜保护和扶持,既是发展成果公平分享的需要,也是保护弱势群体、促进实质公平的要求。

(2)实质公平是我国农村金融扶贫法律制度的正义所在。城乡差距、农民贫困问题与农民发展机会分配不公平、制度不正义直接相关。推进制度正义是实现城乡公平和农村反贫困的基础,而在形式正义基础上强化农村金融扶贫法律制度的实质正义与结果正义,是促进城乡金融协调发展和破解农村扶贫金融问题的基础。实质公平为实现我国农村金融扶贫制度的公平正义指明了方向。只有正视城乡金融问题形成的制度性原因,在坚持农村金融扶贫市场化运行基础上,对农村金融市场和农村贫困者给予倾斜性扶持,创新农村金融扶贫法律制度,才是保障农村金融制度正义的内在需要。只有以实质公平为价值目标,才能深入理解农村金融扶贫制度正义的内涵和问题所在,构建相应制度体系,保障农村金融扶贫机会公平和结果公平。

---

① 兰蕾.经济法的复合式公平观[J].武汉理工大学学报(社会科学版),2005(2):228.

(3)实质公平是我国农村金融扶贫法律制度宗旨的价值基础。"实质上的公平,则超然于权利行使之上,直接关注利益实现过程的公平,是有利于效益最大化的公平,即是机会均等之上的过程公平。"①我国农村金融扶贫法律制度的宗旨之一在于通过规范农村金融扶贫行为,保障农村贫困者的金融权利,促进农村金融普惠。而这些不仅包含实质公平理念,也是实质公平价值实现的基本途径。从农村金融扶贫法律制度的宗旨来看,应将实质公平确立为其基本价值。

(二)整体效益

1.基本含义

"效益一词的经济学含义是指从一个给定的投入量中获得最大的产出,即以最少的资源消耗取得同样多的效果或以同样的资源消耗取得最大的效果。"②这是亚当·斯密第一次把经济学分析方法应用于法律制度。19世纪末20世纪初兴起的制度学派,把社会经济发展同制度演化联系起来,从与经济生活相关的各种制度揭示经济发展缘由,阐述制度对经济发展的影响。经济与法律制度的交叉研究的发展,不断深化了法律效益价值目标的认同。效益可进一步分为个体效益与整体效益,经济效益、社会效益与生态效益等。

我国农村金融扶贫法律制度整体效益的价值目标是指其在制度构建和发展过程中,应实现经济效益、社会效益、生态效益的兼容,眼前效益、长远效益与代际效益的协调,实现整体效益最大化。整体效益价值彰显了农村金融扶贫法律制度的效益多元化、整体化,其包括了以下基本内涵:首先,农村金融扶贫法律制度追求一种综合的、长远的效益,并非单独的经济效益。其次,农村金融扶贫主体利益发生冲突时,应将整体效益置于优先地位,以此协调个人利益、社会利益、国家利益的冲突。最后,农村金融扶贫法律制度整体效益的核心是社会效益具有优先性,以此实现社会效益和经济效益的协调。

2.将整体效益确立为价值取向的理由

(1)整体效益确定了我国农村金融扶贫法律制度的目标指向。我国农村金融扶贫法律制度以提高贫困者自我发展能力为基本目标,在实现农村

---

① 蓝寿荣,董灵娟.从起点公平到过程公平——公平价值的经济法解读及对"十一五"规划实施的启示[J].经济法论丛,2007(7):61.
② 刘大洪.论经济法效益[J].法学,1998(7):53.

金融扶贫商业化、可持续化基础上反贫困效益的最大化，所以，整体效益无疑应为农村金融扶贫法律制度创新的基本价值目标。农村金融扶贫主体应从整体效益出发，提高政府调节行为绩效，强化金融组织的社会责任规制，才能有效协调个人利益与社会利益的冲突，提高农村金融扶贫的整体效益。

（2）整体效益是规制我国农村金融扶贫主体行为的价值基础。首先，一般来说，政府缺乏提高效益的内在压力，农村金融扶贫干预行为存在效益低的内在痼疾。将整体效益设为我国农村金融扶贫法律制度创新的价值目标，有助于促使政府提高对农村金融扶贫行为整体效益的重视。其次，整体效益以规制金融扶贫主体行为为目标，整体效益而非单纯的经济效益，是农村金融扶贫主体行为的基本目标，从而成为农村金融扶贫行为的正当性依据。再次，整体效益为规制农村金融扶贫主体行为的制度设计提供了思路。只有从整体效益出发来设计规范，才能促进政府与金融机构重视农村金融扶贫的社会效益，有效克服扶贫短期性行为。最后，整体效益为金融扶贫主体行为的法律责任的设计提供了价值指引，如果农村金融扶贫主体出现违反行为，应该从整体效益与社会利益的角度来承担法律责任，从而促使其将整体效益理念融入金融扶贫行为之中。

（3）整体效益是提升我国农村金融扶贫法律制度的绩效路径。由于农村金融扶贫法律制度具有明显的整体效益和综合效益，因此，对其进行绩效评价必须坚持整体思路与标准。首先，整体效益为我国农村金融扶贫法律制度绩效的整体评价提供了思路。如何评价农村金融扶贫绩效，对于有效评价和提升金融扶贫效果极为重要，也往往是政府相关决策的重要信息支撑。农村金融扶贫具有明显的社会效益和正外部性，从整体出发才能准确评价农村金融扶贫绩效。整体绩效的价值目标为有效评价农村金融扶贫绩效指明了方向。其次，整体效益为评价指标的构建提供了基本思路。从整体效益维度来设计相关评价指标是可行的绩效评价方法，这样不仅能准确反映金融扶贫行为的总体绩效，而且有利于激励金融组织等加大对农村金融扶贫的投入、政府强化对金融扶贫的有效调控与扶持。从整体效益来看，我国农村金融扶贫法律制度绩效的评价指标应从政治、经济、社会、生态等多层面系统构建。将整体效益确定为农村金融扶贫法律制度的价值目标，不仅有利于规范和约束政府和金融组织行为，而且有利于促使其努力降低成本，优化措施，改进方法，克服农村金融扶贫的短期性问题，提高农村金融反贫困的综合效益。

(三)金融安全

1.基本含义

金融安全指整个金融体系运转有序,风险处于可控范围内的相对稳定状态,是金融创新、金融效率和金融组织可持续发展的基础,也是金融效益、金融安全实现的保障。具有以下基本特征:首先,整体性。金融安全是指整个金融体系的稳定和金融市场有序运行的状态,包括正规金融、民间金融和外资金融等所有金融市场的整体安全和稳定状态。其次,动态性。金融安全是动态变化的相对稳定状态。随着经济运行态势变化,金融安全内容、风险应对机制等都应发生相应变动。再次,基础性。金融安全是金融市场稳健发展和经济持续发展的关键,制约金融创新发展的方向。最后,国际性。金融全球化带来金融市场开放、金融资源全球优化配置和金融风险国际化问题。

2.将金融安全确定为价值取向的理由

(1)金融安全是农村金融扶贫可持续性运行的保障。促进农村金融扶贫可持续发展是实现扶贫目标的基础,也是市场经济条件下扶贫机制创新的要求,且以保障农村金融扶贫的安全为条件。因而金融安全是我国农村金融法律制度创新的重要价值目标之一。首先,金融安全是农村金融扶贫稳健发展的基础。它不仅是农村金融扶贫主体调控和金融机构服务稳定供给的要求,也是农村金融扶贫对象合理使用资金的基本要求。其次,金融安全是加强农村金融扶贫风险规制的价值基础。农村金融扶贫具有较高风险,加强对农村金融风险的预判和监管,是其可持续发展和提升绩效的基础。金融安全确定了农村金融扶贫风险规制的价值目标和规范基础。最后,金融安全既是激励金融机构参与农村金融扶贫的条件,也是协调利益冲突的标准。

(2)金融安全是其他价值实现的基础。长期以来,各国的金融监管均以安全价值为基点。[①] 金融安全价值是我国农村金融扶贫法律制度的基础性价值,对其他价值目标的实现具有影响。首先,金融安全是实质公平价值的基础。农村金融扶贫资金的不安全性不仅影响扶贫主体利益,也影响扶贫对象精准脱贫目标的实现。其次,金融安全是整体效益实现的基础。农村

---

① 张锐,唐清利,叶海平.中国合会的运作与法律制度构建研究——基于 Q 县的实证分析[J].江西财经大学学报,2012(4):120—129.

金融扶贫的不安全性必然影响其经济效益、社会效益。最后,农村金融扶贫的不安全性也影响到农村金融扶贫法律制度的经济民主、金融秩序等价值实现。农村金融法律制度创新必须处理好金融安全与金融公平、整体效益的关系,在金融安全基础上实现实质公平与整体效益的兼容。

(3)金融安全是金融创新的价值约束。农村金融扶贫要实现商业化可持续发展,不仅需要强化对金融机构扶贫的内在激励,更为重要的是需要创新金融服务产品和技术。只有不断推进创新,才能实现我国农村金融扶贫经济效益与社会效益等的兼容。金融创新具有不稳定、高风险的特征,对其进行规制十分必要,此外,必须以金融安全为基础。

(四)金融秩序

1.基本含义

"秩序意指在自然进程和社会进程中所存在的某种程度的一致性、连续性和确定性。"[①]与秩序相对应的概念是"无序"。"无序"表明"存在着断裂和无规则现象,亦即缺乏智识所及的模式,这表现为从一个事态到另一事态的不可预测的突变情形"[②]。秩序包含自然秩序和社会秩序两种状态。自然秩序以自然规律的调节实现其价值,内在自然规律自发作用,是自然秩序深沉而有力量的表征。社会秩序是以社会发展规律调节和人类主观努力相结合的方式而实现其价值,是人类社会存在和发展的基础,也是自由、公平、正义、民主等价值实现的基本保障。马斯洛曾指出:"我们社会中的大多数成年者,一般都倾向于安全的、有序的、可预见的、合法的和有组织的世界;这种世界是他所能依赖的,而且在他所倾向的这种世界里出乎意料的、难以控制的、混乱的以及诸如此类的危险事情都不会发生。"[③]人类社会对秩序的内在需求必然要求存在一种大家所公认的普遍性规范,这种规范就是法律。秩序是法律的基本价值目标,也是法律存在的重要理由。法律与秩序具有内在的相互依存关系,法律离不开秩序价值的追求,而秩序建立在法律规范基础上。金融秩序是金融主体合规性而带来的金融运行有序、金融结构稳定、金融规制被遵守等状态。农村金融扶贫法律制度的金融秩序是指

①　周旺生.论法律的秩序价值[J].法学家,2003(5):35.
②　卓泽渊.法的价值论[M].2版.北京:法律出版社,2006.
③　[美]E.博登海默.法理学:法律哲学与法律方法[M].邓正来,译.北京:中国政法大学出版社,1999.

农村金融扶贫主体行为合规,扶贫性金融市场运行有序,金融风险处于可控制状态。

2.将金融秩序确定为价值取向的理由

(1)农村金融扶贫的内在需求。虽然农村金融扶贫本身存在一定的秩序,但这种秩序天然带有自发性和盲目性的缺陷。通过法律规范调整转化为农村金融扶贫法律制度,有利于将这种自发秩序建构为可预期的、稳定的组织秩序。

(2)规制权力和保护权利的需要。良好的法律秩序,不仅是权力运行的保障,也是有效规制权力和保护权利的基础。农村金融扶贫法律制度不仅应授予政府金融扶贫调控权,也应通过法律制度控制区域产业调节权的行使,保护金融机构和扶贫对象的权利,保障权力正当行使。

(3)农村金融组织有效竞争与合作的前提。农村金融组织的有序竞争与合作,是发挥市场机制对农村金融扶贫调节作用的基础,也是实现农村金融扶贫可持续发展的重要条件。维护有利于金融机构良好竞争与合作的市场秩序,是农村金融扶贫法律制度的基本目标之一。农村金融扶贫法律制度应以秩序为价值目标,合理配置主体权利义务,构建公平的制度体系,实现农村金融扶贫组织的有序竞争与合作。良好的秩序是金融机构发展与运行的保障。农村金融扶贫法律制度通过控制金融调控权和监管权、保护扶贫对象权利、保障农村金融扶贫组织有序竞争合作等机制,克服农村金融市场失灵问题,为金融机构发展创造良好的环境。

(五)基本价值取向之间的关系

价值取向是我国农村金融扶贫法律制度创新的理论指导和终极目标,也是评价其科学性、合理性的基本标准。我国农村金融扶贫法律制度创新必然需要以一定法律价值取向为指导,并实现价值取向之间的协调与兼容。从应然来看,在价值取向体系中,实质公平是我国农村金融扶贫法律制度创新的首要性价值。我国城乡金融差距大和农民贫困,主要是因为相关政策与法律制度过多倾向于效益,而影响城乡发展的公平性、经济民主、整体效益。为保障农村金融扶贫有效推进,我国农村金融扶贫法律制度创新就应高举实质公平价值的旗帜。在坚持实质公平价值取向的基础地位上,以实现整体效益、金融安全和金融秩序等价值为指导,促进以实质公平为核心的价值取向间的协调,为农村金融扶贫制度创新提供价值指引,保障农村金融扶贫的科学性和公正性。

第三节　农村金融扶贫法律制度创新的基本原则

法律基本原则是法律制度中综合性的、稳定性的基本准则,为法律规范建立的基础,对立法、执法、司法及守法均具有一般性的指导作用。目前,我国农村金融扶贫的相关法律法规并未确立基本原则。农村金融扶贫法律制度应在新发展理念、普惠金融理念、法治等科学理念引领下,确立以下基本原则。

一、市场调节为本原则

处理好市场调节和政府干预之间的关系是我国农村金融扶贫法律制度创新应解决的基本问题。在两者关系的处理上,应坚持市场调节为本原则,即农村金融扶贫法律制度创新应建立在农村金融市场化运行基础上,发挥市场的基础性调节作用。市场调节为本原则是协调农村金融扶贫可持续性和公益性矛盾,整合市场调节与政府干预机制优势的基本原则。市场主导原则要求我国农村金融扶贫法律制度创新以促进商业性金融、合作性金融扶贫为主,以政策性金融为辅的目标进行构建,也要求金融机构治理、金融服务提供建立在平等自愿基础上,严控政府直接参与扶贫金融产品和服务交易。市场调节为本原则也就划定了政府干预的界限,为判断政府行为的合法性提供了基本标准。

二、凸显金融公平原则

凸显金融公平原则指农村金融扶贫法律制度创新应以促进城乡金融资源公平配置、保障弱势群体公平获得金融服务为重要目标,在坚持金融安全、金融效益基础上,对农村金融扶贫利益调整和制度构建具有指导作用。我国农村金融扶贫法律制度创新必须以保障、促进和实现金融公平为基本目标。金融公平原则是实质公平价值目标的具体化,是彰显我国农村金融扶贫法律制度的正义基础和价值根据,其要求克服农村系统性负投资问题,实现城乡金融资源配置公平,另外,也要求破除对农村贫困者金融排斥的问题,保障其有效获得便利、必要的金融服务。

三、促进公众参与原则

农村金融扶贫属于准公共产品,具有明显的正外部性。农村金融扶贫需要投入大量资金,不能仅仅依赖政府与金融机构。因此,促进公众参与是推动我国农村金融扶贫法律制度创新的基本要求。促进公众参与不仅能有效克服农村金融扶贫法律保障体系中政府失灵问题,而且有利于提高其公正性与民主性。我国农村金融扶贫法律制度应构建促进公众参与原则,鼓励社会资本参与农村金融扶贫治理,强化公众参与农村金融扶贫的权利保障,强化农村金融法律制度的民主性。促进公众参与原则的确立,对引入社会公益组织、民间金融组织及其他主体参与我国农村金融扶贫,提升农村金融扶贫法律制度的开放性、包容性具有重要指导意义。

四、利益平衡原则

利益平衡原则指通过农村金融扶贫法律制度的权威性,协调农村金融扶贫主体的利益关系与冲突因素,使得相关各方主体的利益处于合理优化和相容共存状态,从而实现农村金融扶贫治理法律秩序和整体利益最大化目标。我国农村金融扶贫涉及中央与地方政府、金融机构、农村贫困者等众多主体的各种利益关系、利益结构与利益配置。要激发多元主体参与农村金融扶贫治理的动力,就需要平衡各方利益。由于我国农村金融扶贫法律制度创新主体的利益结构与利益冲突具有多维性、复杂性特征,因此,必须将利益平衡原则作为基本原则之一。我国农村金融扶贫法律制度创新,一方面需要通过创新法律制度对地方政府、金融机构、农村贫困者等主体的正当利益进行有效保护;另一方面则需要通过完善的法律制度对主体之间利益冲突、个人利益与整体利益冲突进行化解,使得各种利益处于平衡状态。利益平衡原则在我国农村金融扶贫法律制度创新中起到十分重要的指导作用。首先,利益平衡原则是实现农村金融扶贫法律制度创新的理念和价值取向的基础,只有以利益平衡原则为指导,才能促进新发展理念、普惠理念、法治理念与实质公平、整体效益、金融安全、金融秩序等价值取向,在我国农村金融扶贫法律制度的具体化。其次,利益平衡原则是协调各种利益冲突的保障,也是对构建有效农村金融扶贫激励约束措施的指导。最后,利益平衡原则是我国农村金融扶贫差异化调控制度的指导原则。我国金融发展呈现明显的二元结构特征,不仅有城乡之分,而且有正规与非正规之别。现行的农村金融扶贫法律制度缺乏对二元结构特征的考虑,对城乡金融法律制度坚持大体一致的思维和模式,也很少考虑到城乡金融的差异性,导致目前大部分农村金融扶贫法律制度不适应农村金融发展的需要。因此,我国农村金融扶贫法律制度创新应以利益平衡原则为指导,构建农村金融扶贫差异化调控与监管法律制度,以适应农村金融扶贫发展的需要,促进城乡金融均衡发展。

五、加强农村金融消费者权益保护原则

强化对金融消费者的保护是现代金融法律制度的发展趋势,也是我国农村金融扶贫法律制度运行的内在要求。相比于城市,农村金融消费者的权益更容易受到侵犯。加强农村金融消费者权益保护是农村金融扶贫和农村普惠金融发展的本质要求和重要内容。因此,我国农村金融扶贫法律制度创新应确立保护农村金融消费者的基本原则,以通过对农村消费者的倾斜性保护,实现保护农村贫困者金融权利和确定农村金融产品与服务供给者的义务的目标。强化农村金融消费者保护权益原则要求强化对农村贫困者金融权利的保护,不断扩大农村金融消费者权利,健全农村金融消费者权利救济机制,加强对政府、金融机构保障义务的规制。

第四节　农村金融扶贫法律制度创新的目标与路径

一、农村金融扶贫法律制度创新的目标

(一)提升农村金融扶贫法治水平

农村贫困是制约现代经济社会发展的主要短板,也是影响社会公平和社会进步的重要因素。我国农村金融扶贫法律制度无疑是农村金融法律制度的重要内容。目前,我国农村金融及农村金融扶贫法律制度的政策性特征尚为明显,这不仅影响其反贫困功能的实现,更是影响农村金融法治水平。基于政策灵活性差和非预期性等缺陷,农村金融扶贫政策往往缺乏应有的权威性和国家强制性。而保障农村金融扶贫政策的权威性和国家强制性,是发挥政府调控功能,克服市场失灵的关键所在,也是我国农村金融扶贫法律制度顺利推进的保障。从提高法律制度运行的权威性角度来看,我

国农村金融扶贫法律制度具有创新的内在动力,必然促使农村金融法律指导理念和价值观念的根本转变。此外,这种价值观念的转变,必然导致对现有农村金融立法目的、原则、制度的全面反思和变革,从而必然要求实现农村金融法律体系的转型和再造。推进农村金融法律制度转型,必然要求加快农村金融扶贫法律制度创新。因此,克服农村金融扶贫的政策性缺陷,提升法治化水平,是我国农村金融扶贫法律制度创新的目标之一。首先,提升农村金融扶贫法治水平,要求提升我国农村金融扶贫法律制度的法治化水平,从而以法治理念指导其制度创新,强化权力规制和权利保护功能,推进农村金融扶贫的法治化。其次,提升我国农村金融扶贫法治水平,要求创新法律责任、实施保障机制,强化制度的法律约束力和实施性。最后,提升我国农村金融扶贫法治水平,要求构建农村金融扶贫正当程序机制,以保护当事人合法权益。孟德斯鸠曾说过:"一切有权力的人都容易滥用权力,这是万古不易的一条经验。有权力的人使用权力一直到遇有界限的地方才休止。"①在法治社会,应实现所有的公权力被法律"驯服",将所有权力关进法治的"牢笼",任何权力都必须有法律依据,并在法律规定的权限内行使。政府的农村金融扶贫调控权、监管权等属于公权力,从权力法治原理来看,毫无疑问也应该受到法律的规制。金融法治是现代金融发展的基本条件和重要内容,因而,农村金融扶贫内生对法律保障的需求。法律制度创新是农村金融扶贫发展战略的重要内容,直接关系其的成功,成为调整金融与实体经济关系、城乡统筹发展、农业现代化建设等相关制度建设的关键。实现农村金融扶贫法治化是农村法治和社会主义法治社会建设的时代要求的体现,要求将政府的权力纳入法律规制范围,以保障权力法治化运行,保护金融机构和扶贫对象的权利。强化对农村贫困者金融权利保护也是农村金融扶贫法律制度的基本宗旨。目前,我国农村贫困者的金融权利缺乏必要的法律规制,金融权利规范的可实施性不强。因此,我国农村金融扶贫法律制度创新也应把强化农村贫困者金融权利保护作为目标之一。强化农村贫困者金融权利的保护,为我国农村金融扶贫法律制度创新提供了重要的内在动力。此外,提高制度运行的权威性,是确保农村金融扶贫有效执行和被认同的基础。我国农村金融扶贫法律制度创新的重要目标之一是强化政府权力规制和扶贫对象权利保护,为农村

---

① [法]孟德斯鸠.论法的精神:上卷[M].张雁深,译.上海:商务印书馆,1959.

金融法律制度完善、农业现代化发展、城乡一体化发展奠定相关制度基础。

（二）推进商业化可持续的农村金融扶贫体系建立

我国农村金融扶贫取得了一些重要成果,促进了农村扶贫开发,提升了农村贫困者的自我反贫困能力和自我发展能力,但我国农村金融扶贫还存在政府干预过多、难以持续等瓶颈问题。建立商业化、可持续的农村金融扶贫体系,是促进政府职能转型的必然选择。因此,我国农村金融扶贫法律制度创新的目标之一是保障商业化、可持续的农村金融扶贫体系建立。首先,我国农村金融扶贫法律制度创新应以保障农村金融扶贫运行规范化为目标。规范化是商业化、可持续的基础,也是提高农村金融扶贫绩效的要求。其次,农村金融扶贫法律制度创新应以提高金融扶贫资金商业化可持续性为重要目标。保障农村金融扶贫的商业化可持续性是调适和优化政府职能的指引性目标,也为政府金融扶贫调控制度、监管制度的构建指明了方向。商业持续性目标也要求农村金融扶贫建立以商业化运行的金融服务体系,实现农村商业性金融、农村合作性金融、农村政策性金融、农村民间金融扶贫的有效合作。最后,商业化可持续的农村金融扶贫体系要求农村扶贫法律制度构建农村金融经济效益和社会效益相协调的机制,以实现二者的兼容。

（三）促进农村普惠金融发展

农村金融扶贫是农村普惠金融发展的重要内容,也是农村普惠金融体系建设的重要阶段。我国目前农村金融体系仍以国有商业银行为主体,农村金融市场开放性和竞争性不足,金融机构数量较少和规模较小,运行机制不健全,金融创新不足,金融生态欠佳。从整体来看,农村金融普惠度还不高,究其原因,一个重要方面在于农村金融扶贫法律制度不完善。因此,促进农村普惠金融发展为我国农村金融扶贫法律制度创新的目标之一,要求以普惠金融理念为指导,强化实质公平、整体效益价值目标的引领,创新农村金融产品和服务供给制度,强化农村贫困者金融权利保护,全面构建保护农村贫困者金融可获得性制度,实现农村金融扶贫商业化基础上的可持续发展。

（四）实现农村社会公平

农村金融扶贫能提高农村贫困者的自我发展能力、增加其收入、有效消除贫困、促进农村分配公平,也有利于消除金融歧视。增强农村社会包容性。农村金融扶贫改变了传统金融重点支持强势领域的发展理念和模式,以保障社会公众特别是弱势群体获得有效、公平的金融服务为宗旨,以协调金融服务可获得性与商业化可持续性之间的冲突为重点,从而保障现代金融发展成果能有效惠及"三农",实现农村经济增长、民生利益保护与社会和谐稳定的多赢。农村金融发展中经济效益和社会效益的协调、金融排斥和社会歧视的消解、金融利益公平分享和金融机构社会责任的实现都离不开法律规制。农村金融扶贫的社会公平目标的实现必然要求构建与创新农村金融扶贫法律制度,因此,实现农村社会公平应为我国农村金融扶贫法律制度创新的根本性目标。

二、农村金融扶贫法律制度创新的路径

合理选择我国农村金融扶贫法律制度创新的路径,是推进法律制度创新理念、价值取向与目标落实,保障法律制度创新方向正确的要求,也是把握法律制度创新重点和提升创新效益的要求。我国农村金融扶贫法律制度应按以下基本路径推进创新。

（一）以完善立法规制为基础

目前,我国农村金融扶贫出现问题和制约我国农村金融扶贫法律制度发展的关键之一在于立法保障机制不完善。我国农村金融扶贫的发展目前主要依靠国家政策性文件和中国人民银行、原中国银监会、证券会等制定的规章。这些相关规范不仅政策性浓厚、凌乱分散,而且指导理念与价值取向不科学。我国农村金融立法保障存在问题必然影响实践,因此,创新我国农村金融扶贫立法规制实为我国农村金融扶贫法律制度创新的基础。我国应将农村金融扶贫法律制度创新的重点集中于立法规制完善问题。通过创新和完善立法理念、立法形式、立法体系等,为理念与制度创新奠定基础。我国农村金融扶贫立法规制应聚焦于农村金融扶贫问题破解、乡村振兴与全面小康社会建设等需求,以提高立法权威性、系统性为目标,不断推进立法理念与制度规范的创新。

（二）以构建多主体共同参与治理机制为驱动

治理理论是当前公共管理等领域研究的重要理论范式。正如 Jessop 所指出，"治理在许多语境中大行其道，以致成为一个可以指任何事物或毫无意义的时髦词语"[①]。治理是比统治更为丰富的概念，它既包括政府机制，也包括非正式、非政府的机制。我国农村金融扶贫发展的瓶颈问题包括：依赖政府控制、金融机构参与不足、社会公众缺乏有效参与的渠道，因此，构建多主体共同参与治理机制是我国农村金融法律制度创新的驱动力。首先，构建多主体共同参与治理机制将驱动我国农村金融扶贫法律规制理念、制度与规范创新，推进其整体优化。其次，构建多主体共同参与治理机制才能促使我国政府在农村金融扶贫中转型，有利于克服依赖政府扶贫的单向思维定式，形成政府、金融机构、社会组织等共同合作的治理模式，从而为建立政府引导的商业化可持续的农村金融扶贫法律制度奠定基础。最后，构建多主体共同参与治理机制也是创新农村金融扶贫产品与服务供给，提升农村金融扶贫法律制度整体效益的需要。多主体共同参与治理机制不仅有利于确立农村民间金融机构、社会公益组织等农村金融扶贫主体的法律地位，而且有利于规范其农村金融扶贫行为，创新农村金融扶贫主体、产品与服务制度及交易合同制度等。所以，我国农村金融扶贫法律制度创新应以构建多主体共同参与治理机制为驱动，以政府、市场与社会合作治理理论为指导，创新农村金融扶贫主体制度、金融扶贫产品与服务制度、调控与监管制度、程序制度等，从而起到优化政府功能、拓展参与主体、满足扶贫对象金融需求、提升农村金融扶贫整体效益的作用。

（三）以推进扶贫对象利益保护制度创新为核心

通过农村金融扶贫确保扶贫对象获得实实在在的金融利益，从而提升其自我反贫困能力与自我发展能力，是我国农村金融扶贫法律制度创新的核心目标。不论是我国农村金融扶贫法律主体制度、金融扶贫产品与服务制度、调控与监管制度等实体制度创新，还是程序制度创新，核心目标在于增加扶贫对象的利益。因此，推进扶贫对象利益保护制度创新为我国农村金融扶贫法律制度创新的重点所在。我国应通过推进扶贫对象利益保护制

[①]　Jessop B. The rise of governance and the risks of failure: The case of economic development [J]. International Social Journal, 1998, 55(155):29-46.

度创新来驱动农村金融扶贫其他制度创新和整体优化。为此,我国农村金融扶贫法律制度应重点从以下方面推进创新。首先,创新扶贫主体和扶贫对象权利义务配置机制,适当增加扶贫对象获得农村金融的基本权利,强化对政府、金融机构的义务规制。其次,在给予有发展生产意愿和能力的扶贫对象金融扶持的基础上,有必要通过制度创新,强化对能带动扶贫对象脱贫的农村新型经营主体等的金融支持,从而有利于实现扶贫对象精准脱贫和农村产业规模化经营与效率提升的双赢。再次,在我国农村金融扶贫法律制度创新中突出制度创新与贫困者利益联结机制,将是否使扶贫对象获得增量性利益作为法律制度创新正当性和效益性评价的重点指标之一。最后,既重视扶贫对象个体利益的保护,也重视对贫困者整体利益的保护,优化对农村贫困者整体利益保护的机制。

(四)以强化激励与约束制度创新为保障

农村金融扶贫可持续发展的关键在于建立市场化的金融扶贫机制,因此,通过利益引导来激励与约束农村金融扶贫主体主动实施扶贫行为,是我国农村金融扶贫法律制度创新的科学路径。首先,创新我国农村金融扶贫激励制度极为重要。通过构建多维化的激励机制,参与扶贫主体能够获得差异性、竞争性利益,从而主动实施农村金融扶贫行为。我国农村金融扶贫激励法律制度创新的关键在于构建与创新激励工具。当然,法律制度创新仅仅是农村金融扶贫的一个重要方面,而且由于激励法律制度本身也存在诸如强制性弱、监管难度大等缺陷,加上大部分激励工具操作复杂,从而同时需要约束机制的配合。在发挥激励制度创新对我国农村金融扶贫的引导性作用基础上,也需要创新和完善约束制度,从而形成激励与约束均衡互补的模式。因此,我国一方面应在农村金融扶贫法律制度中确立激励性规制的重要地位;另一方面也应重视激励与约束制度的协调与互补,构建和创新评估、考核、监督等约束机制,以充分发挥两者的比较优势,提升法律制度创新的整体效益。

农村金融扶贫法律制度创新是破解我国农村金融扶贫问题的基本出路,也是提升农村金融扶贫可持续性、促进农村金融创新发展、实现农村社会公平、推进农村金融法治转型的必然选择。经济与法律互动论、双重失灵理论、博弈理论、制度变迁理论、农民发展权理论、公共利益理论等理论为我国农村金融扶贫法律制度创新提供了理论指导。我国农村金融扶贫法律制度创新应以新发展理念、普惠金融理念、法治理念为指引,以实质公平、整体效益、金融安全和金融秩序等价值取向为指导，确立市场调节为本、凸显金融公平、促进公众参与、利益平衡、加强农村金融消费者权益保护的基本原则。我国农村金融扶贫法律制度创新应以提升农村金融扶贫法治水平、推进商业化可持续的农村金融扶贫体系建立、促进农村普惠金融发展、实现农村社会公平为基本目标。我国农村金融扶贫法律制度创新将助推农村金融法治建设和乡村振兴战略实施。

第五章　国外农村金融扶贫
法律制度考察与启示

不管是发展中国家,还是发达国家,都重视农村金融和其反贫困功能。发展中国家是世界反贫困战争的主战场,从 20 世纪 70 年开始,一直致力于农村反贫困工作,十分重视农村信贷、农业保险扶贫等,使得农村金融的反贫困功能不断得到提升,相关法律保障制度逐步完善。与之相较,大部分发达国家的农村比较富裕,不存在整体性贫困问题,但也存在部分低收入贫困者和农村相对贫困问题。发达国家也较为重视农村金融的反贫困功能和法律保障制度建设。本章主要分析以印度、孟加拉、印度尼西亚等国为代表的发展中国家,以及以美国、法国、日本为代表的发达国家的农村金融扶贫法律制度建设情况及其启示。

第一节　发展中国家农村金融扶贫法律制度考察

一、印度农村金融扶贫法律制度

（一）概况

印度拥有大量肥沃的土地,为世界上最大的粮食生产国之一,农业在印度国民经济发展中具有十分重要的地位,而金融在印度农村反贫困和农业现代化发展中起到重要支撑作用。印度农村金融机构体系包括印度储备银行、商业银行、农村合作金融机构等。为促进农村经济社会发展,提高农村金融的反贫困功能,印度制定了一系列关于农村金融、农村金融扶贫等方面的法律法规。为确保农村金融服务的覆盖面,在《印度储备银行法案》《银行国有化法案》《地区农村银行法案》《国家农业农村发展银行法案》等有关法律中,印度对金融机构在农村地区设立网点问题提出了具体要求。[1] 在农村金融扶贫法律制度的规范和保障下,印度农村金融服务供需有了明显提高,区域差距逐步缩小。印度平均每2万个农户就有一个农村金融机构为之服务,如此高的金融覆盖程度在全世界范围内都是罕见的。[2] 在农村金融的强力支持下,印度贫困发生率呈现不断下降趋势,由1993—1994年的45%左右,下降到2011—2012年的21%左右,2015年的贫困率下降到12.4%。[3]

（二）主要内容

第一,金融机构保障贫困者金融可获得性义务制度。为扩大农村金融服务覆盖面,保障农村贫困者金融服务的可获得性,印度在相关农村金融法律法规中,对金融机构保护贫困者的金融可获得性义务进行了明确规定。如《银行国有化法案》规定,商业银行必须在农村地区设立一定数量的分支机构,将其放款的一定比例用于支持农业和农村发展;《地区农村银行法案》规定,农村银行营业机构要设立在农村信贷服务薄弱的地区;印度储备银行规定,商业银行在城市开设一家分支机构,必须同时在边远地区开设两到三家分支机构。[4] 为促进新组建的国家商业银行扶持农业发展,印度相关法律规定了贷款优先级别制度,优先贷款主要面向农业及其相关产业、农民与家庭手工业作坊,并且提出了相应目标,如1980年,规定贷款额的16%用于农业,10%必须用于弱势群体。[5]

第二,农村小微金融机构扶贫促进制度。印度很重视农村小微金融机构的发展,因为,其能渗透到大型商业银行所忽略的区域和人群,提供必要的金融服务,从而放大了农村金融的反贫困效应,有力促进了社会公平。为了确保农村小微金融机构的公平有序运营,行业自律组织——印度社区发展金融机构协会,于2006年制定了《小微金融机构行为自律守则》,调整农

① 范香梅.发展中国家(地区)中小金融机构发展的比较研究[D].长沙:湖南大学,2007.
② 郑享清,黄劭.印度农村金融体系建设中的政府干预[J].世界农业,2011(1):40.
③ 刘芳.印度普惠金融问题研究[D].石家庄:河北师范大学,2017.
④ 杨小玲.中印农村金融发展比较研究及启示[J].金融发展研究,2010(1):82.
⑤ 潘卫华.印度农村信贷的发展及其对中国的启示[J].世界农业,2015(4):162.

村小微金融机构的利率、收款方法、优化治理等。[①] 印度金融监管部门也针对农村小微金融机构的运营出台了相应的监管规则,以有利于农村小微金融机构真正惠及弱势群体。[②] 农村小微金融机构扶贫促进制度为发挥农村小微金融机构扶贫和服务贫困者的优势提供了重要制度保障。

第三,农村贷款利率保护制度。为了预防高利贷对农村贫困者的危害,印度制定了《放贷人法》,规定了借款的最高利率,严格控制高利贷。为了进一步打击各种私人借贷组织,国家银行规定了农业贷款最高利率。如在1974年,规定用于农业贷款的最高利率为4%,且以最高利率贷款的总额不得超过总贷款额的1%。[③] 安德拉邦的《小微金融机构信贷监管条例》不仅禁止借新还旧,更是强制性规定借贷利息总额不得超过本金。为降低农村投资的成本,印度政府规定了商业银行农村信贷的差别利率,其中国有银行借贷给农村贫困者的资金年利率不得高于4%。[④] 农村贷款利率保护制度为预防高利贷伤害农村贫困者,促进金融公平提供了有力保障。

第四,农业保险扶贫制度。印度农村市场的稳定得益于完善的农业保险扶贫制度。印度吸收国内外的农业保险改革经验,于1999年推行国家农业保险计划,并于2002年由政府组建了印度农业保险有限公司负责运营该计划,形成了以政策性保险为核心、商业保险作补充的农业保险体系,在帮助农民降低天灾等方面的损失发挥了突出作用。[⑤] 此外,为了降低农业信贷的风险,印度对农业生产实行强制保险扶贫制度,而且让国有保险公司来为农业提供保险服务。[⑥] 健全的农业保险扶贫制度,有效降低了印度的农业信贷产品和服务风险,发挥了农业保险的反贫困功能和保障农业稳健发展。

二、孟加拉国农村金融扶贫法律制度

(一)概况

孟加拉国地处南亚地区,是世界上49个最不发达的国家之一,其50%

---

①　袁康.促进金融包容的法治路径——金砖国家经验与中国镜鉴[J].金融法苑,2016(2):15.
②　袁康.促进金融包容的法治路径——金砖国家经验与中国镜鉴[J].金融法苑,2016(2):17.
③　潘卫华.印度农村信贷的发展及其对中国的启示[J].世界农业,2015(4):162.
④　郑享清,黄劭.印度农村金融体系建设中的政府干预[J].世界农业,2011(1):40.
⑤　周贵义,刘畅.推进我国农村金融立法[J].中国金融,2016(8):82—83.
⑥　刘芳.印度普惠金融问题研究[D].石家庄:河北师范大学,2017.

左右人口为贫困人口,而绝大部分贫困人口生活在农村。孟加拉国经济基础差,生产力低下,国民经济收入主要来源于农业。由于融资环境欠佳,正规金融机构发展不良,孟加拉国的农民特别是农村贫困者难以获得生产生活所需要的基本金融服务。尤努斯教授认为"贷款的权利是一种人权,贷款能够在全球摆脱饥饿方面起到一种极具战略性的作用"①。1976年,尤努斯教授在孟加拉国开始推行小额信贷试验。1983年,孟加拉国开始探索建立乡村银行——格莱珉银行,该银行主要面向农村贫困者,尤其是贫困妇女,主要目的是向他们提供小额信贷以消除贫困。② 尤努斯教授因此获得2006年诺贝尔和平奖。乡村银行以反贫困为基本宗旨,为消除农村贫困做出了重要贡献。随着农村微型金融机构在农村的作用越来越明显,孟加拉国政府采取了多种措施激励其发展,制定了关于资本充足率、准备金等方面的法律法规,赋予了农村微型金融机构合法地位。③ 正如尤努斯教授所说:"说服政府为小额信贷机构颁布专门法律,并逐步修改这一法律是格莱珉银行发展30年来遇到的最大困难,同时也是取得的最大成功。"④ 在30年的发展历程中,孟加拉国乡村银行从贷给42个赤贫农妇27美元艰难起步,逐步发展成为拥有380万贷款客户、1277个营业机构、12546名员工、业务遍及46620个村庄的庞大的金融服务机构,累计发放贷款44.6亿美元。⑤ 孟加拉国80%以上的贫困家庭曾从乡村银行获得过小额贷款,众多农村借贷人及贫困家庭在小额贷款的帮助下成功脱贫,因此,孟加拉国乡村银行是国际上农村金融扶贫制度创新的成功案例。

(二)主要内容

第一,小额信贷制度。孟加拉国乡村银行坚持向农村贫困者提供小额信用贷款,不要求借款人提供任何抵押物,但要求借款人每周偿还部分贷款,并安排员工逐家逐户上门服务,为农村贫困者提供便利的金融服务。针对核心贫困者的小额贷款,其会规定较为严格的固定贷款周期,一般贷款周

---

① [孟]尤努斯.穷人的银行家[M].北京:生活・读书・新知三联书店,2006:227.
② 周建明.孟加拉国乡村银行对我国建立现代农村金融制度的启示[J].新金融,2009(2):47.
③ 张扬.从孟加拉国小额贷款信贷成功模式解析我国小额信贷的困境[J].商业研究.2009(9):138.
④ 王煜宇.农村金融法制化的他国镜鉴[J].改革,2017(4):151.
⑤ 周建明.孟加拉国乡村银行对我国建立现代农村金融制度的启示[J].新金融,2009(2):48.

期为一年,且不允许提前还款,必须按照一个固定周期偿还固定额度的贷款①,并规定小额信用贷款主要用于生产领域。这不仅确保了借款人能及时还款,而且有利于提高其自我反贫困能力,实现乡村银行的商业化可持续发展和反贫困效益。孟加拉国乡村银行秉承帮助农村贫困者脱贫的理念,面向弱势群体提供小额信贷。乡村银行的小额信贷不需要抵押物,特别是其把妇女等贫困者列为小额信贷的重点目标人群,更是凸显了其反贫困的基本目标。

第二,贷款小组制度。孟加拉国乡村银行要求每五个借款人组成一个小组,小组作为成员贷款的共同担保人,如果其中一个成员不能偿还贷款,其他成员就应作为共同担保人偿还该成员的贷款,否则就会失去后续的贷款机会。贷款小组制度的建立,不仅创新了贷款担保制度,而且有利于农村贫困者之间互助合作,形成利益联结和整体协作的反贫困局面,有利于通过反贫困合作与互助提高整体效益。

第三,利率市场化制度。孟加拉乡村银行根据市场特点,采取自由的利率政策,其贷款利率一般等于或略高于普通的商业贷款。② 贷款利率水平根据资金成本等因素综合确定,以保障收入能够有效覆盖坏账和运营成本,从而保障乡村银行可持续发展。孟加拉国政府规定小额贷款机构的贷款利率最高不得超过27%,实际发放的利率在15%~20%之间波动,格莱珉银行的贷款利率就是低于平均商业利率。这充分说明了格莱珉银行有能力持续地实行有利于穷人的低利率政策。这种利率水平对贫困者来说是可以承受的,也往往是愿意承担的,因为获得可负担的生产性贷款对贫困者来说比什么都重要。利率市场化制度为孟加拉国乡村银行商业化可持续经营提供了重要保障。

第四,股权的贫困者共同所有化。"格莱珉银行94%的股权,也是由存户所有,政府持有象征式的6%。"③尤努斯教授和格莱珉银行的高管人员都没有持有格莱珉银行股份,大部分存款人是农村贫困者,其既是格莱珉银行贷款人,也是股东。也是就说,格莱珉银行是农村贫困者所共同的股份制银

---

① 张劲松.孟加拉国乡村银行小额信贷发展模式研究[D].长春:吉林大学,2009.
② 张晓.我国社区银行法律促进机制研究[D].长沙:湖南师范大学,2016.
③ 罗绮萍.穷人的银行持续盈利 五人小组:格莱珉中枢解构[EB/OL].(2006-09-12)[2019-10-11].http://business.sohu.com/20060912/n245291488.shtml.

行,银行盈利时会分得利润。尤努斯教授曾指出:"在很多方面,格莱珉银行和其他商业银行类似,但区别在于,格莱珉银行是社会企业,富人无法用它来赚钱。"①格莱珉银行股权主要为农村贫困者共同所有,不仅有利于实现其反贫困的价值取向和扶农运营目标,更为重要的是有利于促进其与农村贫困者保持内在的紧密关系。

三、印度尼西亚农村金融扶贫法律制度

(一)概况

印度尼西亚是世界第四人口大国,亦为农业大国。印度尼西亚农业生产总值约占国内生产总值的 16%,农村人口约占全国总人口的 70%,农业劳动力占全国劳动力总量的 44.6%。② 印度尼西亚是贫困人口众多,农村反贫困任务艰巨的国家之一,如 2003 年,贫困人口高达 4000 万人,占总人口的 18.2%。③ 印度尼西亚十分重视促进农村中小金融机构发展,这些中小金融机构的核心业务是为微型企业和农村贫困者提供小额信贷服务。自1988 年开始,印度尼西亚颁布了一系列放松农村金融机构准入的法律法规。对满足最低资本金要求的新银行发放许可证,如新设农村银行只需5000 万卢比的资本金,要求现存的农村半正规金融机构转化为农村银行。1992 年新银行法颁布实施,废除农村银行经营的地域限制,在法律上定位为农村次级银行。④ 为规范小额信贷的发放,印度尼西亚制定了《小额信贷法》,允许开展小额信贷业务的机构从公众处募集资金、发放信贷,但不允许接受经常账户、参与贸易交易以及外汇交易,⑤从而为引导小额信贷支持农村反贫困奠定了法律基础。

(二)主要内容

第一,农村金融联结制度。农村金融联结是正规金融机构与农村非正规金融机构之间通过建立某种合作关系,在提升各自利益的同时实现农村

---

① 一本财经.专访尤努斯:"格莱珉模式在中国的项目,我没有满意的"[EB/OL].(2018-01-24)[2019-11-23]. https://tech.sina.com.cn/csj/2018-01-25/doc-ifyqyuhy6205498.shtml.
② 李延敏,焦倩雯.印度尼西亚农村金融联结制度的实践及启示[J].世界农业,2015(8);32—33.
③ 范香梅,彭建刚.印尼农村中小金融机构的生存与发展对我国的启示[J].亚太经济,2006(4):67.
④ 范香梅.发展中国家(地区)中小金融机构发展的比较研究[D].长沙:湖南大学,2007.
⑤ 范香梅.发展中国家(地区)中小金融机构发展的比较研究[D].长沙:湖南大学,2007.

金融服务边界的扩展。[①] 在农村金融联结制度中,政府的主要职责是借助种类繁多的项目的资金投向引导联结的实现,项目通常针对性强、额度较小,具有多项功能,如向不发达村庄的农村贫困者提供的特别项目(IDT)、面向妇女的家庭繁荣项目等。[②] 农村金融联结制度有效发挥了政府的引导功能,促进了正规金融和民间金融之间的合作,强化了农村贫困者扶贫金融资源的供给。

第二,农村信贷部制度。为优化农村信贷服务供给,印度尼西亚建立了农村信贷部制度。印度尼西亚人民银行村信贷部名义上是国有商业银行——印尼人民银行的一个组成部分,处于四层组织结构中的最底层,实际上每一个村信贷部都是一个准独立的法人实体,主要为农村地区的小客户服务。[③] 农村信贷部制度不仅方便了农村贫困者获得信贷服务,降低了成本,而且有利于金融机构及时掌握农户信贷信息和动向,从而有效控制金融风险和提高信贷的社会效益。

第三,小组小额信贷制度。印度尼西亚为缓解农村贫困问题,自1979年启动了农村增收项目。项目目标是通过农户自助小组向贫困线以下的农民和渔民,提供监督、培训和信贷工具。[④] 印度尼西亚人民银行(BRI)承担起该项目的信贷业务。村银行作为BRI的一个运行部门,负责农村小额信贷业务。由农业部的技术推广人员帮助农户建立小组,在小组满足相应条件后,银行才开始向小组发放第一笔贷款。贷款额度由实际需要和小组还款能力来确定,一般是根据小组的经营实绩逐步发放,这样既可以降低风险,又有利于培养农户的还款意识。[⑤] 按期偿还贷款的农户小组的授信度将不断提高,农户小组和技术推广人员会得到一定比例的年利率奖励。印度尼西亚小组小额信贷制度不仅强化了对小额信贷的担保和风险控制,而且促进了农村贫困者之间的利益联结,创新了农村反贫困制度。

---

① 李延敏,焦倩雯.印度尼西亚农村金融联结制度的实践及启示[J].世界农业,2015(8):32.
② 李延敏,焦倩雯.印度尼西亚农村金融联结制度的实践及启示[J].世界农业,2015(8):32.
③ 张惠茹.印尼人民银行——村银行的成功经验及启示[J].农村经济,2005(12):12—25.
④ 杭文.印尼人民银行的农村金融实践[N].中国城乡金融报,2008-01-09(B4).
⑤ 杭文.印尼人民银行的农村金融实践[N].中国城乡金融报,2008-01-09(B4).

第二节　发达国家农村金融扶贫法律制度考察

一、美国农村金融扶贫法律制度

（一）概况

美国不仅工业十分发达，而且农业的现代化程度也很高。为促进农业发展，美国制定了一系列相关政策和法律引导金融机构支持农业开发，一些相关法律法规就金融机构参与农业生产权利和义务进行了具体规定。1916年，美国颁布了联邦第一部关于农业信贷的成文法——《联邦农业贷款法案》（Federal Farm Loan Act）。1923年，美国制定了《农业信贷法》（Agriculture Credit Act），从而初步建立起以联邦农业贷款委员会、联邦土地银行、国家农业信贷协会和联邦居间信贷银行为主体的专门农业信贷体系，有效满足了这一时期农民和家庭农场主的农业信贷需求。[①]《农业信贷法》先后经历了1933年、1968年、1971年、1985年、1987年、2009年六次修改而日臻完善。美国政府常常运用市场杠杆引导金融资源流向收益低的农业。1938年，美国制定了《联邦农作物保险法》，并于1980年、1994年、1996年对此法进行了修订。1977年，美国颁布了《社区再投资法》，以及配套性的《平等信贷机会法》《住房抵押贷款披露法》《社区再投资法》。以上法律法规明确了社区金融机构有法定的义务为低收入的居民提供信贷服务，金融机构实行等级评定制，资金的流向即是考核银行的参考指标之一。[②] 这些立法以保护农村贫困者金融权利为基本目标，是农村金融扶贫法律制度建设的重要成果。此外，美国还制定了《诚信借贷法》《诚信借贷简化法》等农村信用建设方面的法律法规。

（二）主要内容

第一，农村金融机构分工制度。为保障农村经济发展和反贫困工作，美国构建了分工明确、功能齐备的农村金融机构体系。作为商业性农村金融

---

① 王煜宇.美国《农业信贷法》:法典述评与立法启示[J].西南政法大学学报,2017(4):65.
② 田野.我国农村微型金融法律制度研究[D].青岛:中国海洋大学,2014.

机构的城镇商业银行,主要向农户提供生产性的短、中期贷款;作为农村合作性金融机构的联邦土地银行向农场主提供长期贷款;作为政策性农村金融机构的农民家计局则属于扶贫性质,主要是帮助农民创业以及向低收入农民家庭提供建造房屋、维持家计等所需的融通资金;小企业管理局则是专门为不能从其他正常渠道获得充足资金的小企业提供融资帮助。① 美国农村金融机构分工制度的建立,对于有效明确各金融扶农主体的义务和责任、发挥农村金融专业分工优势等具有重要意义。

第二,联合担保制度。美国的社区金融机构创立了一种新的担保制度——联合担保制度。这是一对多的担保制度,即由多个社区居民主体组成的联合担保体为居民贷款共同提供担保,联合担保的集体可以是临时的,也可以是固定的,但都应经过社区金融机构的严格审核。② 这种联合担保机制不仅有利于降低农村贫困者的金融服务风险,也有利于促进农村贫困者互助合作,形成利益联结机制。

第三,农业保险促进制度。美国的农业保险制度相当完善,为农业风险防控和农村发展提供了重要保障。农作物保险的运作主要分为三个层次,即联邦农作物保险公司(风险管理局)—有经营农险资格的私营保险公司—保险代理人和农险查勘核损人。③ 为激励农业保险发展,美国对农业保险采取了多种扶持措施。《联邦农作物保险法》规定,各级政府对农作物保险免征一切税赋。1980 年,美国进一步修订了该法案,为商业保险公司与农民提供保险补贴,主要包括经营管理费用与保险费。④ 美国农业保险促进制度有效保障了农业保险发展,从而有效降低了农业产业风险。

第四,参与金融监管制度。美国在专门机构金融监管的基础上,还很注重保障公众参与监管。在对金融监管机构的考核中,主要采取客观评分与主观评价相结合方式。金融监管机构通常对金融机构的贷款和金融服务的安全性和合法性进行检查,监管结果根据"等级评定制",分为优、良、中、差四级。⑤ 相关评价结果直接作为银行申请开设分支机构、增加注册资本、享受优惠政策的重要依据。参与金融监管制度为美国农村金融扶贫差异化监

---

① 钟兵.美国农村金融发展对我国的启示[J].现代商业,2007(27):11.
② 田野.我国农村微型金融法律制度研究[D].青岛:中国海洋大学,2014.
③ 苏静.中国农村金融发展的减贫效应研究[D].长沙:湖南大学,2015.
④ 史晓娟,苏银侠.发达国家农村金融法制化的借鉴与启示[J].世界农业,2017(4):133.
⑤ 田野.我国农村微型金融法律制度研究[D].青岛:中国海洋大学,2014.

管提供了依据,有利于畅通农村贫困者对金融机构的扶贫行为评价和监督渠道。

第五,扶持农村信贷优惠制度。在《农业贷款法》《农业信贷法》这两部法律中,美国政府对支农贷款的优惠利率和贴息贷款政策进行了明确规定。为鼓励农业信用社发展,美国联邦储备银行取消了其需缴纳存款准备金的要求。此外,农业信用社还获得减免税赋的优惠待遇。美国还特别规定如果商业银行的支农贷款比例超过其总贷款额的 25％,也可以享受税收优惠政策。① 这些优惠措施有效强化了对农村金融扶贫的内在激励。

二、法国农村金融扶贫法律制度

(一)概况

法国是欧盟最大的农业国家,农村金融对农业发展的支持作用甚大。历经 100 多年的发展,法国形成了由农业信贷银行、互助信贷联合银行、大众银行、土地信贷银行和农业保险组成的农村金融体系。② 法国农村金融体系属于典型的国家控制式金融模式,其金融机构都是在政府的主导下建立并运行的。③ 19 世纪初期,法国颁布《土地银行法》,确立了农村信贷机构制度及农村小额贷款的低息优惠政策。④ 1894 年,法国通过法令建立了农业信贷互助地方金库。1899 年,法国又通过法令建立农业信贷地区金库。1900 年,法国颁布《农业互助保险法》,该法清晰地界定了各类农业互助保险合作社的法律地位、承担风险范围及其所享有的权益。⑤ 1960 年,法国颁布《农业指导法》,对农业保险形式及内容等做了强制性的规定。1964 年,法国颁布《农业损害保证制度》,进一步扩大了农业保险的承保范围,建立了农业灾害基金制度。1982 年,法国颁布了《农业灾害救助法》,规定了保险范围与补偿的幅度,对商业保险公司减免税收并提供止损再保险。⑥

①　王跃.浅析美国商业银行对农业发展的金融支持——与中国农村金融发展的对比[J].时代金融,2012(4):282.

②　徐世平.社会主义新农村建设中的金融法律问题研究——以甘肃为例[M].北京:人民出版社,2012.

③　王煜宇.农村金融法制化的他国镜鉴[J].改革,2017(4):151.

④　边编,王朝阳.国外农村金融发展的经验和启示[J].中国发展观察,2008(11):56.

⑤　杨铁良.法国农业互助保险制度经验与借鉴[J].世界农业,2017(1):169−172.

⑥　史晓娟,苏银侠.发达国家农村金融法制化的借鉴与启示[J].世界农业,2017(4):134.

（二）主要内容

第一，农业信贷支持制度。早在 19 世纪，法国政府就制定了《土地银行法》，着手建立农业信贷体系，试图通过建立农村金融制度来促进农业和农村的发展。① 农业信贷支持制度对帮助农民提高收入，增强自我反贫困能力意义重大。农业信贷互动银行是法国农业信贷的基本主体，由其负责筹集和发放农业贷款。同时，农民是地方农业信贷互助银行的主要成员，因而既是资金主要供给者，也是主要的受益者。为鼓励法国农业信贷银行的农业信贷发挥作用，政府每年拨付大量贴息资金以支持其向农民发放长期低息贷款。

第二，农业互助保险制度。如何规避自然灾害所带来的损失，成为农业发展和农村反贫困的关键性问题。法国较为重视农业保险对农村反贫困的重要作用。虽然法国农业保险机构均由政府组织建立，但并不是国有独资企业，而是采取政府控股与社会参股的形式。相互保险公司更是体现了互助共济的原则，在农民自愿的基础上成立，吸收农民资金成立合作组织，农民既是出资人，又是被保险人。② 1986 年，法国成立了农业互助保险集团公司，专门经营农业保险及其相关业务，集团公司根据农业保险市场的特点，在险种设计上按市场和保户的需求，并通过自然和经济两个区域因素设计了一揽子保险计划吸引保户。③ 法国农业互助保险扶贫体系经过两个世纪的发展，逐渐形成以中央保险公司为中心，分级依次向下设立地区、省级保险公司以及最底层的农业互助社。④ 法国政府重点补贴农业保险，对于一份保险，农民只需要缴纳 20％～50％的保费，其余部分由政府承担。⑤ 农业互助保险制度是农村金融扶贫法制的重要创新，其对于提高法国农业应对风险的能力，提高农村贫困者的自我反贫困能力，保障农业生产持续稳健发展起着重要作用。

---

①　黄建新.国外反贫困的农村金融制度安排及思考[J].广东商学院学报,2007(1):33.

②　陈珏.法国、印度、日本农业保险体系探析及启示[J].世界农业,2016(7):189.

③　黄建新.国外反贫困的农村金融制度安排及思考[J].广东商学院学报,2007(1):34.

④　郑军,黄文嘉.法国农业互助保险扶贫政策的扶贫效应及启示[J].青岛农业大学学报(社会科学版),2018(1):26.

⑤　郑军,黄文嘉.法国农业互助保险扶贫政策的扶贫效应及启示[J].青岛农业大学学报(社会科学版),2018(1):27.

三、日本农村金融扶贫法律制度

(一)概况

20世纪60年代至90年代初,随着经济的增长,日本农业得到快速发展。但进入90年代后期,日本经济衰退,从而波及农业,致使农业发展持续衰退,农民收入受到很大影响。农村金融扶贫为日本农村农业的经济发展与反贫困提供了重要支持。为促进农村金融复苏和农村反贫困,日本制定了系列农村金融法律法规。1947年,日本政府制定实施了《农村协同组合法》。为促进农业基础产业优先发展,日本通过立法建立了一系列政策性金融机构。1945年,日本制定了《农业渔业金融公库法》,向难以从金融机构获得金融贷款的农林渔业劳动者提供长期低息资金。1949年,日本制定了《国民金融公库法》,从法律上维护融资环境的安全。这些法律充分体现了政府运用政策性金融支持农业产业发展的战略目标,为日本国民经济快速恢复奠定了坚实的基础。另外,日本也十分重视农业保险制度化解农业风险的保障功能。日本完善的保险制度为农民抵御各种自然灾害和应对突发紧急情况提供了有力保障。1938年,日本制定了《农业保险法》。1947年,日本政府修订了《牲畜保险法》《农作物保险法》,并将二者合为《农业灾害补偿法》。[1] 1961年,日本制定了《农业信用担保保险法》。

(二)主要内容

第一,农村合作金融扶贫制度。日本农村合作金融组织依附于农业协同组合系统(简称"农协")。其收入来源主要是农村存款,服务对象基本限定于农协系统内部的会员,如农户个体、农业团体等,且不以营利为目的,农民在自愿、自主、互助互利的原则下加入农协。[2] 日本除大力支持农协发展之外,还完善相关法律法规,为各类农村民间合作金融组织向互助银行、商业性银行等正规金融机构转变创造条件。日本对农村各类非政府组织性质的农协予以特殊扶持,鼓励农民在涉农领域组建合作社,把农村资金和农业产业利润留在农村和农业领域的同时,增加了农村资金供给,提高了农民收入。

---

① 惠献波.农村金融法制化:法国、日本经验与启示[J].湖北经济学院学报,2017(1):63.
② 苏静.中国农村金融发展的减贫效应研究[D].长沙:湖南大学,2015.

第二,合作式农业保险制度。日本的农业共济是一种"合作式"农业保险模式,即以相互依存的农业经营者为主体而建立起的农业灾害风险共担机制。[①] 例如,当自然灾害超出市町村农业保险合作社赔付能力时,由都道府县保险合作社帮助赔付;若超出都道府县的保险合作社赔付能力,则由国家进行再保险。[②] 这种合作式农业保险制度,不仅保障所有农民、农村小微企业等有机会参加农业保险,也保障了农业保险的可持续经营,降低了风险,从而有利于充分发挥其抵御农业风险和反贫困的作用。

第三节　国外农村金融扶贫法律制度建设的启示

一、处理好政府与市场的关系

政府干预是破解农村贫困问题的必然选择,但也因此可能带来政府干预失灵等"副产品"。市场调节机制是破解农村贫困问题的重要选择之一,但也可能出现市场失灵等问题。前述各国农村金融扶贫法律制度建设经验充分证明,单靠政府干预或市场调节机制难以有效解决农村贫困与农村金融扶贫问题。因此,农村金融扶贫法律制度既要充分发挥市场机制的基础性、决定性调节作用,建立起商业化可持续的经营模式,也要充分发挥政府主导功能。国外相关法律制度建设的实践充分证明,只有处理好政府与市场之间的关系,在发挥市场调节的基础性作用基础上,强化政府对农村金融扶贫的管控与保障作用,才能真正建立商业化可持续的农村金融扶贫法律制度。在规范的市场调节机制下,不仅能够有效降低农村金融扶贫服务和产品的交易成本,而且有利于降低政府干预成本和强化政府主导作用。政府作为市场规则的制定者和执行者,应重点运用宏观调控和监管手段,规制和引导金融机构、扶贫对象和农村金融市场。农村金融扶贫法律制度建设过程中的规划、信息披露、激励、调控、监管等是政府干预的基本措施。通过这些措施,可实现政府干预目标和促进市场机制发挥作用,实现政府与市场

①　温信祥.日本农村金融及其启示[M].北京:经济科学出版社,2014.
②　李宾,马九杰.日本农村金融体系与制度架构及其对我国的借鉴意义[J].农村金融研究,2014
　　(2):38.

科学的合作和功能互补。从以上各国农村金融扶贫法律制度建设来看,大都重视政府与市场关系的处理。如印度组建了印度农业保险有限公司来推进农业保险,以建立市场化运行基础上的政策性农业保险制度,以此来发挥农业保险的反贫困作用。孟加拉国的乡村银行制度通过赋予其合法地位和加强监管等对其进行必要干预,而其信贷运行等由市场主导调节,从而形成了政府引导下的商业化可持续经营,实现了农村金融扶贫目标,成为合理处理政府和市场关系的成功典范。目前,我国农村金融扶贫法律制度过于依赖政府,过于强调政府对农村金融市场和农村金融扶贫的干预,影响了市场化扶贫主体和手段制度建设,导致农村金融扶贫市场化程度不高和难以实现商业化可持续的目标。我国应借鉴国外有益经验,准确定位政府,构建政府主导的多元主体参与机制,强化市场机制在农村金融扶贫中的基础性调节地位,打造市场化运行的农村金融扶贫服务和产品体系,形成政府主导和市场调节有效协作的农村金融扶贫法律制度体系。

二、倾斜保护农村贫困者金融权利

从以上各国情况来看,倾斜保护农村贫困者的金融权利,是农村金融与农村金融扶贫法律制度建设的基本目标和核心内容。为倾斜保护农村贫困者的金融权利,许多国家建立了专门的扶贫性金融机构,开发适合扶贫对象的金融扶贫产品和服务,采取控制成本、强化政府调控等基本措施。如印度采取措施控制农村借款的最高利率,孟加拉国乡村银行将妇女等贫困者列为小额信贷的重点目标人群,日本鼓励农民在涉农领域组建合作社。这些措施不仅有利于农村贫困者获得基本金融服务,而且能有效克服传统金融制度与农村贫困者的金融需求不相适应的问题。目前,我国虽然较为重视农村贫困者的金融权利保护,但相关制度具有政策性与不稳定性问题,难以起到有效保护的作用。我国应确立全面保护农村贫困者金融权利的理念和目标,在农村金融扶贫相关立法中明确规定农村贫困者的金融基本权利和政府、金融机构等的保障义务。在此基础上,设立专门的农村社区银行、农村金融服务室等方便农村贫困者获得金融机构的服务,构建农村金融服务供需对接制度,建立农村扶贫金融服务成本控制制度,完善农村贫困者金融权利落实制度等。这样才能真正通过农村金融扶贫法律制度创新提升实现对农村贫困者权利的保护,促进其自我反贫困能力提升,实现由"输血式"扶贫向"造血式"扶贫模式的转型。

三、激励多主体参与农村金融扶贫

从以上各国的经验来看,激励多主体参与农村金融扶贫是农村金融与农村金融扶贫法律制度建设的重要内容。如以上各国普遍引导合作金融机构、商业金融机构、农业保险机构、合作金融组织、政策性金融机构、非正规金融机构及社会公益组织等参与农村金融扶贫。大部分国家实施政府主导的多元主体参与治理模式,不仅包括正规金融机构,还包括民间金融组织等非正规金融组织。其中,农村民间金融组织与农村扶贫对象具有天然的信息优势、地缘优势等,所以为重要的农村金融扶贫主体之一。国外还注重采取财政、税收、市场准入、利率优惠等多样化措施激励主体参与农村金融扶贫。如孟加拉国政府在资本充足率、准备金等方面采取差异化调节措施,以激励农村微型金融机构参与反贫困。印度尼西亚允许开展小额信贷业务的机构,向公众募集资金以激励其从事扶贫方面的小额信贷。法国的《土地银行法》确定了农村小额贷款的低息优惠政策。目前,我国虽然也建立了多元主体参与农村金融扶贫的体制与机制,但是,农村金融扶贫主要依靠农村信用合作社、农村商业银行等涉农类金融机构,大部分商业性金融机构、农业保险机构参与度不高。同时,农村民间金融机构、社会公益组织参与农村金融扶贫尚缺乏合法性基础和规范依据。我国对参与农村金融扶贫的主体也建立了差异性调控机制、财政支持、税收优惠等激励制度,但缺乏系统性和协调性,绩效不高。因此,我国有必要借鉴国外先进经验,构建激励多元主体参与农村金融扶贫的法律制度。

四、推进农村金融扶贫手段制度创新

不断推进农村金融扶贫手段创新,建立满足农村贫困者需求的金融产品和服务体系,是各国农村金融扶贫法律制度建设的重要内容之一。如印度的政策性农业保险制度、孟加拉乡村银行扶贫小额信贷制度、印度尼西亚的小组小额信贷制度等。这些金融扶贫手段延伸了金融机构支持农村贫困者的方式,有利于保障其获得金融服务,降低获得金融服务的成本,促进了农村金融服务产品和制度创新。目前,由于城乡二元体制、农村金融过度商业化改革等原因,我国农村金融机构发育不足,农村金融服务供给滞后,农村金融扶贫手段单一,难以适应新时期农村反贫困的需要。我国应借鉴国外的经验成果,推进农村扶贫手段创新。首先,我国应对传统贷款扶贫手

段进行优化,发挥其在农村金融扶贫中的基础性作用。其次,从我国农业面临自然灾害风险日益增多的现实出发,建立扶贫性农业保险制度,为农村贫困者有效应对自然灾害威胁、提升反贫困能力奠定基础。最后,应强化农村金融扶贫激励,促使金融机构等不断创新农村金融扶贫产品和方式,在合规和风险可控前提下,不断适应和满足农村扶贫对象多元化的金融产品和服务需求。

五、健全农村金融扶贫风险控制制度

控制好农村金融扶贫风险,是保障其稳健和持续发展的基础。从前述各国农村金融扶贫法律制度建设来看,大多重视农村金融扶贫风险控制制度创新,如孟加拉国乡村银行贷款小组制度、印度尼西亚小组小额信贷制度、美国公众参与监管制度等。这些制度通过创新农村金融服务产品,担保、监管等机制,有效降低了风险,保障了农村金融服务和农村金融扶贫可持续发展。目前,我国农村金融扶贫风险问题较为突出,违约风险较大,可持续性不高。原因一方面在于政府干预过多,扶贫对象风险意识和对金融扶贫服务的风险防范不够;另一方面在于农村金融扶贫风险控制制度不健全。因此,我国可借鉴国外相关经验,采取扶贫小额信贷联保、小额信贷小组、多样化担保等方式,强化农村扶贫对象的利益联结和风险共担,创新农村金融扶贫服务的担保方式。此外,也应创新农村金融扶贫监管制度,构建金融监管机构正式监管、社会公众参与监管、金融行业自律监管等多样化监管机制,以形成监管合力。

不管是发展中国家还是发达国家,都较为重视农村金融的反贫困效应和农村金融扶贫驱动农村经济社会发展的重要作用,建立了各具特色的农村金融扶贫法律制度。本章主要选择了以印度、印度尼西亚、孟加拉国等为代表的发展中国家,与以美国、法国、日本为代表的发达国家,对其农村金融扶贫法律制度发展情况、主要内容与实施效果等进行了考察分析。在此基础上系统分析了国外相关经验对我国相关制度构建的启示和借鉴作用。我国农村金融扶贫法律制度应借鉴国外优秀经验,处理好政府与市场的关系,从保护农村贫困者的金融权利、激励多元主体参与农村金融扶贫、推进农村金融扶贫手段创新等出发,强化普惠金融理念、法治理念等指导,从而推进我国农村金融扶贫法律制度创新,强化乡村振兴战略实施的金融支持。

第六章　乡村振兴背景下农村金融扶贫立法体系构建

立法是农村金融扶贫法律制度的基本载体和创新的重要内容。多年来，制定一部农村扶贫开发法一直为我国重要的立法计划之一，但因故至今国家层面的立法尚未出台，而大部分地方已经探索制定农村扶贫开发方面的法规。国家层面的农村金融扶贫立法也处于缺失状态，从而影响农村金融扶贫法律制度创新的有效推进，因而，构建农村金融扶贫立法体系是农村金融扶贫法律制度创新的重要内容之一。我国农村金融扶贫立法体系构建是否具有相应的基础，农村金融扶贫立法体系如何构建，是否有必要对农村金融扶贫进行专门立法等问题，是乡村振兴背景下农村金融扶贫立法需要研究的一系列重要问题。

第一节　农村金融扶贫立法体系构建的基础

一、相关国家战略文件

（一）国家总体性战略文件

2013 年 11 月，中共十八届三中全会发布的《中共中央关于全面深化改革若干重大问题的决定》提出了"允许具备条件的民间资本依法发起设立中小型银行等金融机构。推进政策性金融机构改革。发展普惠金融，鼓励金融创新"的深化改革目标。2016 年 3 月，《中华人民共和国国民经济和社会发展第十三个五年规划纲要》提出了"完善开发性金融、政策性金融支持农业发展和农村基础设施建设的制度,推进农村信用社改革,增强省级联社服务功能,积极发展村镇银行等多形式农村金融机构,稳妥开展农民合作社内部资金互助试点,建立健全农业政策性信贷担保体系,完善农业保险制度"的战略规划。这些国家总体性战略文件不仅表明农村金融扶贫及其立法体系建设与国家总体性战略的一致性,也为其创新提供了有力依据。

(二)国家促进"三农"发展战略文件

中央一号文件成为"三农"问题的专有名词,强调其"重中之重"的地位,主导着中国农业发展的政策变迁,从中可以观察中国的农村政策轨迹和改革路径。[①] 自 2004 年以来,我国连续多年的中央一号文件对农村金融进行了规定,均提出要加强农村金融改革和创新,改善农村金融服务,促进农村金融发展(见表 6-1)。这些中央一号文件主要从促进农村信用社、新型农村金融机构等的改革,创新农村金融产品和优化农村金融服务供给,特别就鼓励县域内各金融机构将新增存款一定比例投放当地的政策等进行了原则性规定。中央一号文件中促进农村金融发展的政策规范,为农村普惠金融和农村金融扶贫立法提供了重要依据,指明了立法创新的方向。

表 6-1　2004—2020 年中央一号文件对农村金融发展的相关规定

年份	中央一号文件	关于农村金融发展的相关规定
2004	《中共中央 国务院关于促进农民增加收入若干政策的意见》	从农村实际和农民需要出发,按照有利于增加农户和企业贷款,有利于改善农村金融服务的要求,加快改革和创新农村金融体制。建立金融机构对农村社区服务的机制,明确县域内各金融机构为"三农"服务的义务。继续扩大农户小额信用贷款和农户联保贷款,加快建立政策性农业保险制度
2005	《中共中央 国务院关于进一步加强农村工作提高农业综合生产能力若干政策的意见》	加快构建功能完善、分工合理、产权明晰、监管有力的农村金融体系。继续深化农村信用社改革,要在完善治理结构、强化约束机制、增强支农服务能力等方面取得成效,进一步发挥其农村金融的主力军作用。抓紧制定县域内各金融机构承担支持"三农"义务的政策措施

---

① 陈文胜.中央一号文件的"三农"政策变迁与未来趋向[J].农村经济,2017(8):7.

续表

年份	中央一号文件	关于农村金融发展的相关规定
2006	《中共中央 国务院关于推进社会主义新农村建设的若干意见》	巩固和发展农村信用社改革试点成果，进一步完善治理结构和运行机制。鼓励在县域内设立多种所有制的社区金融机构，允许私有资本、外资等参股。大力培育由自然人、企业法人或社团法人发起的小额贷款组织。引导农户发展资金互助组织。规范民间借贷
2007	《中共中央 国务院关于积极发展现代农业扎实推进社会主义新农村建设的若干意见》	进一步发挥中国农业银行、中国农业发展银行在农村金融中的骨干和支柱作用，继续深化农村信用社改革，尽快明确县域内各金融机构新增存款投放当地的比例，引导邮政储蓄等资金返还农村，大力发展农村小额贷款，在贫困地区先行开展培育农村多种所有制金融组织的试点
2008	《中共中央 国务院关于切实加强农业基础建设进一步促进农业发展农民增收的若干意见》	加快推进调整放宽农村地区银行业金融机构准入政策试点工作。继续深化农村信用社改革，加大支持力度，完善治理结构，维护和保持县级联社的独立法人地位。积极培育小额信贷组织，鼓励发展信用贷款和联保贷款。推进农村担保方式创新。制定符合农村信贷业务特点的监管制度。完善政策性农业保险经营机制和发展模式
2009	《中共中央 国务院促进农业稳定发展农民持续增收的若干意见》	抓紧制定鼓励县域内银行业金融机构新吸收的存款主要用于当地发放贷款的实施办法。加快发展多种形式新型农村金融组织和以服务农村为主的地区性中小银行。鼓励和支持金融机构创新农村金融产品和金融服务，大力发展小额信贷和微型金融服务。加快发展政策性农业保险，探索建立银保互动机制
2010	《中共中央 国务院关于加大统筹城乡发展力度 进一步夯实农业农村发展基础的若干意见》	落实和完善涉农贷款税收优惠、定向费用补贴、增量奖励等政策。进一步完善县域内银行业金融机构新吸收存款主要用于当地发放贷款政策。加大政策性金融对农村改革发展重点领域和薄弱环节支持力度。积极推广农村小额信用贷款。引导社会资金投资设立适应"三农"需要的各类新型金融组织。抓紧制定对偏远地区新设农村金融机构费用补贴等办法。发展农村小额保险

年份	中央一号文件	关于农村金融发展的相关规定
2011	《中共中央 国务院关于加快水利改革发展的决定》	支持农业发展银行积极开展水利建设中长期政策性贷款业务。鼓励国家开发银行、农业银行、农村信用社、邮政储蓄银行等银行业金融机构进一步增加农田水利建设的信贷资金。支持符合条件的水利企业上市和发行债券,探索发展大型水利设备设施的融资租赁业务,积极开展水利项目收益权质押贷款等多种形式融资。鼓励和支持发展洪水保险
2012	《中共中央 国务院关于加快推进农业科技创新持续增强农产品供给保障能力的若干意见》	确保银行业金融机构涉农贷款增速高于全部贷款平均增速。发展多元化农村金融机构。有序发展农村资金互助组织,引导农民专业合作社规范开展信用合作。完善符合农村银行业金融机构和业务特点的差别化监管政策。继续发展农户小额信贷业务。扩大农业保险险种和覆盖面,开展设施农业保费补贴试点
2013	《中共中央 国务院关于加快发展现代农业进一步增强农村发展活力的若干意见》	加强国家对农村金融改革发展的扶持和引导,切实加大商业性金融支农力度,充分发挥政策性金融和合作性金融作用,确保持续加大涉农信贷投放。创新金融产品和服务,优先满足农户信贷需求,加大新型生产经营主体信贷支持力度。改善农村支付服务条件,畅通支付结算渠道
2014	《中共中央 国务院关于全面深化农村改革加快推进农业现代化的若干意见》	强化金融机构服务"三农"职责。支持由社会资本发起设立服务"三农"的县域中小型银行和金融租赁公司。发展新型农村合作金融组织。加大农业保险支持力度
2015	《中共中央 国务院关于加大改革创新力度加快农业现代化建设的若干意见》	推动金融资源继续向"三农"倾斜,确保农业信贷总量持续增加、涉农贷款比例不降低。开展信贷资产质押再贷款试点,提供更优惠的支农再贷款利率。鼓励各类商业银行创新"三农"金融服务。稳妥开展农民合作社内部资金互助试点。鼓励开展"三农"融资担保业务

续表

年份	中央一号文件	关于农村金融发展的相关规定
2016	《中共中央 国务院关于落实发展新理念加快农业现代化实现全面小康目标的若干意见》	发展农村普惠金融。发挥国家开发银行优势和作用,加强服务"三农"融资模式创新。强化中国农业发展银行政策性职能,加大中长期"三农"信贷投放力度。支持中国邮政储蓄银行建立"三农"金融事业部,打造专业化为农服务体系。创新村镇银行设立模式,扩大覆盖面。引导互联网金融、移动金融在农村规范发展。扩大在农民合作社内部开展信用合作试点的范围
2017	《中共中央 国务院关于深入推进农业供给侧结构性改革加快培育农业农村发展新动能的若干意见》	确保"三农"贷款投放持续增长。支持金融机构增加县域网点,适当下放县域分支机构业务审批权限。对涉农业务较多的金融机构,进一步完善差别化考核办法。落实涉农贷款增量奖励政策。开展农民合作社内部信用合作试点,鼓励发展农业互助保险。深入推进承包土地的经营权和农民住房财产权抵押贷款试点。鼓励金融机构发行"三农"专项金融债券。发展保证保险贷款产品,深入推进农产品期货、期权市场建设
2018	《中共中央 国务院关于实施乡村振兴战略的意见》	强化金融服务方式创新,防止脱实向虚倾向,严格管控风险,提高金融服务乡村振兴能力和水平。支持符合条件的涉农企业发行上市、新三板挂牌和融资、并购重组,深入推进农产品期货期权市场建设,稳步扩大"保险+期货"试点,探索"订单农业+保险+期货(权)"试点
2019	《中共中央 国务院关于坚持农业农村优先发展做好"三农"工作的若干意见》	建立县域银行业金融机构服务"三农"的激励约束机制,实现普惠性涉农贷款增速总体高于各项贷款平均增速。推动农村商业银行、农村合作银行、农村信用社逐步回归本源,为本地"三农"服务。研究制定商业银行"三农"事业部绩效考核和激励的具体办法。用好差别化准备金率和差异化监管等政策,鼓励银行业金融机构加大对乡村振兴和脱贫攻坚中长期信贷支持力度。支持重点领域特色农产品期货期权品种上市

续表

年份	中央一号文件	关于农村金融发展的相关规定
2020	《中共中央 国务院关于抓好"三农"领域重点工作确保如期实现全面小康的意见》	深化农村信用社改革,坚持县域法人地位。加强考核引导,合理提升资金外流严重县的存贷比。鼓励商业银行发行"三农"、小微企业等专项金融债券。落实农户小额贷款税收优惠政策。加快构建线上线下相结合、"银保担"风险共担的普惠金融服务体系,推出更多免抵押、免担保、低利率、可持续的普惠金融产品。抓好农业保险保费补贴政策落实,督促保险机构及时足额理赔

《中国农村扶贫开发纲要(2011—2020 年)》提出:"继续完善国家扶贫贴息贷款政策。积极推动贫困地区金融产品和服务方式创新,鼓励开展小额信用贷款,努力满足扶贫对象发展生产的资金需求。针对贫困地区特色主导产业,鼓励地方发展特色农业保险。加强贫困地区农村信用体系建设。"《中共中央 国务院关于打赢脱贫攻坚战的决定》提出:"鼓励和引导商业性、政策性、开发性、合作性等各类金融机构加大对扶贫开发的金融支持。支持农村信用社、村镇银行等金融机构为贫困户提供免抵押、免担保扶贫小额信贷,由财政按基础利率贴息。加大创业担保贷款、助学贷款、妇女小额贷款、康复扶贫贷款实施力度。优先支持在贫困地区设立村镇银行、小额贷款公司等机构。支持贫困地区培育发展农民资金互助组织,开展农民合作社信用合作试点。"中共中央、国务院印发的《乡村振兴战略规划(2018—2022 年)》提出:"深入推进银行业金融机构专业化体制机制建设,形成多样化农村金融服务主体。加快农村金融产品和服务方式创新,持续深入推进农村支付环境建设,全面激活农村金融服务链条。"这些相关规定明确了农村金融发展和金融扶贫政策战略的目标和方向,为农村金融扶贫立法奠定了政策基础。

(三)国家农村金融扶贫专项战略文件

2015 年 12 月,国务院印发的《推进普惠金融发展规划(2016—2020 年)就国家推进普惠金融发展目标、总体思路、措施等进行系统规范,特别强调普惠金融的主要目标是"要让小微企业、农民、城镇低收入人群、贫困人群和残疾人、老年人等及时获取价格合理、便捷安全的金融服务"。2016 年 3

月,中国人民银行、国家发展改革委、财政部、中国银监会、中国证监会、中国保监会、国务院扶贫开发领导小组办公室等七部门《关于金融助推脱贫攻坚的实施意见》围绕"精准扶贫、精准脱贫"基本方略,提出"精准对接脱贫攻坚多元化融资需求,大力推进贫困地区普惠金融发展,充分发挥各类金融机构助推脱贫攻坚主体作用,完善精准扶贫金融支持保障措施"。这两个战略更为详细地规定了农村金融扶贫和普惠金融建设的总体和具体目标、主要政策手段和保障措施等,有些规定可直接上升为农村金融扶贫立法规范,因而其为最重要的政策依据。

二、相关立法

(一)法律

《农业法》是调整农业关系的基本法。《农业法》中对贫困地区的农业支持和保护、农村特殊贫困人群的保障、各级地方政府的扶贫职责、扶贫资金的统筹使用和相关法律责任做出了原则性规定。[①] 如第三十七条规定了国家对农业采取金融支持等措施的义务;第四十五规定了国家、金融机构改善农村金融服务,强化"三农"金融支持的义务;第四十六规定了国家建立和完善农业保险制度。以上相关规定为农村金融扶贫提供了一定的法律依据。

《预算法》第三十九条规定:"中央预算和有关地方预算中应当安排必要的资金,用于扶助革命老区、民族地区、边疆地区、贫困地区发展经济社会建设事业。"《政府采购法》第九条规定:"政府采购应当有助于实现国家的经济和社会发展政策目标,包括保护环境,扶持不发达地区和少数民族地区,促进中小企业发展等。"《农民专业合作社法》第六十四条规定:"国家支持发展农业和农村经济的建设项目,可以委托和安排有条件的农民专业合作社实施。"《乡镇企业法》第二十条规定对设立在少数民族地区、边远地区和贫困地区的企业优先贷款,对其中生产资金困难且有发展前途的可以给予优惠贷款。以上法律为农村金融扶贫立法提供了一定的法律依据,奠定了立法的正当性基础。

(二)行政性法规与规章

第一,调整金融扶贫的行政性法规与规章。2001年6月,中国人民银

---

① 赵鑫,任大鹏.地方扶贫立法的路径、制度与理论反思[J].华中农业大学学报(社会科学版),2020(3):33.

行、财政部、国务院扶贫办、中国农业银行四部门联合制定的《扶贫贴息贷款管理实施办法》就扶贫贴息贷款用途、发放主体、每年扶贫贴息贷款的总量及期限结构审定、扶贫项目选定、贷款利率和贴息办法等进行了详细规定。2019年,银保监会、财政部、中国人民银行、国务院扶贫办联合制定的《关于进一步规范和完善扶贫小额信贷管理的通知》就发展扶贫小额信贷的要求、用途、风险防控、组织保障等进行了具体规定。

第二,调整农村金融发展的专门性法规。这些法规具有明确的政策性,体现为政策性规范主导调整。2006年,中国银监会发布了《关于调整放宽农村地区银行业金融机构准入政策 更好支持社会主义新农村建设的若干意见》。2007年,中国银监会接连出台了《村镇银行管理暂行规定》《贷款公司管理暂行规定》《农村资金互助社管理暂行规定》等针对新型农村金融机构发展的规范。2008年,中国银监会、中国人民银行发布了《关于小额贷款公司试点的指导意见》。2010年,中国银监会发布了《关于加快发展新型农村金融机构有关事宜的通知》。2012—2017年,中国银监会连续多年每年发布《关于做好农村金融服务工作的通知》(2017年将其改名为《关于做好三农金融服务工作的通知》)。

（三）地方性立法

第一,综合性农村扶贫开发立法。自1995年广西区率先制定地方性扶贫开发条例以来,21个省、自治区、直辖市颁布了专门针对扶贫的地方性法规,即扶贫开发条例,已推行扶贫开发条例的省级行政区占我国大陆省级行政区总数的66%。[①] 大部分地方扶贫开发条例就扶贫开发措施、扶贫资金、项目管理等进行了规范,从而为地方农村金融发展提供了规范依据。

第二,农村金融扶贫专门性立法。目前,部分地方制定了有关调整农村扶贫小额贷款、扶贫贴息贷款等方面的专门性立法。如2000年,云南省制定了《小额信贷扶贫管理办法》,就小额信贷扶贫机构的设置与职责、运行机制、资金管理、监测与评估、奖励与惩罚等进行了规定。2004年,湖南省制定了《贫困农户小额信贷担保金管理办法(试行)》,就扶贫担保金来源、扶持对象、开发项目、资金使用管理等进行了规范。2014年,浙江省制定了《扶贫小额信贷管理办法》,就扶贫政府机构的职责分工、贷款实施与管理、省补

---

① 彭清燕.扶贫法制理论的新探索:多中心反贫困法制理论[J].北方民族大学学报(哲学社会科学版),2019(2):130−138.

助资金使用等进行了规定。

三、评价与反思

从以上农村金融扶贫立法基础来看，立法的国家战略和政策基础已经较为坚实，方向性问题已经明确，合法性和正当性基础已经具备。同时，随着农村金融立法体系的不断拓展和完善，农村金融扶贫性相关立法规范不断增多。由此可见，我国农村金融扶贫立法的可行性日趋扎实。

但目前我国主要依赖中国人民银行、中国银监会制定的规范性文件对农村金融和农村金融扶贫进行规制，还没有制定严格意义上的法律，而且这些规范性文件具有明显的政策性特征。政策性规范主导是目前农村金融法律规制的基本特征。"这些部门规章的效力层级低，有些只是指导性、临时性的政策文件，零乱复杂，缺乏纲领，权威性和约束力也很有限，难以有效适用。"[1]政策性规范主导规制模式使得农村金融扶贫缺乏有效法律保障，农村金融扶贫目标和手段、激励与约束机制等也就缺乏约束性和有效执行力，导致农村金融扶贫不仅缺乏法律正当性依据，而且相关规范难以实施。农村金融发展的政策规范主导规制模式的缺陷使农村金融扶贫法律制度存在问题。另外，相关地方立法膨胀。由于缺乏基础性的农村扶贫开发立法，地方性的农村金融扶贫立法日趋膨胀。部分地方从自身利益出发制定农村金融扶贫规范，导致有些规范相互矛盾冲突，阻碍农村金融资源跨区域合理流动和优化配置，影响国家相关立法实施和农村金融扶贫效益的提升。我国农村金融扶贫立法存在的这些问题不仅影响其法律规制的效果和法治化程度，更是导致农村金融扶贫难以持续发展。因此，在国家农村金融扶贫战略和政策指导下，遵循立法规律，创新农村金融扶贫立法路径与规范设计，是推进农村金融扶贫可持续发展的必然选择。我国农村金融扶贫立法规制应聚焦于农村金融扶贫问题的破解、乡村振兴与全面建成小康社会等国家战略需求，以提高立法权威性、系统性为目标，不断推进立法理念与制度规范的创新。

---

[1]　王翔翔，邵子恺.农村普惠金融的法律保障问题探究[J].当代经济，2015(13):54.

第二节　农村金融扶贫立法体系的构成

一、农村金融扶贫立法体系构成

农村金融扶贫是一项系统工程，首要的是建立协调统一、规范齐备的立法体系。但是，农村金融扶贫法律制度的立法规范构成十分复杂。目前，虽然我国调整农村金融扶贫的法律规范较多，但未能从农村金融扶贫法制整体性出发构建规范体系，也没有制定专门法对此进行协调，从而导致农村金融扶贫立法体系散乱，规范分散零落，规范冲突与重复问题突出，协调性和整体性不够。健全和创新立法体系是我国农村金融扶贫法律制度创新的基础和重点内容。我国应建立以农村金融扶贫基本性立法为核心，农村合作性金融扶贫立法、农村商业性金融扶贫立法、农村政策性金融扶贫立法、农村民间金融扶贫立法等为分支的立法体系。这样不仅有利于破解农村金融扶贫规范体系凌乱等问题，而且有利于为农村金融扶贫创新提供有效的立法载体和奠定良好基础。

（一）农村金融扶贫基本性立法

不管经济发展到什么程度，相对贫困长期存在。虽然到2020年底我国所有贫困人口在现有标准下实现全部脱贫，但这主要解决的是绝对贫困问题，加上部分已脱贫者因自然灾害等原因也可能返贫，因而贫困问题依然长期存在。我们不仅需要对农村贫困者采取再分配倾斜政策和保护性措施，而且更应该重视激发农村贫困者的内在动力和提高自我反贫困能力。在乡村振兴战略实施的新时期，农村金融扶贫和农村金融扶贫立法的重要性日益凸显，此外，建立农村金融扶贫基本性立法是统筹高度分散的农村金融扶贫规范的必然选择。农村金融扶贫基本性立法应以新发展理念、普惠金融理念、法治理念为指引，以实现政策性金融、合作金融、商业金融、民间金融等的扶贫协作与适度竞争为目标，从政府、金融机构、农村贫困者三个层面，从扶贫金融产品与服务供给、实施、资金回收与管理四个环节整体构建农村金融扶贫基本规范，重点建立金融机构扶贫激励与约束、农村金融基本服务产品供给、农村贫困者金融权利倾斜配置、农村金融差异化监管、农村信用建设等方面的立法规范，确立政府、金融机构、社会组织、公民等在农村金融扶贫方面的基本权利和义务。

农村金融扶贫基本性立法在立法范围上,应涵括农村合作性金融扶贫、农村商业性金融扶贫、农村政策性金融扶贫、农村民间金融扶贫等有关农村金融扶贫法律制度的各个方面。在立法内容上,规定农村金融扶贫的目标、基本原则、基本制度,并确立政府、金融机构、社会组织、公民个人的农村金融扶贫的基本权利和义务。农村金融扶贫基本性立法的确立,将为强化农村金融扶贫规范的统一性、整体性,缓解法律规范之间的冲突,提高农村金融扶贫制度的权威性与实施性等起到重要作用。

（二）农村合作性金融扶贫立法

"农村合作金融指农民、农业集体经济组织和其他农村经济组织、社会组织以合作方式组成的金融服务组织,为满足农村经济、社会建设和农民生活需要,而进行的主要以农民、农业集体经济组织和其他农村经济、社会组织为服务对象的各种金融活动。"[①]农村合作性金融扶贫属于互助性金融形式,天然具有普惠性和互助性的特征,是农村金融扶贫和农村普惠金融建设的重要力量。农村信用合作社是传统农村合作性金融扶贫的主力军。在农村信用合作社发展初期,中国人民银行就先后颁布了《农村信用社章程准则》《农村信用社示范章程》来规范其的发展。进入新世纪,我国开始以市场化和服务"三农"为导向对农村信用社进行商业化改革,并相继颁布、出台了一系列部门规章和政策性文件,主要包括:《农村信用合作社农户小额信用贷款管理指导意见》《深化农村信用社改革试点方案》《关于农村信用社以县(市)为单位统一法人工作的指导意见》《农村合作银行管理暂行规定》《关于规范向农村合作金融机构入股的若干意见》《农村信用社农户联保贷款指引》《农村信用社监管内部评级指引》等。这些相关法规对农村信用合作社的规范发展起到一定保障作用。近年来,我国农村信用合作社的"去合作化"改革倾向明显,改革主要方向是股份制和商业化,合作化的性质日益减弱;而与此同时,民间自发形成的、具有扶贫性质或依托农民专业合作而建立的非正规农村合作金融组织纷纷出现。[②] 由于农村信用合作社长期以来缺乏真正的合作性,加上近年的商业化改革,其离理想的合作性金融扶贫越来越远。为引导农村合作性金融扶贫规范发展,实现其反贫困支持功能,原

---

① 李洁.农村合作金融组织法律问题研究[M].北京:法律出版社.2013.

② 汪小亚.发展新型农村合作金融[J].中国金融,2014(5):22.

另银监会在总结农村资金互助社前期发展经验的基础上，于 2007 年制定了《农村资金互助社示范章程》《农村资金互助社管理暂行规定》。基于农村资金互助社在服务"三农"过程发挥的积极作用，国务院于 2009 年发布了《关于进一步做好贫困村互助资金试点工作的指导意见》，以期强化"资金互助社"设立、运行的规范性。为了进一步规范农村资金互助社等农村新型金融机构的设立和监管，中国银监会在 2015 年出台了《农村中小金融机构行政许可事项实施办法》。

农村信用合作社的商业化改革已经逐渐背离了农村合作性金融扶贫的基本定位，导致发展混乱。因此，破解我国农村合作性金融扶贫困境，就应制定现代性的农村合作金融立法，以强化对农村合作性金融扶贫性质、服务宗旨、组织形式、成立要求、内部治理、激励措施、监管等的规制，引导农村合作性金融扶贫支持乡村振兴战略的实施。我国农村合作性金融扶贫立法首先应找准农村合作性金融扶贫的法律定位。随着农村信用社商业化改革的推进，农村信用合作社已逐步脱离"合作金融"性质，从而难以承担农村合作性金融扶贫的任务。内生性的农村资金互助社是农村合作性金融扶贫的基本主体。此外，要促进农村合作性金融扶贫与农村信用合作社法律制度建设相协调，在农村信用合作社内部鼓励信用合作，促进农村合作性金融扶贫与产业合作，畅通农村合作性金融扶贫与产业扶贫的有效对接。再者，加强对农村合作性金融扶贫的运行规范。严格遵守"社员制、封闭性、不对外吸储放贷、不支付固定回报"的要求，可有效化解农村合作性金融扶贫风险。[①]对农村合作性金融扶贫的内部治理、产品与服务、风险控制、监管、优惠政策等进行规范，促进农村合作性金融扶贫在乡村振兴战略实施中，发挥其促进"造血"的积极作用。

（三）农村商业性金融扶贫立法

农村商业性金融扶贫立法指规制商业金融机构扶贫行为的法律规范的总称。目前，农村商业性金融扶贫主要是由国有大型商业银行、新型农村金融机构、农商银行、商业性小额贷款公司等提供商业性金融服务，以及由商业性保险公司提供农业保险服务等。强化国有大型商业银行机构服务农村金融扶贫的义务，构建引导中小金融机构服务农村贫困者的金融权利保障

---

① 徐绍峰. 农村合作金融路在何方［EB/OL］.（2018-07-05）［2019-12-10］. http://www.financialnews. com. cn/ncjr/focus/201807/t20180705_141445. html.

机制是农村商业性金融扶贫立法的核心所在。农村商业性金融扶贫的立法重点应是规范商业性金融机构给予农村贫困者及具有扶贫带动效应的农村新型经营主体等提供信贷扶贫、证券扶贫、基金扶贫等行为。农村商业性金融扶贫立法应重点从以下方面推进:首先,应在强化对商业性金融扶贫规制的基础上,重点整合现有的关于新型农村金融机构、农商银行、小额贷款公司等的立法,制定统一的农村中小金融机构立法,从而为保障农村贫困者获取便利的信贷、存款、结算等基本金融服务奠定法律基础。确立农村商业银行在农村金融扶贫中是基本金融机构的地位,引导其通过制度创新将服务"三农"与实现自身商业化可持续发展有机融合。其次,构建商业性金融扶贫义务规制立法。相关立法应明确规定商业性金融机构有履行金融扶贫等社会责任的基本义务。再次,完善信息披露义务规制。在强化现有证券类金融机构的信息披露义务基础上,建立商业银行、基金公司、信托投资公司等的农村金融扶贫义务披露机制,以强化对商业性农村金融扶贫义务的法律约束。最后,明确规定商业性金融机构要将在农村吸收存款的一定比例用于农村扶贫服务的义务,以缓解农村金融的"反输血"困境,强化农村金融扶贫资金供给的法制保障。

(四)农村政策性金融扶贫立法

农村政策性金融是以国家信用为基础,以配合、执行政府农业和农村产业政策、区域发展政策为主要目的,不以营利为主要目标,在农业及相关领域从事资金融通,支持、保护农业生产,促进农业、农村经济发展和农民增收的一种特殊的金融活动和金融形式。[①] 我国农村政策性金融体系主要包括四个部分,即扶贫类金融、农业政策性银行、商业性金融机构承担的政策性金融和非银行类政策性金融。[②] 为充分发挥政策性金融在农村扶贫开发中的作用,我国应制定农村政策性金融扶贫立法,就农村政策性金融扶贫目标、范围、运营、监管等进行规制,强化其在农村金融扶贫中的政策性调节功能。我国农村政策性金融扶贫立法重点包括以下两个方面。

1.农村政策性银行扶贫立法

该方面立法主要规范农业发展银行的金融扶贫行为。目前,农业发展

---

① 王曙光.金融自由化与经济发展[M].2版.北京:北京大学出版社,2004.
② 王曙光等.普惠金融.中国农村金融重建中的制度创新和法律框架[M].北京:北京大学出版社,2013.

银行是支持农村反贫困和农业发展的主要政策性银行。我国农业发展银行成立于 1994 年，其业务范围包括粮食收购资金供应管理、信贷扶贫等。设立和运行的法律依据是《国务院关于金融体制改革的决定》《关于组建中国农业发展银行的通知》《中国农业发展银行组建方案》和《中国农业发展银行章程》等。① 但相关立法层次低、政策性问题突出，难以有效规范农业发展银行的金融扶贫和支持"三农"发展。我国应制定农业发展银行扶贫性立法规范，就其扶贫功能定位、扶贫产品与服务供给、扶贫对象瞄准、扶贫激励等进行规范，以强化农业发展银行的农村扶贫功能。

2. 农业保险扶贫立法

农业保险是相对于商业性保险的农村政策性保护。农村是我国贫困人口集中区与反贫治理的核心区。对农民特别是欠发达地区的农民来说，一场突如其来的灾害会将其推向贫困的境地。因而充分发挥农业保险的化解农业风险、稳定农民收入、防控农民因灾致贫与返贫、保障国家粮食安全战略与全面建成小康社会等作用，是推进乡村振兴战略的内在需求，此外，促进农业保险发展是农村金融扶贫和农村普惠金融体系建设的重要内容。自2004 年以来，每年的中央一号文件均提出了扩大农业保险保费补贴的品种和区域覆盖范围的改革目标。2014 年 3 月，中国人民银行等颁布的《关于全面做好扶贫开发金融服务工作的指导意见》也提出了"积极发展农村保险市场，构建贫困地区风险保障网络"的战略目标。2015 年 12 月，《中共中央国务院关于打赢脱贫攻坚战的决定》进一步提出"扩大农业保险覆盖面，通过中央财政以奖代补等支持贫困地区特色农产品保险发展"的战略目标。随着国家对"三农"问题的重视与农村金融法律制度创新的推进，我国农业保险法律制度得以产生。2002 年修订的《农业法》首次提出了"国家建立和完善农业保险制度"。2009 年的《保险法》也提出了"国家支持发展为农业生产服务的保险事业"。2012 年，国务院制定了首部专门调整农业保险的行政性法规——《农业保险条例》。目前，我国调整农业保险扶贫的规范主要为政策性文件、行政法规与规章，还没有全国人大及人大常委会制定的法律规范。从总体来看，我国调整农业保险扶贫的法律规范效力层次较低，政策性色彩浓厚，权威性不够。目前，我国农业保险扶贫立法的保险定位和反贫困功能逐步得到彰显，但其运行中还存在诸如覆盖面过窄、供需不畅、绩

---

① 王大辉.论我国农业发展银行法律制度的完善[D].广州:暨南大学,2009.

效不高等突出问题。我国农业保险扶贫立法不完善是导致农业保险扶贫精准度不高、助力精准脱贫效果不佳等问题的重要原因。因此,完善我国农业保险扶贫立法,提高农村保险扶贫法治化是农业保险精准扶贫的必然选择。

虽然《农业保险条例》对农业保险范围进行了界定,但对农业保险的性质描述得极为模糊,只是在第三条笼统规定:"国家支持发展多种形式的农业保险,健全政策性农业保险制度。"我国农业保险实践倾向于定性为商业性保险而非政策性保险,必然使得农业保险经营机构在农村扶贫时,首先考虑的是其经营效率和经济利益,而不是农村金融公平与农民保险权利保护。此外,农业保险扶贫法律法规缺乏法治理念引领,大多强调政府对农业保险的管理,而轻视政府权力规制和农民保险权利保障,致使政府扶持农业保险发展义务、农村弱势者保险权利保障等难以落实。再者,虽然相关法律法规对农业保险扶持农业、农户发展进行了规定,但对农业保险扶贫瞄准与识别、农业保险扶贫项目安排、农业保险扶贫补贴、农业保险扶贫绩效评价等制度缺乏规定,致使农业保险扶贫推进缺乏基本规范保障。因此,创新农业保险扶贫立法是推进农业保险精准扶贫的规范基础。首先,我国应构建农业保险扶贫立法规范,为农业保险扶贫法律制度完善提供依据,规定农业保险扶贫责任与农业保险扶贫法律制度的方式。其次,在立法基础上,以行政法规或地方立法的形式制定农业保险扶贫专项立法及实施规则。最后,建立农业保险供需、运行、风险控制与监管立法规范体系。在农业保险服务供需层面,建立服务供需协商、差异化调控制度,创新农业保险产品、扶贫对象信用能力建设等。在金融运行层面,构建农业保险精准识别和瞄准,保险补贴精准利用,与产业扶贫等协作的制度规范。在保险监管与风险防控层面,建立农业巨灾保险与再保险制度规范,构建区域化、审慎监管制度,以加强对农业保险经营风险的防控。

(五)农村民间金融扶贫立法

民间金融是指由民间非国有经济主体投资和经营,依靠民间信用,在官方监管之外的金融交易形式,主要包括民间借贷、合会、钱背、私人钱庄、农村合作基金等形式。[①] 农村民间金融与农民、农村中小企业有着内在联系,能在一定程度上克服正规金融支持不足的问题,对推进农村金融扶贫和农

---

① 郑耀群,周新生.我国民间金融发展的制度变迁与制度安排[J].经济经纬,2007(6):141.

村普惠金融体系建设起到重要作用。目前,我国对农村民间金融依然采取严格管制政策,大部分农村民间金融被认为是非法的。随着对农村民间金融功效的辩证认识的深化,国家对农村民间金融的管制有所松动。首先,管制政策的放松表现为一些政府政策对民间金融的逐步接纳。2005 年 2 月,国务院颁布的《关于鼓励和引导个体私营等非公有制经济发展的若干意见》规定非公有制资本可以进入金融服务行业,为民间金融阳光化指明了方向。2005 年 5 月,中国人民银行发布的《2004 年中国区域金融运行报告》提出要正确认识民间金融的补充作用。2009 年 3 月,在《政府工作报告》中温家宝提出要深化国有金融机构改革,稳步发展多种所有制中小金融企业,积极引导民间融资健康发展。2010 年 5 月,国务院发布的《关于鼓励和引导民间投资健康发展的若干意见》("新 36 条")提出要进一步拓宽民间投资领域和范围,允许民间资本兴办金融机构。2012 年 3 月两会期间,相关领导人重提应给予民间金融合理性与合法性发展。其次,一些法律法规与司法解释通过对有关管理制度的合理突破,为农村民间金融阳光化与合法化留有法制空间。如 2010 年底,最高人民法院出台的关于非法集资的司法解释,在明确非法集资定罪量刑标准的同时,也给出了一些类似"安全港"的豁免规则,明确某些社会集资活动不属于非法集资活动或者免于刑事处罚。[①]

　　为引导农村民间金融扶贫与乡村振兴战略实施,我国应制定农村民间金融扶贫立法,主要应从以下方面进行规范。首先,通过立法形式,承认农村民间金融的正当法律地位。农村民间金融的正当法律地位指取消对民间金融的压制政策,承认其作为金融形式存在的正当性和合法性。对诸如民间借贷、合会、企业内部集资、钱背、合作基金等形式的农村民间金融,应承认其正当地位,引导其阳光化、规范化运行,以支持国家鼓励发展的产业和企业发展。而对于如非法集资、地下钱庄、高利贷等弊端和危害大的民间金融,则应采取严厉打击、坚决取缔的基本政策。[②] 确立农村民间金融正当法律地位,是促进其阳光化发展的前提,应要改变严格管制农村民间金融的政策,承认农村民间金融作为社会公众融资方式存在的正当性,并规范农村民间金融关系主体的权利义务,实现农村民间金融关系法律调整,依法保护农

---

① 彭冰.非法集资行为的界定——评最高人民法院关于非法集资的司法解释[J].法学家,2011 (6):41.

② 谭正航.论民族地区民间金融规制政策的选择[J].民族论坛,2012(9):17.

村民间金融产权,对农村民间金融债权、股权、合作权等给予法律保护,为参与主体提供合理预期。其次,对农村民间金融应采取综合引导、规范发展的基本策略,引导农村民间金融支持农村反贫困和农业产业发展,促进其健康发展,并通过税收、政府采购、金融和投资等综合引导手段来激励农村民间金融发展。最后,构建鼓励农村民间金融扶贫激励约束法律制度。创新利用民间资本,成立农村中小金融机构和参与正规金融机构的制度,畅通农村民间金融发展壮大渠道;构建农村民间金融与正规金融对接的法律机制,就其发展成为正规金融机构的条件、渠道等进行规范,促进两者竞争合作关系的建立;构建农村民间金融利率控制机制与监管机制,就监管机构、方式、手段、法律责任等进行规范;构建非法农村民间金融综合治理机制,就农村非法民间金融的监管、取缔和法律责任等进行规定,以强化农村民间金融的反贫困功能,促进农村民间金融规范发展。

(六)其他相关专项立法

除上述立法外的其他专项立法既具有一定的综合性,又有特别具体的适用范围,目的是把相关农村金融扶贫规范具体化。目前,我国已经制定的与农村金融扶贫相关的专项立法主要有《贷款通则》《存款保险条例》等,但今后还需要制定重要专项性立法。此外,为推进我国农村金融扶贫基本法及专项立法实施,加强农村金融扶贫立法的规划与协调,特别是部门立法与地方政府立法的协调,强化法律可操作性,建议由国务院、中国人民银行、证监会等制定相应的行政法规和部门规章,以及由地方制定地方性法规,以对农村金融扶贫立法规范进行具体规定,保障相关立法有效实施。

二、农村金融扶贫基本性立法的思路选择

制定农村金融扶贫基本性立法是凸显农村金融立法重要性,提高立法层级和促进立法体系化的可行选择。制定农村金融扶贫基本立法有三种思路。

第一,在《农业法》中规定政府、金融机构的扶贫义务的基础上,就农村金融扶贫措施、激励约束机制等进行原则性规定。在此基础上由国务院细化《农业法》中有关农村金融扶贫的相关规定,从而为农村金融扶贫提供基本规范。

第二,制定农村扶贫开发法,其中专章规定农村金融扶贫,就农村金融扶贫主体、手段及保障措施等进行具体规定,确立农村金融扶贫在农村扶贫

开发中的重要地位。

第三,制定专门的农村金融扶贫条例,就农村金融扶贫宗旨与原则、主体、手段、调控与监管、程序、法律责任等具体规定,从而为农村金融扶贫提供具体的立法依据。

以上三种思路都有利于解决农村金融扶贫政策主导调整、地方立法膨胀及相关规范冲突问题。三种思路各有优点,第一种和第二种思路可以有效提升农村金融扶贫立法规制层次和权威性,促进相关立法规范的冲突消除。但是,《农业法》是规范农业关系的基本法,其所调整的社会关系众多,只能对农村金融扶贫进行原则性规定,需要通过国务院制定相关实施细则进行具体规范,从而在一定程度上影响农村金融扶贫立法规范的可操作性。对于第二种思路,制定农村扶贫开发法早已成为国家立法规划。早在2009年就开始了农村扶贫开发法的立法前期准备工作,2012年成立了扶贫立法工作领导小组,2013年将其列入十二届全国人大常委会立法规划和国务院2013年立法工作计划之中。[①] 但是,由于涉及众多部门、地方利益,加上理论研究不充分,其在短时间难以出台。因此,第二种思路可行性不高。第三种思路可以说是解决农村金融扶贫和农村金融扶贫立法问题的可行路径,制定专门的农村金融扶贫条例不仅有利于有效破解农村金融扶贫政策主导调整的困境,也有利于消解地方立法过度膨胀和相互冲突问题,提高立法效率,也能在一定程度上提升现有农村金融扶贫立法规范的层级性和权威性。

---

① 彭清燕.扶贫法制理论的新探索:多中心反贫困法制理论[J].北方民族大学学报(哲学社会科学版),2019(2):130.

第七章 乡村振兴背景下农村金融扶贫主体法律制度创新

农村金融扶贫法律制度创新与实施内在要求变革传统主体制度,构建多元主体协同共治的现代化主体制度。农村金融扶贫主体法律制度对政府职能定位有何新要求,以及如何通过体制变革来建立与法律制度创新相适应的主体法律制度,是必须解决的基础性问题。基于此,本章将立足于乡村振兴战略背景,探讨农村金融扶贫主体法律制度建设的现状、尚存问题及主体法律制度创新路径。体制之变和农村金融扶贫主体法律制度创新,将为农村金融扶贫法律制度建设与运行奠定主体基础。

第一节 农村金融扶贫主体法律制度现状与问题

一、农村金融扶贫主体法律制度现状

(一)政府职能调整方面

作为一种市场化运行的扶贫机制,农村金融扶贫必须有效协调政府干预与市场调节之间的关系。如何通过制度创新促进政府干预与市场调节的有效协作,克服双重失灵问题,是农村金融扶贫法律制度创新需要解决的基础性问题。从制度变迁来看,我国农村金融扶贫经历了单一由政府全面管控,到政府主导、引导金融机构,社会公众广泛参与模式的转型。如在区域瞄准为主的扶贫开发时期,我国主要采取政府贴息贷款的扶贫制度,而到了全面建成小康社会与精准扶贫时期,我国一方面坚持完善政府贴息贷款的

扶贫制度;另一方面提出了建立多种类型金融机构和共同扶贫的目标,构建了鼓励农村合作性金融机构、商业性金融机构、农村政策性金融机构、新型农村金融机构、社会公益组织等全面参与的农村金融扶贫模式。农村金融扶贫具有明显的正外部性和社会公共利益性。同时,扶贫性金融产品和服务供给必须建立在市场化运行基础上,因而,农村金融扶贫不应由政府单方供给。政府一方面应加强对农村金融扶贫供给的引导、调控与监管;另一方面政府不能替代市场机制。我国应突出市场机制的基础性调节作用,以建立商业化可持续的农村金融扶贫法律制度。因此,我国农村金融扶贫法律制度应确立政府主导、市场化运行的基本原则和制度规范。政府的主要定位为强化对农村金融市场的调控,保障农村金融扶贫基础设施供给,采取措施引导和激励金融机构及社会公众参与农村金融扶贫,保护扶贫对象金融权利等。政府职能的逐步调整,为我国农村金融扶贫立法、制度构建与创新奠定了基础。

我国政府重视农村金融扶贫机构建设。2016 年 4 月,中国银监会推动国家开发银行、农业发展银行设立扶贫金融事业部。保监会推动行业成立中国保险业产业投资基金和中国保险业公益扶贫基金。此外,政府引导金融机构在农村贫困地区建立金融扶贫服务站,为农村贫困者获得便利金融服务提供制度保障。此外,许多地方政府制定了农村金融扶贫服务站管理制度,如中国人民银行长沙中心支行与湖南省扶贫办联合印发《湖南省贫困村金融扶贫服务站建设工作方案》,决定在全省 8000 个贫困村全面开展金融扶贫服务站建设。① 农村金融扶贫服务站管理制度是农村金融扶贫法律制度的重要创新,为保障农村贫困者的基本金融服务获得权,落实农村金融扶贫政策与法律提供了有效的组织保障。

我国政府不断优化农村金融扶贫调控和金融服务创新引导功能。中国人民银行于 2016 年创设了扶贫再贷款制度。2015 年 12 月,中国人民银行制定了《支农再贷款管理办法》。2016 年 3 月,中国人民银行制定了《关于开办扶贫再贷款业务的通知》。同年 6 月,中国人民银行印发《扶贫再贷款管理细则》,规范扶贫再贷款管理,提高精准扶贫政策效果。创设的扶贫再贷款制度,专门用于贫困地区金融机构扩大涉农信贷投放,以促进贫困地区

---

① 陈宝树,曹平苹. 湖南省着力推进金融扶贫服务站建设[EB/OL]. (2016-05-12)[2019-12-07]. http://news.hexun.com/2016-05-12/183823096.html? xw/91114/qc1ku.

金融机构增加对扶贫对象的信贷支持。目前,我国在农村扶贫再贷款资金的使用管理、发放对象、定价机制等方面不断完善。调研显示,2016年以来,湘西土家族苗族自治州累积发放了18亿元的扶贫再贷款,撬动涉农贷款100多亿元,地方金融机构用扶贫再贷款资金发放的涉农贷款低于平均利润4.5个百分点。如湘西土家族苗族自治州所辖县市建立了6个"人民银行扶贫再贷款政策引导、政府设立扶贫贷款风险补偿基金、银行按照放大比例发放扶贫贷款"示范点,创建了泸溪县紫砂陶瓷厂等48个扶贫再贷款示范点,直接带动了8208户贫困户脱贫致富。

(二)农村金融扶贫对象瞄准方面

我国农村金融扶贫经历了从瞄准贫困区域、瞄准贫困农村,到瞄准贫困区域、贫困村、贫困户三者结合的发展过程。在制度变迁过程中,我国农村金融扶贫瞄准对象逐步明确为农村贫困者与带动农村贫困者脱贫的主体。如2014年3月,中国人民银行、国务院扶贫开发领导小组办公室等联合制定的《关于全面做好扶贫开发金融服务工作的指导意见》明确规定金融扶贫主要对象为农村贫困农户、大学生村官、妇女、进城务工人员、返乡农民工、残疾人等群体,劳动密集型企业、小型微型企业等弱势群体。2016年3月,中国人民银行、国家发展改革委、财政部、中国银监会、中国证监会、中国保监会、国务院扶贫开发领导小组办公室等七部门联合制定的《关于金融助推脱贫攻坚的实施意见》明确规定金融扶贫对象为建档立卡贫困户,吸收贫困人口就业、带动贫困人口增收的等特色产业,贫困地区企业等主体。由此可见,我国农村金融扶贫对象主要为农村贫困户、返乡农民工、农村小微企业,以及对农村贫困者具有带动作用的农村劳动密集型企业、农村合作社等新型农村经营主体。由于这些主体自身具有脆弱性与金融排斥等原因,往往难以获得其生产所需要的金融服务。精准瞄准这些扶贫对象,保障其发展生产所需的金融资源,创新农村金融服务和农村金融扶贫供给制度,有利于推进农村金融扶贫模式和农村金融扶贫法律制度创新。农村金融扶贫对象的逐步精准瞄准,为创新农村金融扶贫主体制度,推进我国农村金融扶贫法律制度效果优化奠定了良好基础。

(三)社会主体参与机制方面

改革开放以来,我国非公有制经济、社会组织、公民个人等社会力量逐渐发展壮大,社会扶贫资源不断增多,社会公众逐步成为重要的农村金融扶贫力量之一。促进社会公众参与农村金融扶贫,一方面有利于释放社会扶贫潜力和丰富金融资源供给;另一方面有利于降低政府扶贫成本,促进政府主导的多中心参与治理的体制建设。我国逐步重视对社会公众参与农村金融扶贫的引导和鼓励,建立了一些相关政策与规范。如《中共中央 国务院关于打赢脱贫攻坚战的决定》提出构建"专项扶贫、行业扶贫、社会扶贫互为补充的大扶贫格局"。《关于金融助推脱贫攻坚的实施意见》提出"吸引社会资本参与扶贫"。

（四）扶贫对象和扶贫的权利义务规定方面

加强农村扶贫对象的金融权利保护,是增加其获得必要金融服务机会的条件,也是提升其与政府、金融机构等进行平等协商能力的基础。我国虽然尚没有专门法律法规直接规定农村扶贫对象的金融权利,但从相关法律规范和实践来看,作为扶贫对象的农民贫困者、农村新型经营主体及贫困地区等的金融权利逐步被承认,权利内容不断扩大,农村扶贫对象的金融权利法律机制逐步得到确立。农村扶贫对象获得金融服务权、优惠信贷权、金融服务扶持权等基本权利的实践基础已经具备,为相关法律法规从农民基本权利高度来规定农民基本金融权利、农村金融扶贫对象金融权利与保障措施等奠定了基础。明确与强化政府、金融机构等农村金融扶贫主体的法律义务,是保障扶贫对象的权利,强化农村金融扶贫规范约束性,促进农村金融扶贫法律制度实施的基础。目前,农村金融扶贫法律制度对政府、金融机构等扶贫主体的义务的规制不断强化和具体化。相关农村金融扶贫法律法规不仅明确规定了政府的扶贫贴息贷款资金保障义务、扶贫金融组织建设义务、扶贫贷款投向规范义务等,也规定了银行等金融机构探索开发适合贫困地区现代农业发展特点的贷款专项产品和服务模式等义务。如中国人民银行、财政部、国务院扶贫开发领导小组办公室、中国农业银行印发的《扶贫贴息贷款管理实施办法》第三条、第六条、第七条都明确规定了中国农业银行在扶贫贴息贷款的发放、完成发放计划、与扶贫部门共同确定贷款项目等方面的义务。对农村金融扶贫主体义务和对象金融权利的探索性规定,为推进相关规范和制度创新奠定了基础。

二、尚存问题

（一）政府定位不够精准

精准定位政府职能是强化政府的农村金融扶贫功能,也是实现农村金融精准扶贫和农村金融扶贫主体法律制度建设的关键。目前,农村金融扶贫法律制度中,政府职能存在定位不精准的问题。首先,过于强调政府在农村金融扶贫中的管控作用。政府是农村金融扶贫的主导者,但不是包办者,更不是管控者。目前,我国政府主导农村金融扶贫工作的启动、运行和对其的监督,对市场机制在农村金融扶贫中的基础性调节作用认识不够,对金融机构、社会组织等参与金融扶贫的动力激励不够,致使金融机构、社会公众等将农村金融扶贫当作政府的事情,导致政府负担过重,影响农村金融扶贫的精准性。其次,政府主导作用缺位问题。目前,农村金融扶贫法律制度存在农村金融基础设施弱,金融机构动力不足等问题,其中的重要原因在于政府调控职能定位不准与职能缺位并存。最后,政府职能缺乏有效约束问题。目前尚未有对政府农村金融扶贫职能的约束性法律规范,从而难以对政府职能偏离、缺位等问题进行有效规制。

（二）金融机构扶贫缺位与错位问题并存

引导和促进金融机构参与是农村金融扶贫主体法律制度核心和关键所在。如何构建金融机构协作机制,是农村金融扶贫主体法律制度建设的重点。1996年8月,国务院印发的《关于农村金融体制改革的决定》就明确提出我国农村金融体制改革的目标是建立和完善以合作性金融为基础,商业性金融和政策性金融分工协作的农村金融服务体系。2014年3月,中国人民银行、财政部、银监会、证监会、保监会、扶贫办、共青团中央联合印发的《关于全面做好扶贫开发金融服务工作的指导意见》提出:"进一步发挥政策性、商业性和合作性金融的互补优势。"构建以农村合作金融机构扶贫为基础,其他形式金融机构全面参与的扶贫机构体系,是我国农村金融扶贫主体制度创新的基本路径。但是,从目前各类农村金融机构法律制度来看,农村金融扶贫机构存在较为突出的缺位与错位问题。

第一,农村合作性金融机构职能错位。目前,我国农村合作金融机构缺乏合作性、互助性,农村信用社异化为农村商业性金融机构的问题较为突出,导致其经营背离服务"三农"的根本目标。作为新兴的农村合作金融机构——农村资金互助社,尚存在规模有限,成员权利不明确,参与治理保障机制缺乏,产权制度不完善,由内部人员把控等问题突出,也难以有效发挥农村金融扶贫的基础性作用。

第二,农村商业性金融机构职能缺位。目前,我国从事农村金融扶贫的商业性金融机构主要有农业银行、农商银行、证券经营机构及商业性保险机构等。农村商业性金融机构扶贫主要受《公司法》《商业银行法》《证券法》《保险法》，以及中国人民银行制定的《农村商业银行管理暂行办法》等的规制。但是，上述法律法规仅就农村商业性金融机构的支农、扶贫义务做了一些宣示性、号召性的规定，尚没有就农村商业银行扶贫义务进行具有法律约束力的规定。另外，尽管农村商业银行不断朝市场化方向发展，逐步实现了股权的多元化，但就整个农村商业性金融机构而言，仍然是国有金融机构占据主导地位，真正的农村民营金融、私营金融、非国有控制金融、混合所有制金融还未出现。① 现有农村商业性金融机构与农村金融扶贫的需要明显不相适应性，加之农村商业性金融机构天然以追逐营利性为内在目标，从而在现有制度背景下其缺乏参与农村金融扶贫的内在动力。

第三，农村政策性金融优势难以发挥。农村金融扶贫法律制度的政策性源于扶贫对象的"弱势性"和目标的"公益性"。中国农业发展银行率先成立扶贫金融事业部，为农村金融扶贫提供强力的组织保障。2015 年 9 月，中国农业发展银行与国务院扶贫办签署了《政策性金融扶贫合作协议》，明确了中国农业发展银行要发挥自身优势，加大贫困地区金融服务力度，促进贫困地区经济社会发展和贫困人口脱贫致富的目标，如从 2011 年至 2015 年，其累计投放贷款 3000 多亿元。目前，农村政策性金融扶贫制度供给明显滞后，调整农村政策性金融的法律法规仅为 1994 年出台的《关于组建中国农业发展银行的通知》《农业发展银行章程》等。此外，农村政策性金融扶贫功能定位不清，导致常在政策性和营利性边缘摇摆，而且农业发展银行的产权主体为国家，主体单一。在现有产权制度下，中国农业发展银行一方面具有政企合一的主体性质，导致了经营目标双重性、经营活动非独立性、经营管理被动性，另一方面又容易形成行政机关式的组织结构模式和作风，使得农业发展银行难以真正发挥政策性功能。②

第四，新型农村金融机构职能异化。新型农村金融机构增加了农村金融扶贫供给主体，一定程度上缓解了农村金融供给失衡的局面。但是由于政府对新型农村金融机构产权的不合理限制，农村金融基础性设施不完善，

---

① 王煜宇.农村金融法律制度改革与创新研究：基于法经济学的分析范式［M］.北京：法律出版社,2012.

② 王煜宇.农村金融法律制度改革与创新研究：基于法经济学的分析范式［M］.北京：法律出版社,2012.

自身经营管理制度滞后,缺乏有效监管等原因,新型农村金融机构扶贫能力不足和激励不足,出现"脱农离农"等异化问题。

第五,非正规金融扶贫缺乏制度规范。非正规金融是农民特别是贫困农民的重要融资方式,具有克服正规金融信息不对称等问题的优势,对农村金融扶贫起到一定作用。但非正规金融仍被法律定性为非法金融,缺乏合法地位。加上非正规金融主要是熟人之间的借贷,或是为获得高利润的借贷,因而总体处于不规范、运行风险高的状态,从而难为农村反贫困提供持续的金融支持。

从银保监会发布的相关数据来看,我国银行业金融机构 2018 年底的数量与 2017 年底相比基本处于持平状态(见表 7-1),但农村合作银行、农村信用社、农村资金互助社、村镇银行、贷款公司等农村金融机构却呈现出一种零增长或者负增长的态势,而这几类金融机构恰恰是农村金融扶贫的主力,也是农村普惠金融体系建设的基础。因此,加强作为农村金融扶贫主体的农村金融机构制度建设是农村金融扶贫法律制度创新的重要内容。

表 7-1　2017—2018 年我国金融机构数量　　　　　　　　单位:个

金融机构类别	2017 年数量	2018 年数量
开发性金融机构	1	1
政策性银行	2	2
国有大型商业银行	5	6
股份制商业银行	12	12
金融资产管理公司	4	4
城市商业银行	134	134
住房储蓄银行	1	1
民营银行	17	17
农村商业银行	1262	1427
农村合作银行	33	30
农村信用社	965	821
村镇银行	1616	1610
贷款公司	13	10

续表

金融机构类别	2017 年数量	2018 年数量
农村资金互助社	48	45
信托公司	68	68
融资租赁公司	69	69
消费金融公司	22	23
其他金融机构	14	14

（三）扶贫对象瞄准不够精准

目前，我国相关农村金融扶贫政策与法律法规将扶贫对象瞄准为贫困农户、返乡农民工、残疾人等群体，劳动密集型企业、小型微型企业等弱势群体。但在实践中，由于瞄准偏差和权力异化等原因，大部分农村贫困者难以有效获得扶贫贴息贷款、扶贫小额信贷等，而有时福利性的扶贫金融服务被非贫困者，甚至农村富裕者所获得，从而导致农村金融扶贫目标偏离和落空。扶贫对象瞄准不够精准的原因在于：一是农村贫困群体界定标准模糊。虽然我国划定了绝对贫困线，也建立了扶贫对象的建档立卡制度，但总体上对贫困界定标准存在简单化、格式化等问题，加之权力寻租和法律对农村贫困者缺乏明确规定等原因，往往导致难以对扶贫对象精准瞄准。二是农村贫困者的金融需求不足也是影响瞄准精准性的重要原因。农村金融扶贫虽然具有公益性和扶弱性，但也必须建立在市场化运行基础上。因而地方政府与金融机构倾向于将扶贫性金融资源配置给效率较高的大中型农业企业或非贫困者，加上法律约束机制缺失，从而导致农村金融扶贫瞄准偏离等问题出现。

（四）社会公众参与缺乏法律规制

虽然我国已经建立一些激励社会公众参与农村金融扶贫的制度，但尚未有法律明确规定社会公众要参与农村金融扶贫。目前，社会公众参与扶贫仅作为一项鼓励性政策而存在，对社会公众参与农村金融扶贫的领域、途径、激励措施及权利义务等缺乏明确规定。相应法律法规缺乏，不仅导致社会公众参与农村金融扶贫缺乏法律的正当性，而且影响社会公众参与农村金融扶贫的有效性和规范性。

第二节　农村金融扶贫主体法律制度问题的成因分析

一、城乡二元体制

城乡二元体制是具有中国特色的城乡治理体制,是影响我国政治、经济乃至文化政策的主要因素,也是深入分析和理解城乡发展差距和农村金融扶贫法律制度问题的重要钥匙。我国城乡二元体制始于新中国成立初期,20 世纪 50 年代中后期逐渐形成,并逐步得到强化。新中国成立之初,为实现工业化,中央制定了以统购统销为核心,以农业集体化和户籍制度等为制度保障的"以农补工"政策。① 1953 年 11 月,政务院通过《关于实行粮食的计划收购和计划供应的命令》规定:"生产粮食的农民应按国家规定的收购粮种、收购价格和计划收购的分配数量将余粮售给国家。"②统购统销政策的核心目的在于强化政府对农村产品定价的控制和支援城市与工业发展。统购统销政策的实施,关闭了粮食自由市场,割裂了农民与城乡市场的联系,农民失去了自由支配粮食的权利。③ 为顺利推进农产品统购统销,1953年底,中共中央发布《关于发展农业生产合作社的决议》,正式推进农村集体化。农村集体化是方便国家对农村管控,固化农民身份的制度设置,进一步强化城乡分治,强化城市和工业优先发展战略。1955 年 6 月,国务院颁布《关于建立经常户口登记制度的指示》,开始实施城乡差异化的户籍管理制度。户口登记制度区别了城市人口和农村人口,户口成为城乡分离的符号,依附于户口的就业制度、教育制度、粮油供应制度、社会福利保障制度、政治制度共同构成了一整套城乡二元制度体系。④ 户籍管理制度是城乡二元体制形成的基本标志,也是破解城乡二元体制的最大难题。20 世纪六七十年代,我国城乡二元体制进一步得到强化。国家对工农产品价格实行严格的

---

① 辛逸,高洁. 从"以农补工"到"以工补农"——新中国城乡二元体制述论[J]. 中共党史研究,2009(9):15.

② 中共中央文献室. 建国以来重要文献选编:第四册[M]. 北京:中央文献出版社,1993.

③ 周作翰,张英洪. 城乡二元体制的建立:农民与市民的制度分野[J]. 湖南师范大学社会科学学报,2009(2):5.

④ 李晓曼,张顺. 中国城乡二元体制的形成及其变革[J]. 经济与管理研究,2013(4):125.

计划管理,人为抬高工业产品的价格、压低农产品价格,以"剪刀差"形式剥夺农民,从农民身上获取巨额利益。[①] 城乡二元体制的运行,促进了城市和工业的优先发展和快速发展,对保障我国在短期内构建齐备的重工业体系,提高国际竞争力起到重要作用。但是,城乡二元体制加剧了农村的贫困与落后,是造成"三农"等问题形成的直接原因。党的十一届三中全会到党的十六大期间,我国为破除城乡二元体制、改变城乡二元结构,做出了很多努力。[②] 真正从整体、全局角度系统破解城乡二元体制始于中共十六大。中共十六大以来,党中央明确把解决好"三农"问题放在全党工作重中之重的位置,提出统筹城乡经济社会发展的方针,建立"以工促农,以城带乡"的长效机制。[③] 党的十六届三中全会提出了"建立有利于逐步改变城乡二元经济结构的体制";党的十六届五中全会提出了"建立以工促农、以城带乡的长效机制";党的十七大提出了"建立以工促农、以城带乡长效机制,形成城乡经济社会发展一体化新格局";党的十七届五中全会提出了"按照推进城乡经济社会发展一体化的要求,搞好社会主义新农村建设规划,加快改善农村生产生活条件";党的十八大提出了"促进城乡要素平等交换和公共资源均衡配置,形成以工促农、以城带乡、工农互惠、城乡一体的新型工农、城乡关系";党的十八届三中全会提出了"形成以工促农、以城带乡、工农互惠、城乡一体的新型工农城乡关系"。党的十六大以来,在国家干预和市场机制作用下,城乡二元结构逐步消除,城乡关系逐步走向公平和和谐,但城乡二元体制尚未根本消除。城乡二元体制的稳定性恰恰在于城乡利益再平衡的成本高。[④]

　　金融是社会资源再分配的重要媒介,在推进城乡发展一体化中肩负着重要功能。[⑤] 由于城乡二元体制是造成农村金融与农村金融扶贫法律制度出现问题的重要原因,城乡金融出现分离,金融二元结构产生,城乡金融发

---

① 周作翰,张英洪.城乡二元体制的建立:农民与市民的制度分野[J].湖南师范大学社会科学学报,2009(2):6.

② 国务院发展研究中心农村部课题组.从城乡二元到城乡一体——我国城乡二元体制的突出矛盾与未来走向[J].管理世界,2014(9):3.

③ 陆学艺,杨桂宏.破除城乡二元结构体制的当前对策[J].人民论坛,2013(21):54—56.

④ 周世军.城乡二元体制藩篱为何难以打破——基于制度经济学的一个理论阐释[J].理论月刊,2017(1):159.

⑤ 国务院发展研究中心农村部课题组.从城乡二元到城乡一体——我国城乡二元体制的突出矛盾与未来走向[J].管理世界,2014(9):10.

展权利不平等。城乡优先发展战略不仅要求对城市金融给予特别扶持,而且要求农村金融支持城市金融发展,农村金融资源通过储蓄方式不断流入城市就是典型例证。首先,城乡二元体制是造成农村金融扶贫法律制度理念和原则滞后的重要原因。在城乡二元体制下,金融发展必然追求效益特别是经济效益,而轻视公平性和普惠价值。目前农村金融扶贫法律制度强调金融效益、金融安全,而不重视金融公平和金融普惠价值,这与城乡金融二元体制有着内在的关联。城乡二元体制是阻碍农村金融扶贫法律制度指导理念变革的重要原因。其次,城乡二元体制是造成农村扶贫法律制度供给不足问题的重要原因。在城乡二元体制下,不仅农村金融法律制度建设从服从城市金融发展的需要出发,而且导致农村金融法律制度的供给严重不足。为促进城市优先和快速发展,不仅压抑了农村金融需求和法律制度建设需求,而且导致农村金融扶贫主体和制度供给严重不足。最后,城乡二元体制是造成金融机构扶贫动力不够的重要原因之一。城乡二元体制必然导致国家优先满足城市建设金融资源的需求,即使也有针对农村扶贫的金融优惠制度,但在强大和高效的城市建设项目前面显得吸引力不够。可见,城乡二元体制是造成农村金融扶贫主体法律制度出现问题的根本原因。破除城乡二元体制,强化对农村金融的倾斜性扶持,促进城乡金融真正平等发展是农村金融扶贫法律主体制度创新的重要条件之一。

二、农村金融严格管控政策

新中国成立后,我国快速建立了中央高度集权的计划经济模式。在政治上实行中央集权制度,在经济上实行计划控制制度,在产权上实行国家垄断。在高度集权的体制下,绝大部分金融资源由政府控制与配置,经济主体并非独立的经营主体,其生产经营活动由政府通过计划的方式进行管控。毫无疑问,农村金融资源的分配也完全由政府管控,农村金融市场主体难以形成。并且,为配合国家重工业优先发展、城镇优先发展战略,农村金融资源通过农村金融机构源源不断地从农村输送到城市。政府管控的金融体制是造成农村金融资源萎缩,农村金融制度落后的重要原因之一。1978年改革开放以来,伴随农村家庭联产承包责任制的改革,农村生产力大大得到释放,农村商品经济和市场经济逐步建立,从而使得严格管控政策逐步突破,农村金融市场逐步建立。伴随农村金融服务需求供需的增多,农村金融体系建设加快。1979年2月,中国农业银行成为从事农村金融业务的专业银行。1993 年国务院发布《关于金融体制改革的决定》,计划在 1994 年基本完成县联社的组建工作。1994 年 11 月,中国农业发展银行正式成立。1995 年大量组建了农村信用合作银行。2004 年以来,为拓展农村金融资源,强化对农村扶贫开发的金融支持,国家逐步放开农村金融市场,出台了一系列促进和规范新型农村金融机构发展的政策,鼓励为"三农"服务的各种新型农村金融机构发展。可见,政府日益通过市场机制来推进农村金融发展,农村金融市场化程度和农村金融资源供给量不断提高。但从总体来看,我国农村金融市场依然处于政府严格管控之下。具体表现为:第一,农村金融市场改革都是政府强制推动的制度变迁。如果没有政府的强力推动,农村金融市场与法律的变迁难以推进。政府是驱动农村金融改革的基本力量,如在连续多年的中央一号文件中始终将农村金融政策作为农村经济政策的一部分。[①] 第二,农村金融市场依然是公有资本支配的市场。所有民间资本进入农村金融市场的体制机制阻碍已经被破除,但是目前不管是农业银行、农业发展银行,还是农村信用合作社、农村商业银行、村镇银行等,都是国有资本或集体资本占支配地位。第三,农村正规金融垄断农村金融市场,对非正规金融实施压抑政策,大部分非正规金融只能以非阳光化的形式运行。在严格管控的农村金融政策下,政府习惯于依靠政策而不是法律来对农村金融市场进行调控。严格管控的农村金融政策是农村金融机构难以有效建立和农村金融主体问题的重要原因之一,是农村金融扶贫主体法律制度过于强调政府功能、行政化严重等问题的根源之一,也是农村金融扶贫法律制度政策性、不稳定性的重要原因之一。

三、农村金融商业化制度改革

我国农村金融改革基本上是沿着商业化、市场化的路径推进的。农村金融商业化改革主要通过股份制激活原有金融机构,引入新型农村金融主体,以完善农村金融体系,提高农村金融的市场化水平。2000 年,我国开始对国有独资商业银行实行股份制改革。2003 年,国务院下发了《深化农村信用社改革试点实施方案》,提出"积极探索和分类实施股份制、股份合作制、合作制等各种产权制度"的产权改革原则。2004 年以来,中国银行、中国建设银行、中国工商银行接连实行了股份制改革。其后,这三家股份制银

①　郭连强,祝国平.中国农村金融改革 40 年:历程、特征与方向[J].社会科学战线,2017(12):41.

行分别上市。在此原则指导下,各地纷纷将农村信用合作社纳入农村商业银行、农村合作银行的改革范围。譬如 2007 年,县域四家大型商业银行机构的网点数为 2.6 万个,比 2004 年减少 6743 个;金融从业人员 43.8 万人,比 2004 年减少 3.8 万人。[①] 农村金融商业化改革更是快速推进。素有农村金融主力军之称的农村信用社在商业化改革过程中,大部分改制成农村商业银行,并从农村撤并了大量经营网点。农村商业银行的定位决定了农村信用机构必然以资本回报率为经营目标,而忽视服务"三农"的功能定位。[②] 2007 年末,农村信用社县域网点数为 5.2 万个,分别比 2004 年、2005年和 2006 年减少 9087 个、4351 个和 487 个。[③] 2006 年以来,我国农村金融实施以增量改革和存在改革并举的改革思路,在继续推进现有农村金融机构改革的基础上,引入了村镇银行、小额贷款公司、农村资金互助社三类新型农村金融机构,这对于引导资金流进农村、促进农村金融市场竞争具有重要意义。村镇银行和小额贷款公司设立的初衷是解决"三农"融资问题,但是由于金融资本具有天然的逐利性,农村市场利润微薄,资金实力不够雄厚,贷款业务量受到限制,涉农贷款不良率居高不下等问题,加之政府支持力度不足,由民间资本参与设立的新型商业金融机构盈利空间十分有限。[④]在竞争压力下,村镇银行、小额贷款公司等不得不逐渐偏离服务"三农"的功能定位,逐步将主要业务逐步转向城市商业化运行。

农村金融商业化制度改革是重塑农村金融机构市场主体地位,提高农村金融经营效率,破解农村金融产权主体不明等难题的重要举措。但是,农村金融商业化改革与农村金融服务"三农"目标存在明显的冲突,导致农村金融扶贫偏离了普惠目标,成为诱发农村金融扶贫主体法律制度问题的重要原因之一。在金融商业化制度改革背景下,农村金融扶贫主体法律制度必然以金融效益、金融安全为基本价值目标,而对实质公平、整体效益、农村贫困者金融权利保护等理念与原则往往难以顾及。此外,农村金融商业化改革也是使得农村金融扶贫主体将农村金融扶贫视为政治性、政策性任务,

---

① 岳彩申,刘中杰.农村金融制度改革的路径反思与转换[J].经济法论坛,2013(1):341.
② 郭连强,祝国平.中国农村金融改革 40 年:历程、特征与方向[J].社会科学战线,2017(12):341.
③ 郭连强,祝国平.中国农村金融改革 40 年:历程、特征与方向[J].社会科学战线,2017(12):342.
④ 岳彩申,刘中杰.农村金融制度改革的路径反思与转换[J].经济法论坛,2013(1):342.

缺乏内在动力的基本原因。在农村金融商业化改革目标下,政府和农村金融机构等缺乏农村金融扶贫的内在动力,也就不会主动推进农村金融扶贫机构、金融扶贫产品、金融扶贫交易制度创新,也不会去构建稳定、规范的农村金融扶贫程序法律制度。

第三节　农村金融扶贫主体法律制度创新对策

一、构建政府主导、多主体参与治理的农村金融扶贫体制

政府职能现代化是农村金融扶贫法律制度创新的内在需要和主体法律制度创新的关键。我国应推进服务型政府、有限政府、责任政府建设,强化农村金融扶贫中政府的服务、引导及促进等职能,尽量缩限和约束限禁、命令控制等管控性权力,以适应农村金融扶贫管理体制变革的新要求。构建政府主导、多主体协同参与治理的农村金融扶贫体制,是破解城乡二元体制和变革农村金融严格管控政策的基本要求。多主体参与治理的农村金融扶贫体制并非单纯的政府权力与市场、社会权利的重新配置,而是农村金融扶贫体制的深层次变革,意在形成多元主体共治的现代化主体关系。

传统单主体治理强调全能政府,依赖管制、限禁工具来实现治理目标。单中心的官僚科层组织模式必然增加主体合作治理的难度,导致资源和权力的过度集中,从而分散地方政府等的权力。多元主体参与治理必然要求政府适度分权,使金融机构、社会组织等主体获得更多的治理权和能力,从而有利于通过对话、协商等方式,达成主体利益平衡。政府主导的多中心治理体制内在要求推进传统管制型政府向治理型政府转换,实现政府职能的民主化、现代化与科学化。当前,我国主要依靠政府权威推进农村金融扶贫。在政治压力和政府权威保障下,政府通过行动发起、建立组织、整合资源、分配任务、专项整治、监督检查、落实责任等来推进农村金融扶贫。但是,依靠政府权威推进的农村金融扶贫存在明显的被动性、政策性、运动性等问题,常常因金融机构等主体参与动力不足、运行成本高等原因而难以持续。这种政府职能定位与现代化的农村金融扶贫主体法律制度难以兼容。强化政府的引导、调控与服务职能,弱化政府的管制、限禁职能,是农村金融扶贫主体法律制度创新的内在要求。

　　政府主导的多主体参与治理的农村金融扶贫体制是与现代农村金融扶贫法律制度相匹配的治理体制。我国应以此为目标引领农村金融扶贫体制变革和主体法律制度创新,以形成政府机制、市场机制、社会机制三者良性协作状态。政府主导的多主体参与治理的农村金融扶贫体制应从以下方面进行构建:第一,实现政府权力向市场、社会转移。政府主导的多主体参与治理的农村金融扶贫体制内在要求变革政府权力绝对主导的模式,形成权力与权力、权力与权利良性合作状态。现行政府分权是农村金融扶贫体制变革的内在要求。促进农村金融的中央权力向地方分权,适度增强地方自主权;适度增加金融机构、社会组织等的权利,促进政府权力向市场、社会转移,是政府主导的多中心参与治理的农村金融扶贫体制建设的合理选择。第二,强化政府治理能力建设。科学定位政府的主导功能,是农村金融扶贫主体法律制度创新的重要内容。应从政府治理能力现代化目标出发,强化政府对农村金融扶贫的引导、调控和监督,抛弃政府的农村金融扶贫细微化干预模式。第三,优化市场调节机制。发挥市场机制对农村扶贫的基础性作用,是金融扶贫与财政扶贫的区别所在。我国应在农村金融扶贫服务和产品供给、合同订立与履行、贷款担保等方面建立市场化调节机制,另外诸如财政扶持、税收优惠、考核评价等亦可发挥市场机制调节作用。第四,促进社会参与治理。在网络化、信息化快速发展的时代背景下,构建现代化的社会参与治理机制,形成包容性的政府与社会关系,对于革除传统严格管制的农村金融商业化改革弊端,提高农村金融扶贫治理整体效果十分重要。因此,应在推进政府职能等变革的同时,深化社会参与治理激励机制建设,形成社会与政府协同治理的良性状态。

二、构建开放型扶贫金融机构法律制度

　　扶贫金融机构是实现农村金融扶贫目的的主体,也是主体法律制度创新的重点。2014年3月,中国人民银行、财政部、银监会、证监会、保监会、扶贫办、共青团中央联合印发的《关于全面做好扶贫开发金融服务工作的指导意见》提出:"进一步发挥政策性、商业性和合作性金融的互补优势。"推进扶贫金融机构主体法律制度创新是我国农村金融扶贫法制转型和创新的重点。构建以农村合作性金融机构为基础,商业性金融机构协作,民间金融机构参与的开放型扶贫金融机构体系,是我国农村金融扶贫主体法律制度创新的基本思路。

（一）将农村互助社作为农村金融扶贫的基本机构

首先,将农村互助社作为合作性金融扶贫机构的基本形式,构建成员权利保护和参与治理保障机制,创新农村合作金融产权制度,强化其合作性。其次,提高农村互助社内金融合作的扶贫功能。确立农村互助社成员的内部金融合作的合法性,引导和鼓励农村贫困者参与内部金融合作,以释放农村合作金融的反贫困功能。

（二）明确商业性金融机构的扶贫义务

商业性金融机构具有资金实力雄厚,经营分支机构多等优势。在农村金融扶贫方面具有一定优势,但商业性金融机构追求营利最大化的目标会影响到农村金融扶贫。因此,强化商业性金融机构服务"三农"的激励与约束是促使其扶贫的基本路径。首先,应强化对商业性金融机构扶贫的激励,可采取财政支持、税收优惠、奖励等进行激励。其次,加强商业性金融机构约束机制,如规定商业性机构将吸收的农村存款的一定比例用于农村地区贷款。特别是作为农村金融扶贫重要主体的农村商业银行,则可规定其扶贫小额信贷供给义务,将农村商业银行参与金融扶贫状况作为评判其履行基本法律义务的主要指标。

（三）创新农业发展银行功能定位

将支持农村扶贫开发作为农业发展银行的新功能之一,推进其政企分离和去行政化改革,使其真正成为主要以实施农村扶贫的农村金融机构。调整农业发展银行的农村政策性金融定位,明确其参与农村扶贫的基本义务,逐步去除其经营性业务,强化其服务乡村振兴战略实施的能力。

（四）强化新型农村金融机构扶持"三农"的义务法律规制

进一步明确新型农村金融机构扶持"三农"发展的法律定位,强化其参与农村扶贫等的义务规制,将扶持"三农"作为其享受优惠政策的基本评价指标,建立违反扶持"三农"义务的法律责任机制。放松新型农村金融机构准入制度,鼓励民间资本设立新型农村金融机构。

（五）构建农村民间金融机构法律规制

目前我国农村金融扶贫组织仅仅限于正规金融机构,这不利于充分利用各种金融资源促进农村反贫困,也不利于引导农村民间金融和社会公益组织扶贫行为的规范发展。我国应以新发展理念、普惠金融理念、法治理念为指导,扩大参与农村扶贫金融主体范围,确定农村民间金融组织的正当法律地位和参与农村金融扶贫的主体资格,规范其参与范围和方式,并通过财政支持、税收优惠、荣誉奖励等引导民间金融、社会公益性资金参与农村金融扶贫。

（六）变革农村扶贫性金融机构权利配置模式

传统农村金融扶贫采取权力导向型的管制治理模式,以通过政府层级管理来推进农村金融扶贫,从而存在忽视金融机构和扶贫对象的权利等问题,导致金融机构的权利缺乏基本保障,制约其参与农村金融扶贫的内在动力。因而,应变革以权力为导向的金融机构的权利配置模式,保障农村扶贫性金融机构的金融服务和产品创新权利、扶贫性合同缔结权利等基本权利。明确政府在农村金融扶贫中处于主导而非管控地位。厘清政府在农村金融扶贫中的调控、监管、保障功能及实现方式,明确中央政府和地方政府在农村金融扶贫中的职责分工,强化地方政府的农村金融扶贫责任规制亦是农村金融扶贫法律主体制度创新的重要内容之一。

三、创新农村金融扶贫对象法律规制

精准瞄准农村金融扶贫对象,促进扶贫性金融服务供需动态平衡,是我国农村金融扶贫法律主体制度创新的重要内容。

（一）完善农村金融扶贫对象瞄准制度

目前,相关农村金融扶贫政策与法律法规将扶贫对象瞄准为贫困农户、返乡农民工、残疾人等群体、劳动密集型企业、小型微型企业等弱势群体,瞄准对象定位准确,但精准性有待提升。因此,应从以下方面完善农村金融扶贫对象瞄准制度:首先,应精准定位农村金融扶贫对象。一方面应按国家的绝对贫困线和建档立卡贫困户的标准出发来确立扶贫对象;另一方面也应建立综合动态的扶贫对象瞄准制度,并对具有发展生产能力的农村贫困者进行具体界定,为金融扶贫对象的精准瞄准奠定基础。其次,建立农村扶贫对象瞄准考核制度。制定扶贫对象精准瞄准的考核指标体系,定期对农村金融扶贫对象瞄准情况进行评价,以纠正瞄准偏差和提高瞄准精准度。最后,建立农村贫困者金融需求分析和对接制度。根据农村贫困者金融需求创新扶贫性金融产品和服务,建立农村金融扶贫与产业扶贫、技术扶贫等联动的制度。

（二）构建带动脱贫主体瞄准制度

在优化将农村金融扶贫对象精准瞄准为农村贫困者、贫困地区等基础上，将扶贫瞄准对象重点逐步转向能带动农村贫困者脱贫的农村新型经营主体、农村大中型企业等，是农村金融扶贫对象制度创新的思路。首先，相关法律法规对带动农村贫困者脱贫主体的认定标准及范围进行明确，以提升瞄准的精准性。其次，建立利益联结考核机制。带动脱贫主体精准瞄准对象的关键在于其能有效带动农村贫困者就业、发展生产等，进而提升其收益和自我反贫困能力，因而强化两者的利益联结考核是关键。我国应建立两者利益联结考核指标体系，将带动农村贫困者脱贫情况指标化和具体化，将考核情况与金融扶贫优惠待遇相联结，通过考核强化其扶贫带动效应，是提升农村金融扶贫绩效和促进农村产业发展的有效路径。最后，建立带动脱贫主体监督制度，强化相关信息公开，促进公众参与，建立多元的监督制度。

（三）构建保障农村贫困者金融权利制度

在农村金融扶贫实践中，农村贫困者总是无法与政府、金融机构等处于平等地位，其中重要原因在于权利的贫困与保障机制不健全。因此，增强农村贫困者的金融权利，确保其在金融服务供需中的平等地位，是我国农村金融扶贫法律制度创新的基本路径。我国应顺应农村精准扶贫、普惠金融建设战略发展和农村经济社会发展趋势的需要，不断扩大农村贫困者的金融权利种类与内容，逐步确定其具有获得金融基本服务权、优惠信贷权、参与金融发展权，金融知识宣传教育权、金融服务评价与监督权等金融权利，建立政府、金融机构履行义务机制，夯实金融权利实施保障机制。

四、完善社会公众参与农村金融扶贫法律制度

引导和鼓励社会公众参与农村金融扶贫法律治理，不仅可以充分利用丰富的社会资源来推进农村扶贫，而且可以提升政府治理的民主性和科学性，形成政府主导的多元主体协同治理的良性状态。因此，提升公众参与农村金融扶贫的能力和强化法律保障，是主体法律制度创新的内在要求。首先，确立社会公众参与农村金融扶贫的合法性依据。其次，明确社会公众参与农村金融扶贫的途径，规定社会公众参与设立农村金融服务机构、参与农村扶贫性金融服务供给、参与农村金融服务调控与监督等的途径。再次，健全社会公众参与信息公开制度。相关法律法规应就政府、金融机构、扶贫对

象等金融服务的相关信息进行公开，明确信息公开的要求、形式、程序与责任。最后，建立社会公众参与激励机制。通过适度的市场准入、财政支持、税收优惠、物质保障等激励工具，引导社会公众有效参与农村金融扶贫。

农村金融扶贫法律制度创新与运行内在要求变革传统的主体法律制度，构建多元主体协同共治的现代化主体法律制度。当前，我国农村金融扶贫实践中，政府的职能逐步合理、农村金融扶贫对象瞄准日趋精准、社会参与机制初步建立，并探索性规定了扶贫对象金融权利和扶贫主体义务，主体法律制度建设取得重要成效。但目前尚存在政府定位不够精准、金融机构扶贫缺位与错位交织、扶贫对象瞄准不够精准、社会公众参与缺乏法律保障等问题。城乡二元体制、农村金融严格管控政策、农村金融商业化制度改革是造成我国农村金融扶贫主体法律制度问题的重要原因。因此，我国应在逐步推进城乡一体化和农村金融发展基础上，构建政府主导的多主体参与治理的农村金融扶贫体制、构建开放型扶贫金融机构法律制度、创新农村金融扶贫对象法律规制、促进社会公众参与等，以推进农村金融扶贫主体法律制度创新，助力乡村振兴战略的实施。

第八章 乡村振兴背景下农村金融扶贫手段法律制度创新

扶贫手段是农村金融扶贫法律制度的核心,也是其反贫困功能发挥的制度基础。在推进政府职能转型,加强扶贫性金融机构建设的基础上,我国也逐步建立了诸如扶贫贴息贷款、小额信贷、农业保险、涉农证券、互联网金融等方面的扶贫手段法律制度。但从总体来看,我国农村金融扶贫手段尚存在规范零散、可操作性弱、政策性强等问题,尚难以有效保证农村金融扶贫功能发挥。农村金融扶贫手段法律制度的现状与问题是什么,如何构建与创新农村扶贫手段法律制度,如何利用现代化技术驱动扶贫手段创新,以保障农村金融扶贫手段有序和高效实施,提高农村金融扶贫整体效果,是理论与实践中需要解决的重要问题。

第一节 农村扶贫性贷款法律制度创新

一、农村扶贫性贷款法律制度现状与问题

(一)现状

因为农业生产存在特殊规律,农村贫困者的生产性金融服务需求往往具有需求量少、季节性强、风险性高、偿还期限长等特征。设计和开发适合农村贫困者和带动贫困者脱贫的农村新型经营主体等所需要的扶贫性金融产品和服务是实现农村金融扶贫法律制度创新的关键所在。在救济扶贫和开放式扶贫阶段,主要的农村金融扶贫手段为银行贷款。精准扶贫和脱贫

攻坚阶段,农村金融产品逐步增多。各类扶贫性贷款仍然是主要的扶贫手段,扶贫贴息贷款、小额信贷、农户联保贷款等扶贫金融与产品发展迅速。我国农村金融扶贫产品与服务制度创新的主要成效表现在以下方面。

第一,扶贫贴息贷款制度。扶贫贴息贷款是以实现扶贫为目的,利用信贷服务工具,以国家财政资金为资金来源,由政府和正规金融机构共同运作的政策性金融扶贫模式。①我国扶贫贴息贷款制度始于1986年,最初大部分贴息资金是直接贷给农户。2001年6月,中国人民银行、财政部等发布了《扶贫贴息贷款管理实施办法》,规定"能够带动低收入贫困人口增加收入的种养业"为扶贫贴息贷款主要支持的对象之一。2011年12月,《中国农村扶贫开发纲要(2011—2020年)》提出"继续完善国家扶贫贴息贷款政策"。2013年12月,《关于创新机制扎实推进农村扶贫开发工作的意见》提出"完善扶贫贴息贷款"。可见,完善扶贫贴息贷款制度是我国农村金融扶贫法律制度创新的重点。但是,随着瞄准重点的变化,扶贫贴息贷款直接流向农村贫困者的比例越来越低,大部分扶贫贴息贷款流向了基础设施行业和一些大中型农业企业。通过扶贫贴息资金发展的工业企业项目确实活跃了当地经济,为贫困劳动力创造了就业机会,并且为农村贫困者的农副产品提供了市场。②虽然扶贫贴息贷款依然在一定程度发挥了反贫困功能,但随着瞄准对象的项目化,农村贫困者脱贫效果虽然提升了,却出现了效果递减的困境。

第二,扶贫小额信贷制度。目前扶贫小额信贷大致包括三类:一是互助小额信贷制度。2006年5月,财政部联合国务院扶贫办在全国贫困地区实施"贫困村村级发展互助资金"项目,通过农村资金互助合作的方式向农村贫困者发放无抵押的小额贷款。互助资金首先通过财政扶贫资金投入和村民缴纳部分股金的方式来筹集资金,然后利用社员大会、理事会和监事会的治理模式进行管理,再通过联保方式为社员发借款,用于发展生产。③二是经营性扶贫小额信贷制度。这类扶贫小额信贷主要由农村信用合作社、商业银行、贷款公司等金融机构提供,政府给予贴息等扶持。如《贷款公司管

---

①　张伟,胡霞.我国扶贫贴息贷款20年运行效率述评[J].云南财经大学学报,2011(1):92.

②　张伟,胡霞.我国扶贫贴息贷款20年运行效率述评[J].云南财经大学学报,2011(1):92.

③　陈清华.村级互助资金与扶贫贴息贷款的减贫机制与效应比较研究[D].南京:南京农业大学,2017.

理暂行规定》明确贷款公司性质为："农村地区设立的专门为县域农民、农业和农村经济发展提供贷款服务的非银行业金融机构。"三是社会公益性小额信贷制度。这类公益性扶贫小额信贷由公益性社会组织出资设立，通过信贷支持进行生产。目前这类小额信贷缺乏法律规制，虽然扶贫性小额信贷的重要性不断凸显，其规模不断扩大。如到 2020 年 3 月，湘西土家族苗族自治州扶贫小额信贷贷款历年累计发放 19.12 亿元，风险补偿金注入总额 1.47 亿元，已使用 604.77 万元，累计贴息 1.34 亿元。[①] 为此，2017 年，中国银监会与财政部等联合印发了《关于促进扶贫小额信贷健康发展的通知》，完善和创新了扶贫小额信贷贴息对象管理、扶贫小额信贷用途、风险补偿机制等，构建了扶贫信贷产品和服务绩效评价制度，制定了差异化的授信和风险管理制度，完善了农村扶贫贷款风险容忍制度，从而有利于发挥扶贫小额信贷在农村金融扶贫中的核心作用。

第三，扶贫贷款运行模式创新制度。为支持农村扶贫和乡村振兴战略，金融机构探索推出了多种类型的贷款模式，采取"金融＋产业＋致富带头人＋贫困户""金融＋产业联盟＋合作社＋贫困户""金融＋龙头企业＋基地＋农户""龙头企业＋合作社＋农户"等贷款模式。这类扶贫贷款模式不仅提高了农村贫困者信贷的可获得性，而且有利于降低贷款金融机构的风险。

（二）存在问题

第一，扶贫贴息贷款制度目标偏离。目前，大部分扶贫贴息贷款自觉或不自觉以效率为目标取向，重点转向支持大中型农业企业和有利于贫困地区经济增长的项目，从而导致效率和金融扶贫公平目标存在冲突，扶贫目标偏离。如《扶贫贴息贷款管理实施办法》第七条规定："我国农业银行应主要在与扶贫部门共同确定的贷款项目库范围内挑选项目。发放贷款前，要征得当地财政部门和扶贫部门的认可。"由于扶贫贴息项目由地方的财政和扶贫部门共同认可，在地方政府竞争日趋激烈情况下，扶贫贴息金融资源流向与扶贫无直接关联的项目和富裕农户。

第二，扶贫贴息贷款风险较高。不良贷款数额大、占比高是困扰信贷扶

---

① 湘西自治州扶贫办. 湘西州：扶贫小额信贷助力农户渡疫情难关[EB/OL]. (2020-04-28)[2020-07-14]. http://fpb.xxz.gov.cn/zwgk_191/fdzdgknr/dtyw/gzdt/202004/t20200429_1668443.

贫工作最主要的问题。① 由于政治与社会目标的困扰,扶贫贴息贷款回收规范难以得到有效实施,加上农业银行自身管理不足等原因,扶贫贴息不良贷款率居高不下。此外,农村扶贫贴息主要依靠政策规范,尚未有法律法规对扶贫贴息关系进行调整。农村扶贫贴息主体的法律权利义务、实施保障机制等缺乏明确规定。

第三,扶贫小额信贷制度适应性较差。我国政府与金融机构联合推出了多种类型的扶贫小额信贷,为农村精准扶贫提供了一定的金融支持。但从总体来看,农村金融扶贫小额信贷规模有限,而且获得不易,从总体上难以适应农村扶贫对象的生产、产业发展需要。目前,扶贫小额信贷的最高贷款额度为5万元,超过5万元就享受不到优惠利率、贷款贴息等优惠政策,难以满足发展后劲足、带动贫困者脱贫能力强的农村新型经营主体的需要。而且,扶贫小额信贷贴息大都按照流程:农村贫困者申请—村委会初审—乡镇扶贫办审核—县扶贫办审批—县财政出账,过程复杂而且持续时间长,不仅影响农村贫困者获得扶贫小额信贷的积极性,而且影响运行效益。此外,目前主要依靠政策性文件而不是法律来规范农村扶贫小额信贷。

第四,农村金融扶贫交易制度不完善。金融交易关系是农村金融扶贫手段法律制度调整的社会关系之一,农村金融扶贫法律关系主要为交易关系。我国农村金融扶贫交易制度尚不完善:一是与农村金融扶贫主体制度相比,现有立法对农村金融扶贫的交易基础、交易合同、交易条件、扶贫对象交易权利保护、交易环境制度建设没有给予特别规范,致使农村金融扶贫交易法律制度严重缺失,影响农村金融扶贫市场化运行和可持续发展。二是农村金融扶贫交易利率制度尚未建立。一方面现有利率难以实现对农村金融扶贫风险的有效补偿;另一方面也存在利率难以合理反映农村金融资源供给状况,同时也难以消除金融扶贫套利的现象。三是农村金融扶贫对象交易权利保护的制度缺失。不仅对农村扶贫的基本金融权利缺乏全面规定,而且对其在农村金融扶贫交易中的权利倾斜保护机制缺乏设计,导致农村金融扶贫对象在金融交易关系中常处于不公平地位。

第五,农村金融扶贫担保制度不健全。缺乏必要的担保财产也是影响农村金融扶贫手段发挥作用的重要原因。目前,我国农村土地经营权、住房

---

① 国家统计局农村社会经济调查司. 中国农村贫困监测报告 2006[M]. 北京:中国统计出版社,2006.

财产权、林权抵押不仅面临一些法律障碍,而且缺乏社会化的价值评估制度、抵押权变现制度等。农村金融扶贫法律制度的持续发展要求创新农民财产性权利担保制度。《物权法》《担保法》等都禁止宅基地抵押。虽然我国法律没有明确规定农民住房不得设定担保,但基于我国实行的"房地一体"原则,两部法律均禁止宅基地使用权的抵押,也就意味着附着在宅基地上的农民住房财产权不能抵押。[①] 2016 年 3 月,中国人民银行、中国银监会、中国保监会、财政部、农业部共同发布了《农村承包土地的经营权抵押贷款试点暂行办法》,就农村承包土地的经营权担保问题进行了规定,但此规范效力层次低,不属于严格意义上的法律。

二、农村扶贫性贷款法律制度创新的主要目标

(一)降低融资成本

我国农村贷款扶贫面临高成本与低收益的主要困境,影响扶贫主体实施相关金融扶贫手段的内在动力和扶贫对象获取扶贫金融服务的积极性,因而降低成本是农村扶贫性贷款法律制度创新的重要目标之一。一是降低信息获得成本。根据规制理论,农村扶贫性贷款法律制度在信息完全条件下效果最优,但信息偏在是其必须面对的现实困境。政府、金融机构是农村贷款扶贫手段的主要供给主体,信息主要来源于扶贫对象等主体。不管规制主体通过何种方式获取信息,规制信息主要依赖于作为信息源的扶贫对象之意志。扶贫对象基于自身利益最大化考量,常常倾向于最大可能地规避管制性规范,隐瞒对其不利的信息,因而导致信息偏在难题。克服信息不对称和减少信息偏在,是激发金融机构扶贫动力和降低农村贷款扶贫运行成本的必然选择。因此,农村金融扶贫法律制度创新的目标之一是减少信息偏在。如何降低金融机构获取农村金融扶贫对象、服务供给等信息获得成本,以及如何激发农村金融扶贫对象提供相关信息的积极性,是农村金融扶贫法律制度创新的重要目标之一。二是降低金融业务成本。我国农村贫困人口大多分布在交通不便、金融机构网络覆盖度低的偏远地区,加上农村贫困者的金融服务需求具有金额小、频率高、时间急等基本特征而无法形成规模化效应,因而扶贫性金融服务无疑面临业务成本高的困境。如何降低

---

① 　赖丽华,谢德诚. 农民住房财产权融资担保法律制度研究[J].农业考古,2015(6):328.

运行成本为农村贷款扶贫法律制度创新的重要目标之一。

(二)减少运行风险

农村贷款扶贫面临风险高的问题。一是信用风险。农村贷款扶贫手段运用的领域为天然具有脆弱性的农业,农村贫困者的还款能力直接受其农业生产收益状况影响。而农业生产收益不仅受天气等影响,更易受市场行情影响,因而农村贷款扶贫往往面临较高的信用风险。二是道德风险。由于我国广大农民受教育程度较低,缺乏市场契约精神,加之信用体系和追偿机制不完善,"老赖"较多。[①] 此外,部分农村贫困者将贷款扶贫资金误认为是国家无偿资助而不用偿还,致使农村金融服务的违约道德风险较高。如何减少农村贷款扶贫运行风险是农村金融扶贫法律制度创新的目标之一。

(三)促进供需平衡

供需失衡是制约农村贷款扶贫手段持续发挥作用的重要问题之一。目前,我国建立的是以权力为导向的农村贷款扶贫体制与制度,对金融机构和农村扶贫对象权利缺乏应有重视,导致目前相关农村贷款扶贫手段和法律制度大多强调政府主导供给,农村扶贫金融、产品与农村贫困者的需求存在脱节现象。此外,农村贫困者大多缺乏必要的产业支撑,加上贷款扶贫与产业扶贫缺乏有效联动,一方面导致部分农村贫困者有效需求不足,对政府主导的农村金融扶贫供给认定度不高;另一方面导致政府主导供给的农村贷款服务被非贫困者甚至富裕者所获得。

三、农村扶贫性贷款法律制度创新对策

(一)优化扶贫贴息贷款制度

充分发挥扶贫贴息贷款制度对农村金融扶贫的支持和激励作用,是农村金融扶贫手段法律制度创新的主要内容之一。一是提高扶贫贴息贷款法律规制的层级,建议在相关法规中对扶贫贴息关系进行系统规制,具体就农村扶贫贴息主体的法律权利义务、实施保障机制等进行明确规定,从而强化扶贫贴息贷款法律规制的权威性。二是应扩大参与扶贫贴息贷款的机构范围,逐步将参与扶贫贴息贷款的主体扩展到所有银行类金融机构、非银行金融机构,从而有利于在参与机构之间形成有效竞争,提高扶贫贴息贷款的效

① 吴平凡.农村金融扶贫的难点与对策[J].人民论坛,2017(34):74—75.

率。三是在强化扶贫贴息贷款对"三农"项目瞄准基础上,建立扶贫贴息贷款直接瞄准农村贫困者比率限制性义务制度,创新法律规制路径。四是通过制度创新保障农村贫困者参与项目选择、监督和评估过程,促进扶贫贴息贷款的社会效应,提升其参与决策的权利保护。五是构建农村扶贫贴息合同制度,以合同形式明确农村扶贫贴息中政府、金融机构、扶贫对象等的法定权利义务。建立农村金融扶贫贴息与扶贫效果联结制度,将扶贫贴息获取与脱贫效果评价相结合。六是健全扶贫贴息贷款监督制度,建立保障农村贫困者、扶贫性社会公益组织等深度参与的监督机制,促进运行公正性。

(二)创新农村扶贫小额贷款制度

建立适合农村贫困者需要的扶贫小额贷款制度是农村金融扶贫法律制度创新的要求。一是创新农村扶贫小额贷款产品类型。我国政府与金融机构联合推出了多种类型的扶贫小额贷款产品,但在信贷额度、期限和用途等方面尚存在与扶贫对象需求不太一致的问题。因此,根据乡村振兴和农村产业发展战略需求,应促进农村扶贫小额贷款供需平衡和提高适切性。可在充分考虑扶贫对象需求基础上,通过多样化组合农村扶贫小额贷款主体、期限、金额及用途等要素,设计多种类型的服务产品。二是发挥农村合作金融的内生性优势,重点推进互助性扶贫小额贷款制度建设,发挥农村合作性贷款的信任和担保优势,强化其扶贫功能。三是适度扩大小额信贷申请主体的范围。在强化风险控制基础上,允许建档立卡贫困户之外有发展生产意愿的农村贫困者申请扶贫小额信贷,从而拓展其反贫困功能。四是简化农村扶贫小额信贷流程,促进信息公开,使扶贫小额信贷贴息由政府与银行直接对接,降低农村贫困者的贷款成本。

(三)完善农村金融扶贫交易制度

金融交易关系是农村金融扶贫法律制度调整的主要内容之一,推进农村金融交易制度创新亦是农村金融扶贫手段法律制度创新的重要内容,应从以下方面进行推进。一是构建农村金融扶贫合同制度。就农村金融扶贫合同的订立对主体、条件、权利义务、履行和法律责任等进行专项规定。特别是通过对传统合同理论的创新,对扶贫对象的权利进行倾斜性保护,并将政府作为农村金融扶贫合同参与主体之一。构建农村金融扶贫合同,可明确农村扶贫对象、政府、金融机构等主体在扶贫中的合同义务。二是创新农村金融扶贫交易利率制度,规定农村扶贫贷款可高于非扶贫贷款利率,并确定农村扶贫贷款利率的浮动空间,严厉打击高利贷和转贷套利行为。三是赋予农村贫困者紧迫需求借贷的单方强制缔约权。一般来说,满足农村贫困者紧迫的借贷需求对保障其生产经营与精准脱贫十分重要。在金融贫困日益严峻的背景下,针对农村贫困者为了生产、生活的紧迫需要提出的借贷请求,赋予农村金融组织强制缔约义务,以实现交易双方的利益平衡,督促农村金融组织履行社会责任,更具有现实意义。[1] 当然,对由于单方强制缔约而给金融机构所带来的交易风险,金融机构可通过农业保险、贷款保险以及要求政府给予合理风险补偿等方式进行有效规避。

(四)构建农民财产性权利担保制度

2010 年 7 月,中国人民银行、中国银监会、中国证监会、中国保监会共同发布的《关于全面推进农村金融产品和服务方式创新的指导意见》提出了"探索开展农村土地承包经营权和宅基地使用权抵押贷款业务"。2013 年 11 月,中共十八届三中全会通过的《中共中央关于全面深化改革若干重大问题的决定》提出了:"保障农户宅基地用益物权,改革完善农村宅基地制度,选择若干试点,慎重稳妥推进农民住房财产权抵押、担保、转让,探索农民增加财产性收入渠道。"2014 年 4 月,国务院办公厅发布的《关于金融服务"三农"发展的若干意见》也明确提出:"慎重稳妥地开展农民住房财产权抵押试点。"农村土地经营权、住房财产权、林权等是农民为数不多的财产性权利。构建农民财产性权利担保及流转制度,是驱动农村金融扶贫和金融创新,强化农民融资能力的制度创新。

第一,消除制约农民财产性权利担保的法律障碍。目前,虽然《担保法》等没有在可抵押的权利中提及林权,但有关于其他合法取得权利的兜底规定,也可以作为合法性依据。我国《物权法》《担保法》等对相关内容最为重要的修改是禁止宅基地的抵押规定,在有效保护农村集体的宅基地所有者权益基础上允许宅基地抵押。《农村土地承包法》修改后明确了农村土地经营权可以抵押。在此基础上,明确农村土地经营权、住房财产权、林权的担保条件、范围和运行方式。

第二,建立农民财产性权利评估制度。通过政府财政资金的引导和扶贫,建立农民财产性权利的评估机构、评估标准、评估效力及争议处理等制

---

[1]　张运书,高毅.普惠金融视角下农村金融组织社会责任的法律规制[J].东疆学刊,2013(1):77.

度,为农民财产性权利抵押制度运行提供基本保障。为加快评估机构建设,鼓励城市评估机构到农村从事农民住房评估业务,政府财政以购买服务的方式提供公共评估服务,引导评估机构降低评估费用,提高服务质量。[①]

第三,构建促进农民财产性权利担保变现制度。影响农民财产性权利担保权运行的重要因素之一在于其变现难。构建促进农民财产性权利抵押变现制度是破解问题的重要路径。一是我国应健全农民财产权担保登记制度。因为只有通过登记才能保障其公示和公信力,农民财产性权利担保变现才具有可能性。二是扩大农民财产性权利流转主体范围。目前,我国试点区域的农村房屋性财产权流转仅限于集体组织成员,而对农村土地经营权、林权流转主体没有限制。为促进农村房屋交易市场形成,建议在一定条件下扩大流转主体范围,允许城市居民、非集体组织成员成为农村房屋交易的合法主体。

第二节　扶贫性农业保险法律制度创新[②]

一、扶贫性农业保险的运行困境

农村是我国贫困人口集中区与反贫治理的核心区。对农民特别是欠发达地区的农民来说,一场突如其来的灾害可能会将其再次推向贫困的境地。因而充分发挥农业保险的化解农业风险、稳定农民收入、防控农民因灾致贫与返贫、保障国家粮食安全战略等作用,是推进农村精准扶贫、精准脱贫的内在需求。我国自然灾害频发,农业发展面临高风险。如民政部《中华人民共和国 2019 年国民经济和社会服务发展统计公报》表明,农作物受灾面积1926 万公顷,其中绝收 280 万公顷,直接经济损失 27.9 亿元。农业高风险产业和弱质产业的特性,内在需要发展农业保险制度,以保障稳定与可持续发展。自我国农村金融深化改革以来,农业保险逐步得到重视与发展。如2013 年,我国农业保险保费收入 306.6 亿元,同比增长 27.4%,向 3177 万

---

① 陈文胜.推进农民住房财产权改革的路径[J].中国乡村发现,2016(5):68.
② 谭正航.精准扶贫视角下的我国农业保险扶贫困境与法律保障机制完善[J].兰州学刊,2016(9):167—173.

受灾农户支付赔款 208.6 亿元,同比增长 41%。2013 年,农业保险中主要农作物承保面积突破 10 亿亩,保险金额突破 1 万亿元,参保农户突破 2 亿户次。[①] 近年,我国农业保险经营规模不断扩大。如农业保险保费收入从 2007 年的 51.8 亿元直线上升到 2018 年的 572.65 亿元,2019 年达到 680 亿元。提供的风险保障从 2007 年的 1126 亿元增加到 2019 年的 3.6 万亿元,服务农户从 4981 万户次增长到 1.8 亿户次。[②] 我国农业保险对于加强农业风险控制,推进乡村振兴起到了重要作用。但是,从精准扶贫视角来看,农业保险扶贫还存在一些突出问题,制约其扶贫功能发挥。

(一)扶贫对象识别不精准

精准识别与精准瞄准扶贫对象,是保障农业保险扶贫功能惠及农村弱势群体、提高农业保险精准扶贫功效的基础。我国农业保险扶贫对象识别不精准问题突出,首先,我国大部分农民无法获得农业保险扶持。虽然目前主要农作物的覆盖率已经超过 50%,但是还有大量的主要农作物没有纳入农业保险保障范围。特别是贫困地区,大部分有需求的农村贫困者还无法获得农业保险保障。其次,我国农业保险没有建立精准识别机制,参与农业保险实行自愿原则,而部分有需求的农村贫困者因保险信息滞后、保险费缴纳能力等原因而无法获得基本农业保险服务。最后,由于农业保险商业化经营与农村贫困者保险意识不强等原因,面临比较高风险的农村贫困者缺乏农业保险扶持,而农业保险福利被经济基础好的农户、农业中小企业获得,制约其扶贫功能的发挥。

(二)项目安排不精准

根据农业经营面临普遍风险、被扶贫对象需要保险项目是农业保险精准扶贫的要求。目前,我国保险扶贫普遍存在有效需求不足,供给缺位等突出问题,主要原因在于农业保险扶贫项目安排不精准。首先,农业保险种类与农户、农业的需求缺乏对接。一些风险集中的农业生产项目没有被纳入保险范围与缺乏政府支持,而一些政府规定的保险项目农村贫困者需求不足。其次,农业保险品种单一,缺乏针对性与可选择性。现行农业保险产品以省为单位统一规定,实行统一费率、统一保额,农村贫困者的可选择余地

① 周文杰.中国政策性农业保险效率研究——基于交易成本角度[J].保险研究,2014(11):33.

② 江帆.2019 年农业保险提供风险保障 3.6 万亿元、服务农户 1.8 亿户次[EB/OL].(2020-01-11)[2020-07-20].http://www.chyxx.com/industry/202006/877626.

很小。① 但由于各地生产基础、条件与成本存在差异,统一化的产品可能也无法适应需要。最后,大部分农业保险扶贫项目缺乏从提高农村贫困者自我脱贫能力方面进行设计,造血功能不强。

（三）保险补贴不精准

自 2007 年开始,国家对纳入政策性农业保险的项目给予财政补贴。但政策性农业保险补贴存在补贴不精准、不合理等问题。首先,农业保险补贴率低,难以真正补偿农村贫困者的成本与损失。财政部估计,农业保险保障水平与直接物化成本的差距,全国平均水平在 35% 左右。② 其次,仍然采用单一的保费补贴方式,使经营农业保险的公司缺乏积极性,也使农业保险供给缺乏竞争性,极大影响了农业保险供需协调发展。③ 再次,补贴标准与补贴政策缺乏差异性。保险费率、保费补贴缺乏差异性的优惠照顾,无论各县市经济基础如何,均规定采取一刀切的固定比例分担原则,缺乏对贫困县地方财政的考虑。④ 最后,农业保险补贴激励不够。由于目前农业补贴率低、补贴项目单一、地方政府财政承担能力有限等原因,农业保险对农村贫困者、保险公司以及地方政府等的激励不够,因而各主体参与农业保险的积极性不高。

（四）到户措施不精准

精准扶贫要求在精准瞄准农村贫困者基础上,针对扶贫对象的特殊性与精准脱贫要求,制定、实施针对性措施,保障扶贫措施与资金精准到户。目前,我国农业保险精准到户措施不足。首先,很少有农业保险机构、政府部门根据扶贫对象特点和发展需要,设计农业保险产品,针对性进行农业保险知识宣传,满足扶贫对象的需要。其次,我国农业保险基础设施不完善,特别是贫困地区更为缺乏农业保险服务,从而难以保障保险扶贫精准到户。最后,我国农业保险扶贫与产业扶贫到户措施缺乏联动机制,没有有效利用扶贫到户建档立卡的信息。

---

① 黄延信,李伟毅.加快制度创新 推进农业保险可持续发展[J].农业经济问题,2013(2):5—6.
② 郭佩霞.反贫困视角下的民族地区农业保险补贴政策研究——以四川省凉山彝族自治州为例[J].经济体制改革,2011(6):60—61.
③ 刘从敏,张祖荣,李丹.农业保险财政补贴动因与补贴模式的创新[J].甘肃社会科学,2016(1):96.
④ 郭佩霞.反贫困视角下的民族地区农业保险补贴政策研究——以四川省凉山彝族自治州为例[J].经济体制改革,2011(6):60—61.

(五)运行绩效不高

我国农业保险在推进农村脱贫方面取得了一定的成效,但其运行的总体绩效不高。首先,农业保险对防控农民因灾致贫与返贫能力不够,农业保险的保障功能有限。其次,农业保险公司经营效益不高,普遍亏损,经营难以持续。最后,农业保险扶贫与农业信贷扶贫、农业产业扶贫等缺乏有效联动和协调机制,总体上处于单兵作战状态,扶贫整体绩效不高。

二、扶贫性农业保险困境成因的法律分析

造成上述农业保险扶贫精准度不高的原因众多,既有农业产业风险高、农业保险经营管理体系机制不顺、农业保险扶贫力度不够等原因,也有农业保险法律制度不完善等原因。其中,主要原因在于我国扶贫性农业保险法律保障机制不完善。

(一)农业保险定性不准

虽然《农业保险条例》对农业保险范围进行了界定,但对农业保险的定性规定得极为模糊,只是在第三条笼统规定:"国家支持发展多种形式的农业保险,健全政策性农业保险制度。"从实践来看,目前我国农业保险经营机构大多数采取商业化经营与政府适当补贴的模式,农业保险机构的基本目标定位为营利。可见,我国农业保险实践倾向于定性为商业性保险而非政策性保险。农业保险的商业保险定位,必然使得农业保险经营机构在农村扶贫时,首先考虑的是其经营效率和经济利益,而不是农村金融公平与农村贫困者保险权利保护。因而在保险对象识别、保险产品开发、保险措施采取等方面都会难以首先考虑农村扶贫开发的需要,必然致使农业保险扶贫困境出现。

(二)农业保险扶贫立法保障不健全

随着国家对"三农"问题的重视与农村金融制度创新的推进,我国农业保险法律制度得以产生。2002年修订的《农业法》首次提出了"国家建立和完善农业保险制度"。2009年,《保险法》也提出了"国家支持发展为农业生产服务的保险事业"。2012年,国务院颁布了专门调整农业保险的行政法规——《农业保险条例》。除此之外,政府还颁布了一些调整农业保险扶贫的政策性文件,如2014年,中国人民银行等颁布的《关于全面做好扶贫开发金融服务工作的指导意见》提出"积极发展农村保险市场,构建贫困地区风

险保障网络";2015年,《中共中央 国务院的关于打赢脱贫攻坚战的决定》提出:"扩大农业保险覆盖面,通过中央财政以奖代补等支持贫困地区特色农产品保险发展。"目前,我国调整农业保险扶贫的规范主要为政策性文件、行政法规与规章,还没有全国人大及人大常委会制定的法律。从总体来看,调整农业保险扶贫的法律规范效力层次较低、政策性色彩浓厚、权威性不够。其次,农业保险扶贫法律法规缺乏法治理念引领,大多强调政府对农业保险的管理,而轻视政府权力规制和农民保险权利保障,致使政府扶持农业保险发展义务、农村弱势者保险权利保障等难以落实。最后,虽然相关法律法规对农业保险扶持农业、农户发展进行了规定,但对农业保险扶贫瞄准与识别、农业保险扶贫项目安排、农业保险扶贫补贴、农业保险扶贫绩效评价等制度缺乏规定,致使农业保险扶贫的推进缺乏基本规范保障。

（三）农民保险权利配置不合理

虽然农民基于逐利本性而可能会出现故意制造保险事故、损毁保险标、放任灾害损失扩大等败德或违法犯罪行为,但相对于农业保险机构而言,作为投保人或被保险人的农民,无疑处于弱势地位。而在现代社会,作为防控农业风险、提升农民自我发展能力的农业保险对农村扶贫开发无疑十分重要。可以说,农民能否获得必要的农业保险服务,直接关涉农民的生存与发展问题,因而农业保险权具有基本权利的性质。为此,对农民特别是作为扶贫对象的农村贫困者在农业保险权利方面进行倾斜性保护,具有正当性。虽然《农业保险条例》第十一条明确规定,农业保险人在保险标的陷于危险境地时负有守约义务,保险机构不得主张对受损的保险标的残余价值的权利等强化农业保险人的义务等制度设置。但是,并没有从农民基本权利高度来规制农民农业保险权利,没有规定农民的基本农业保险服务保障权、紧急状况单方缔约权、参与农业保险发展权、保险受教育权等重要农业保险权利,也没有规定政府、农业保险经营机构应承担的基本保障义务。农业保险权利配置不合理直接影响农业保险扶贫功能发挥,导致农业保险精准扶贫难以实施。

（四）农业保险扶贫激励与约束机制不健全

商业性农业保险机构具有内生的逐利性和短期偏好,对于投入大、见效慢、利润差的农业保险扶贫缺乏内在动力与积极性,因此构建激励与约束机制对于驱动农业保险扶贫极为重要。我国农业保险精准扶贫出现困境的重要原因之一在于农业保险激励约束机制不健全。我国农业保险制度不仅对被扶贫者激励不足，也对保险经营机构、地方政府激励的规定极为不完善。《农业保险条例》对作为扶贫对象的农民规定了补贴激励机制，但由于补贴率低、补贴项目少，从而导致整体激励效用不大。对农业保险经营机构来说，虽然《农业保险条例》规定了对其给予财政补贴、税收优惠等，但是由于规定缺乏实施机制保障而难以落实。从约束制度层面来看，我国农村保险扶贫法律机制极为缺乏。不仅对政府保险扶贫责任机制缺乏规定，更是缺乏对保险经营机构、社会组织等主体的保险扶贫义务及法律责任的规定。

三、扶贫性农业保险法律制度创新对策

乡村振兴战略目标的实现，离不开农业保险的有效支持。因此，我国应立足于农村扶贫开发需要，完善农业保险扶贫法律保障机制。

（一）准确定性农业保险

农业为弱质产业和高风险产业，因而农业保险具有正外部性。农业保险理应与一般的商业农业保险相区分。农业保险无论是在政策支持，还是在监督管理等方面，都要充分发挥"政府主导"作用。[①] 将农业保险定性为政策性保险符合我国农业发展现状与趋势的内在需要，有利于有效保护农民特别是农村贫困者的农业保险权利，彰显政府在农业保险中的主导地位，有效确定农业保险机构的经营模式。政策性农业保险必然要求政府承担基本保障义务，从而促进政府重视农业保险扶贫功能，为克服农业保险扶贫瞄准与对象识别不精准、保险项目安排不精准等问题，强化农业保险供给奠定了基础。此外，政策性保险有利于建立适合我国国情的农业保险经营模式。目前，我国农业保险市场存在着多种经营模式，比较具有代表性的有："政府补贴推动、商业化运作"的上海安信模式、"商业化运作、综合性经营"的吉林安华模式、"相互式"保险的黑龙江阳光模式，以及浙江省的"共保体"模式等。[②] 由于农业保险定位不准，大部分运作模式中农业保险经营机构的法律地位、保险经营风险分担及政府农业保险扶持措施等都处于不明确状态，从而在一定程度上引发了农村保险市场失灵与扶贫困境。政策性保险必然要求农业保险经营实行政府主导、市场化运行的模式，农业保险机构主要由

① 张涛.我国农业保险立法的制度构建[J].西北农林科技大学学报（社会科学版），2016(2)：137.
② 李卓.我国强制性农业保险法律制度研究[D].长春：吉林大学，2012.

政府投资设立,以实现扶贫等政策性功能为首要目标。再者,政策性保险定位必然要求农业保险经营者根据扶贫对象需要开发保险扶贫项目,提供针对性服务,从而有利于畅通供需机制、理顺利益关系。因此,我国农业保险应定性为政策性保险,并依据政策性保险运行规律健全农业保险精准扶贫制度。

(二)构建扶贫激励约束法律机制

构建有效的激励与约束机制是我国完善农业保险扶贫法律保障机制须解决的关键性问题。首先,我国应在农村保险机构的设立、税收、再贷款、保险补贴等方面建立优惠制度,以保障政策性农业保险机构,特别是商业性保险机构有效参与农村保险扶贫与获得合理利益。其次,建立地方政府保险扶贫激励制度。可在农业保险机构设立、地方官员晋升等方面构建激励制度。保障农村贫困者的金融权利,助推农村精准脱贫不仅是政府应承担的基本责任,也是保险机构应承担的重要责任。再次,更为重要的是要构建农业保险扶贫约束机制。我国农村保险扶贫法律制度也应规定农业保险机构要保障农村弱势者基本保险需要,在农村合理设立分支机构和服务平台,开发适合农民需要的保险产品,并建立相应的考评监督机制与法律责任机制,从法律层面加强对其扶贫的约束。构建公众参与绩效评价立法机制,保障绩效评价的针对性和民主性。[①] 最后,明确规定政府及时对保险扶贫进行补贴、保障农村弱势者农业保险权利、优化农村保险服务基础设施、组织保险知识教育等义务,并规定违反义务的责任与责任落实机制,以强化政府对农业保险扶贫的约束。

(三)建立扶贫协作法律机制

建立农业保险扶贫与产业扶贫、信贷扶贫等协作的法律机制,是放大农业保险扶贫功效,形成扶贫合力,全面提升扶贫绩效和精准性的重要进路。我国农业保险扶贫协作法律机制应按以下方式建立:首先,农业保险机构、信贷部门、财政部门等要建立扶贫工作定期会议和联席会议制度,农业保险扶贫与产业扶贫、信贷扶贫、财政扶贫等扶贫方式建立联动机制。其次,应建立农业保险机构、信贷机构、产业部门、财政部门等的农业保险产品、服务

---

① 谭正航.论我国区域基本公共服务均等化的立法完善——以缩小区域收入差距为视角[J].吉首大学学报(社会科学版),2014(2):79.

创新联动机制,建立扶贫小额贷款保险、特色优势农产品保险、产量保险、收入保险等各类创新产品制度。最后,以保障农民基本保险权利与强制性保险为原则,为农村贫困者建立财政性的小额扶贫保险制度,以保障其获得基本农业保险服务。

(四)优化扶贫风险防控法律机制

强化农业保险扶贫风险防控,是提高扶贫精准性和可持续性的内在要求,也是防控农村金融市场风险的需要。我国农业保险扶贫风险防控法律制度应从以下方面进行优化,首先,构建农业保险再保险制度,分散农业保险扶贫风险。其次,从提高保险业扶贫的精准度和有效性出发,在贫困地区专设保险监管分支机构,延伸保险监管触角与改善监管服务水平。进一步深化行政审批制度改革,将具有地方区域特色的保险产品备案审批权限下放到省级保监局。在贫困地区机构批设及核准高管任职事项上,体现差异化支持,加大政策倾斜力度。[①] 最后,建立贫困地区差异化监管制度。为推进农业保险机构在贫困地区设点经营,在风险可控情况下,就保险机构设立条件、风险监管指标、高管人员任职要求等建立差异化制度,在强化有效监管的基础上促进农业保险快速发展。

第三节 扶贫性农村互联网金融法律制度构建

一、扶贫性农村互联网金融的优势

互联网金融(ITFIN)是依托大数据和云计算在开放的互联网平台上形成的功能化金融业态及其服务体系,包括基于网络平台的金融市场体系、金融服务体系、金融组织体系、金融产品体系以及互联网金融监管体系等,并具有普惠金融、平台金融、信息金融和碎片金融等相异于传统金融的金融模式。[②] 互联网金融是互联网技术和金融功能的有机结合。随着互联网技术的广泛使用、智能终端的普及以及金融业的不断创新,作为一种新型的金融

---

① 周延礼.关于保险业服务精准扶贫工作的调研报告[EB/OL].(2016-06-15)[2019-03-24].
　http://dangjian.people.com.cn/n/2015/0925/c117092-27636192.html.
② 皮天雷,赵铁.互联网金融:范畴、革新与展望[J].财经科学,2014(6):23.

业态,扶贫性农村互联网金融对传统金融模式的理念、机制和运行方式带来了很大冲击,也为农村金融以及农村金融扶贫手段创新带来新的机遇。随着农村农业现代化和乡村振兴战略等全面推进,"三农"领域的金融需求日益增加。据《中国"三农"互联网金融发展报告(2017)》的统计,我国"三农"发展的资金缺口大约为 3 万亿元。近年来,国家十分重视农村互联网金融发展。2016 年,中央一号文件提出"引导互联网金融、移动金融在农村规范发展"。2019 年,中央一号文件提出"全面推进信息进村入户,依托'互联网＋'推动公共服务向农村延伸"。"三农"领域的金融需求不断增加为农村互联网金融平台的发展壮大提供了众多机遇。为此,我国许多互联网企业和金融平台加紧在农村布局。在政府等多方主体的推动下,农村互联网金融得以快速发展。目前,扶贫性农村互联网金融平台主要有以大北农、村村乐、新希望为代表的农业服务企业旗下的农信金服、希望金融、惠民金服等平台;以阿里、京东、云农场为代表的大型电商平台旗下的蚂蚁金服、京东金融、借助财路通等平台。① 扶贫性农村互联网金融虽然面临不正当竞争、侵犯客户信息、经营风险高、易引发违法行为,但在农村金融扶贫中具有以下优势。

(一)成本优势

成本问题是制约传统农村金融扶贫手段法律制度和运行效果的重要因素。相对于传统的农村金融扶贫手段,扶贫性农村互联网金融具有明显的成本优势:第一,信息收集成本优势。信息是扶贫手段选择和运用的基础。传统的农村金融扶贫手段主要依赖政府、金融机构等收集信息,或由扶贫对象等提供信息,相关信息不仅面临收集物理成本高的问题,同时也面临因扶贫对象的道德风险等增加信息收集成本的问题。"由大数据和云计算技术支撑,资金供需双方生成的标准化信息能以较低的成本给出资金需求者的风险定价或动态违约概率,信息成本降低的直接结果是融资成本的降低。"②扶贫性农村互联网金融通过利用大数据、网络平台、物联技术等先进技术,能较为容易对小企业、扶贫对象的贷款风险做出准确判断,从而有利于降低信息收集成本。第二,业务缔结成本优势。在互联网金融背景下,扶

---

① 王姣,周颖.中国互联网金融平台在农村的布局与成效分析[J].农业经济,2018(12):101-103.

② 郭利华.金融扶贫:理论、政策与实践究[M].北京:知识产权出版社,2019.

贫主体和扶贫对象可通过互联网进行有效沟通、协调和缔结相关交易合同，相对于传统手段，扶贫性农村互联网金融参与者的协商速度快，成本也较低。

（二）风险控制优势

通过大数据建成广为覆盖农村贫困者等的征信系统，有利于扶贫性农村互联网金融加强对金融风险的控制。农村互联网金融企业通过大数据分析、云计算等现代化手段获得有关农村贫困者、农村新型经营主体等的信息，这些信息具有来源广泛、类型多样、范围广泛、真实度高等特征，并通过云计算和智能运算等能有效评价农村贫困者的信用，从而为农村扶贫性互联网金融服务提供征信支持，有利于精准识别扶贫对象，降低金融扶贫的风险。

（三）普惠优势

扶贫性农村互联网金融通过现代信息技术将众多投资者和有资金需求的扶贫对象连接在一起，具有广泛吸引民间资本参与，为农村贫困者提供便利、成本低廉的金融服务优势。十分简便的进入和退出投资机制，为扶贫性农村互联网金融广泛吸引民间资金参与扶贫提供了制度保障。互联网技术将传统的扶贫主体与扶贫对象的金融交易转移到线上，通过互联网金融平台和大数据技术实现了交易的规模化和标准化，从而有利于降低交易成本，惠及广大"三农"主体，为扶贫对象获得低成本的金融服务提供了有力保障。

二、典型案例：宜农贷与其法律规制

（一）宜农贷农村金融扶贫概况

宜信公司的公益理财平台——宜农贷成立于 2009 年 4 月。该平台主要为农村贫困者提供互联网信贷的 P2P（peer-to-peer）[1] 网络平台。通过宜农贷平台，社会爱心人士将资金出借给贫困地区需要帮助的农村借款人，支持他们发展生产与改善生活。宜农贷通过大数据、物联网等金融创新科技，为农村贫困者等提供个性化的金融服务。

宜农贷规定投资者的最低出借金额为 100 元，出借人不以营利为目的，象征性地收取年利率为 2% 的爱心回报，使受助者自己承担起改变生活、创造价值的责任。宜农贷规定申请借款人应具备以下条件：一是借款人必须属于"三农"范畴。二是借款人必须属于贫困人群，或为合作贷款机构认可的农村低收入者。三是借款人必须为 60 周岁以下的已婚女性。宜农贷采取 P2P 平台和小额信贷机构合作的债权转让模式,其运行主要分为三个步骤:一是小额信贷机构发放贷款。在对借款人信用状况等进行审核的基础上,由小额信贷公司与借款人签订协议。二是借款人债权转让及再出售。由宜农贷平台与小额贷款机构签订债权转让协议,由宜农贷平台的第三方账户出资购买借款人的债权。然后将借款人的债权打包成以 100 元为单位的小份额债权,出售给有闲散资金与慈善助农观念的投资者。三是借款人还款。贷款到期后,借款人按照协议约定将本金及利息还给小额贷款机构,再由小额信贷机构支付给宜农贷平台。①

（二）宜农贷法律规制实证分析

第一,宜农贷法律关系分析。宜农贷的法律关系主体有四个:个人投资者、P2P 宜农贷平台、小额信贷机构、借款人。主体之间存在三种法律关系:一是借款人与小额信贷机构的借贷关系,其中借款人为债务人,小额信贷机构为债权人。作为债权人,小额信贷机构有权对宜农贷借款人的信用状况进行调查和审核。小额信贷机构收到贷款申请之后,就会选派信贷员对申请人的信用状况进行调查和审核,并采集现场照片和收集相应的文字影像资料。在此基础上,小额信贷机构与借款人签订借款合同,并要求借款人签署五户联保的协议。二是小额信贷机构和宜农贷平台的债权转让关系。借款人的信贷申请通过审批之后,其相关信息就会由小额信贷机构上传到宜农贷的审批系统。通过审批后,宜农贷平台就会将借款人的相关信息发布到网站上,并与小额信贷机构签订借款债权转让协议。三是宜农贷与个人投资者的债权转让关系。宜农贷平台将借款人的债权打包分化成以 100 元为单位的小额债权,在平台上向个人投资者出售,投资者则自行选择认购份数,提交订单与付款后就完成助农投资交易。

第二,宜农贷面临法律困境。宜农贷面临的一些法律困境使其难以持续发展:一是合法性困境。宜农贷与个人投资者的债权转让实质上类似于吸收公众资金行为,因为平台的个人投资者具有不特定性,相关互联网平台目前尚没有从事金融业务的合法资格。二是权利义务配置的公平性困境。宜农贷目的在于公益助农,但实现主体权利义务的公平配置是其持续运行

---

① 中国的 P2P 基本于 2020 年 11 月中旬完全清零,P2P 时代落下帷幕。

的基础。目前,借款人的利息大部分归于与平台合作的小额贷款机构,但作为宜农贷主要风险承担者的资金出借一方,则只能获得小部分收益,导致权利义务配置不公平。宜农贷主体权利义务的不公平必然影响到投资者的积极性,因为,平台主要通过投资者的公益行为来维持运转。三是风险控制有效性困境。小额信贷机构的风险控制主要依赖于信贷员对借款人的风险把握。目前,小额信贷机构针对借款风险的管理流程相对简单,加上信贷员有可能为了扩大信贷规模和提高收益而尽量放松对借款人信用的审核和调查。而宜农贷对借款人的风险管理主要依赖于小额信贷机构提供的审核结论,难以对其信用风险和信贷员的风险控制能力进行有效评价。

三、扶贫性农村互联网金融的法律困境分析

(一)合法性困境

2015 年 7 月,中国人民银行等十部委发布了《关于促进互联网金融健康发展的指导意见》,首次系统明确了互联网金融的业务边界、业务规则和监管责任,确立了互联网金融平台的信息中介性质,规定其功能只能是为出借人和借款人提供信息交互、撮合、资信评估等服务,不得提供增信服务和从事非法集资等行为,从而为农村互联网金融平台运行提供了基本规范。2016 年 8 月,中国银监会、工业和信息化部、公安部、国家互联网信息办公室联合发布了《网络借贷信息中介机构业务活动管理暂行办法》(以下简称为《暂行办法》),具体对网络借贷行业管理体制、业务规则与风险控制、出借人与借款人保护、信息披露、监督管理等进行了系统规定,奠定了农村互联网金融借贷的规范依据。我国互联网金融虽然发展很快,但其合法性问题却一直没有有效解决。互联网金融以网络平台为媒介实现利益相关者的交易目的,但网络平台在交易模式中的法律地位及其权利义务边界并不明确。[①] 受行业风险集中暴露及监管趋严等因素影响,至 2019 年 9 月,正常运营的网络借贷平台减少至 602 家,行业成交量为 697.42 亿元,较 2017 年 6 月高峰值大幅下降 72.5%。[②]《暂行办法》虽然系统规范了作为信息中介

---

① 刘天利,顾颖,霍芙蓉.互联网金融模式创新的法律边界与规制[J].西北大学学报(哲学社会科学版),2017(3):58—64.

② 欧阳伶俞.P2P 网络借贷平台异化模式的风险分析与防控对策[J].中国银行业,2019(11):62—65.

的互联联借贷机构的基本行为,特别是禁止性行为规范。如《暂行办法》第十条规定网络借贷平台不得从事自融或者变相自融等十三项禁止行为。但是部分网络借贷平台为规避《暂行办法》,可能会将自身定义为非网络借贷的理财平台。另外,部分网络借贷平台的业务模式偏离信息中介以及服务小额信贷的定位,异化为信用中介性金融机构。① 但是,诸如 P2P 等网贷平台真正只从事信息中介业务的为数不多,大部分都以自有资金进行放贷,或者吸收投资者的资金设立资金池再进行放贷,收取借款人高额利息后付给投资人利息。可见,依据《暂行办法》等,大部分农村互联网金融平台的业务介于非法与合法之间,而农村互联网金融合法性问题影响到其功能发挥和正常运行。因此,在严格监管基础上确立互联网金融的金融中介的合法性地位,是扶贫性农村互联网金融发展中需要破解的现实法律问题。

(二)安全性困境

控制金融风险、保障金融安全是金融行业的永恒主题,也是扶贫性农村互联网金融持续发展的基本要求。虽然扶贫性农村互联网金融具有信息获得便利、交易成本相对低等优势,但也面临较为突出的安全性问题,而目前相关法律机制难以有效保障。第一,农村互联网金融运行安全法律规制不完善。目前农村互联网平台业务风险监管机制不完善,难以保障平台服务的安全性。如宜农贷平台借贷法律关系的主体有四个:个人投资者、P2P 宜农贷平台、小额信贷机构、借款人。小额信贷机构方的风险控制主要依赖于信贷员对借款人风险的把握。另外,存在风险审核较宽松、流程相对简单等问题。从整体来看,宜农贷面临高的风险。从此案例可见,由于相关法律规制不完善,农村互联网金融平台内在面临较高的法律风险。第二,扶贫性农村互联网金融服务欺诈风险防范法律规制不完善。一般来说,农村互联网的借贷主体大部分是因难提供有效担保而被传统金融机构拒绝借款的主体,因而其社会信用状况较差和风险承担能力总体不高;同时,农村互联网金融平台为了尽快促进交易,大多情况下不需要借款人提供相应证明材料,即便在提供证明材料的情况下,其也不会严格审核,这样就极易出现欺诈行为。但相关法律对农村互联网金融平台服务的欺诈风险防控缺乏规定,加上农村互联网金融平台的支农政策性压力,从而导致农村互联网金融及其

---

① 肖东生,毛丹. 我国 P2P 网络借贷的现状、问题及对策分析[J]. 时代金融,2016(2):172—173.

法律规制面临安全性困境。第三，扶贫性农村互联网金融管理违法风险高。农村互联网金融交易本质上是信用风险的交易。由于互联网金融的时空间离和"去中介化"特征，加之交易主体的有限理性，其信用风险较高。[①] 扶贫性农村互联网金融无法实施传统扶持性金融服务的催收手段，从而为了达到催收的目的，平台工作人员有时会对客户采取骚扰或威胁等违法手段。这不仅严重侵害了用户的合法权利，也影响扶持性金融服务的安全性和信任度。

（三）可持续性困境

扶贫性农村互联网金融作为金融服务和现代信息技术的融合，对农村金融模式和手段创新具有重要意义。但是，大部分农村互联网金融平台从一开始就以追求效益为根本目标，在政府压力下从事"三农"方面的互联网金融服务，明显存在内在动力不足、可持续性差等问题，因而，如何保障农村互联网金融平台运行的可持续性是其法律规制面临的困境之一。第一，扶贫性农村互联网金融因参与主体动力不足而难以持续。除部分社会组织和个人参与涉农互联网金融服务是基于非营利性外，大部分主体是基于营利性目标。另外，扶贫性农村互联网金融具有高风险、低收益的基本特征，因而导致相关主体内在动力不足。第二，扶贫性农村互联网金融服务和产品经营风险高，加上互联网技术安全性冲击，以及合法性问题导致的预期利益难以得到法律保护等原因，相关主体推进农村互联网金融服务和创新动力不足。第三，扶贫性农村互联网金融平台收益低。如宜农贷目的在于为农村贫困者提供必要的金融支持，但难以实现主体权利义务的公平配置，必然影响投资者的积极性。可见，可持续性问题是扶贫性农村互联网金融法律规制需要解决的重要问题。

四、扶贫性农村互联网金融法律制度的构建对策

（一）合理确立法律地位

作为金融产品和扶贫方式的创新，理应给予扶贫性农村互联网金融鼓励和适度包容。因此，第一，应明确扶贫性农村互联网金融的合法地位。建议在相关法律法规中制定一般性条款确定扶贫性农村互联网金融的合法性

---

① 刘艳平.互联网金融信息偏在的法律规制[J].南方金融,2019(10):7.

地位与违法行为边界,从而为扶贫性农村互联网金融的创新提供法律依据。第二,适当提高农村互联网金融平台非法集资的入罪门槛,避免直到平台经营不善或者倒闭等情况发生才追究相关主体责任。就目前我国农村互联网金融平台的发展状况来看,平台运营初期对投资者吸引力明显不够,所以大多数平台从运营开始,就以平台创建者的自有资金进行运营和放贷收息,逐渐设立了自己的资金池,以赚取利差。因此,为了防止非法集资制约对扶贫性农村互联网金融的发展,建议适当提高非法集资的入罪门槛,以便促进互联网金融包容发展。

（二）建立准入与退出制度

目前,我国相关法律法规对农村互联网金融平台的市场准入缺乏严格规定,其进入农村金融市场较为容易,这也是P2P等农村互联网金融平台爆发式增长和引发互联网金融风险的主要原因。因此,有必要建立适当的农村互联网金融平台准入制度,就农村互联网金融平台的注册资金、从业人员、管理制度等进行明确规定,以规范其市场进入和提升经营能力。第一,建立农村互联网金融平台市场准入的最低注册资金制度。具体就最低注册资金、缴存方式等进行明确规定。第二,建立农村互联网金融平台从业人员标准制度。明确对从业人员应具备的业务知识、资格证书、信用状况等进行规定,从而为监管部门对互联网金融平台准入监管等提供法律依据。第三,建立农村互联网金融平台业务准入制度,对其从事"三农"金融服务的种类,尤其是从事特定金融信用业务的条件和范围进行规定。同时,为促进农村互联网金融平台规范运行和降低风险,也应建立其退出制度。2016年诸多P2P平台的"跑路"事件,不仅损害投资者的合法权益,也影响到金融市场秩序和金融整体安全,因而有必要建立退出制度,以规范农村互联网金融平台退出。第一,建立农村互联网金融平台经营准备金制度,在平台运营不善而进行退出清算时,用风险准备金弥补投资者损失等。第二,建立农村互联网金融平台退出清算制度,就互联网金融平台的清算情形、主体及责任等进行明确规定。第三,建立农村互联网金融平台退出监管制度,监管部门可以根据其情况责令其重组整改,也可以要求其强制退出。

（三）完善信息披露义务

信息披露制度,不仅是保护扶贫性农村互联网金融平台投资者利益的需要,也是降低互联网金融市场风险、保障其稳健运行的基础。因此,应从以下方面完善扶贫性农村互联网金融信息披露制度:第一,建立农村互联网金融平台的金融服务信息定期披露制度,重点将金融服务的总体信用状况、偿还率、违约风险等相关信息进行披露,以使投资人及时掌握平台相关信息。第二,建立农村互联网金融平台融资者强制性信息披露制度。投资者和融资者之间的信息不对称是出现信息问题的关键。因此,应建立融资者强制性信息披露制度,及时向投资者披露融资者的经营状况、项目经营风险、历史违约信息等,特别是对于融资者融资成功后的资金偿付计划与能力要真实披露,保证信息的完整性和真实性。[①] 第三,建立扶贫性农村互联网金融平台信息披露责任规制制度,就信息披露违法行为及法律责任承担方式等进行规范,促进相关主体按要求持续性披露相关信息。

(四)强化消费者权益保护

强化农村互联网金融平台消费者权益保护,不仅是保护农村贫困者金融权利的需要,也是保护投资者的利益,促进农村互联网金融平台持续发展的条件。第一,应构建针对消费者保护的机构。从现有的相关法律来看,互联金融消费者维权途径不明确。当 P2P 网络借贷平台等出现违法违规行为时,消费者的维权机构不明确,发生投诉时,政府相关部门"踢皮球"的现象常有发生。[②] 因此,需要建立专门的互联网金融消费者保护机构,为农村互联网金融平台中的消费者投诉、维权提供专门性机构保障。第二,明确农村互联网金融平台工作人员保护消费者财产安全的基本义务。当平台工作人员违反国家法律法规,使得消费者遭受损失时,就应按无过错责任原则承担赔偿责任。第三,应健全农村互联网金融平台的消费纠纷非诉纠纷解决机制。一是可以设立专门的互联网金融仲裁庭,并选取熟悉互联网金融知识、仲裁经验丰富的法律专业人士组成仲裁庭。二是可以探索建立纠纷的网络调解机制,农村互联网金融消费者可通过网络自主选择调解人员,通过网络平台对纠纷进行调解,以实现消费纠纷的及时化解。

(五)构建激励机制

扶贫性农村互联网金融具有明显的正外部性,构建有效的激励机制是激发扶农的内在动力,促进其持续发展的基本路径。第一,建立农村互联网

---

① 邵贞.互联网金融的法律规制[J].人民论坛,2017(36):82—83.
② 何益群.我国金融消费者权益保护问题探析[J].法治论坛,2013(1):106—123.

金融平台准入特别制度。对从事乡村振兴扶持性的农村互联网金融平台实施特别性的监管制度,就市场准入、风险控制、监管标准等建立特别性规范,从而起到激励作用。第二,建立扶贫性农村农互联网金融税收优惠制度。根据其发展绩效,建立针对扶贫性农村互联网金融所得税、增值税等的优惠制度,以激发其从事乡金融服务的积极性。第三,构建扶贫性农村互联网金融的财政扶持制度,在对农村金融扶贫效果考核的基础上,建立相应的财政补贴机制,对其进行有效激励。第四,构建扶贫性农村互联网金融扶农激励配套机制。构建激励评价考核、监督机制,以强化激励机制的公平性、规范性,提升农村互联网金融平台扶农激励的整体效果。

扶贫手段是农村金融扶贫法律制度的核心,也是反贫困功能实现的制度基础。在推进政府职能转型,加强扶贫性金融机构建设基础上,我国逐步建立了诸如扶贫贴息贷款、小额信贷、农业保险、涉农证券等扶贫手段法律制度。农村扶贫贷款依然是我国农村金融扶贫的主要手段。我国应从优化扶贫贴息贷款制度,创新农村扶贫小额贷款制度,完善农村金融扶贫交易制度,构建农民财产性权利担保制度等方面持续推进扶贫性贷款法律制度现代化转型。随着农业自然灾害等增多,农业保险的保障农业安全和农村扶贫功能日益凸显。我国应从准确定性农业保险、构建扶贫激励约束法律机制、建立扶贫协作法律机制及优化扶贫风险防控法律机制等方面完善扶贫性保险法律制度。互联网金融对传统金融模式理念、机制和运行方式带来了较大的挑战,也为农村金融扶贫手段创新带来新的机遇和路径。引导互联网金融扶持农村发展,是农村金融扶贫法律制度创新的重要内容。我国应从确立合法地位、建立金融准入与退出制度、完善信息披露义务、强化金融消费者保护、构建激励机制等方面推进扶贫性互联网金融法律制度创新。

第九章　乡村振兴背景下农村金融扶贫保障性法律制度创新

　　我国农村金融扶贫法律制度一方面需要重视农村金融扶贫主体、手段法律制度创新；另一方面需要构建有效的保障性法律制度，为其运行和功能发挥提供有效保障。保障性法律制度亦是农村金融扶贫法律制度的重要组成部分。目前，我国农村金融扶贫尚存在效果不佳等问题，如何构建与创新有效的保障性法律制度是农村金融扶贫法律制度理论和实践中需要解决的重要问题。基于此，本章将重点从农村信用、监管、程序三个方面分析我国农村金融扶贫保障性法律制度创新问题。

第一节　农村信用法律制度创新

一、农村信用法律制度是农村金融扶贫法律制度创新的重要支撑

（一）农村信用法律制度影响农村金融扶贫法律制度创新的方向

　　现代经济本质上是信用经济。农村金融扶贫本质是建立在信用基础上的资金融通行为。目前，我国农村金融体系逐步建立，农村金融服务和产品不断丰富，但农村融资难、融资贵的问题依然突出，其中重要原因在于农村信用法律制度尚未建立。农村信用法律制度直接关系农村金融扶贫法律制度创新的成效与有序运行。首先，农村信用法律制度是农村金融扶贫法律制度创新的条件。农村金融扶贫法律制度创新关涉一系列的合同关系和利益配置，这些合同的安排、利益的调整与重新组合，如果没有农村信用法律

制度作为规范和保障，就难以有效推进。其次，农村信用法律制度影响农村金融扶贫法律制度创新程度。农村金融扶贫法律制度创新本质上是建立在农村信用基础上的制度创新。农村信用和农村信用法律制度状况直接影响农村金融扶贫主体、手段法律制度创新的方向与程度。

（二）农村信用法律制度可降低农村金融扶贫法律制度成本

农村信用法律制度是降低农村金融扶贫法律制度成本，提升农村贫困者收益的重要保障。首先，农村信用法律制度是减少农村金融扶贫信息偏在的保障。农村信用法律制度建设将有效降低金融机构、政府等的信息收集成本，有效解决因信息偏在而引发的农村金融扶贫道德风险和逆向选择问题。其次，农村信用法律制度能减少农村金融扶贫管控成本，为建设良好的农村信用体系奠定了基础，从而必将降低农村金融扶贫管控成本，这不仅有利于强化农村金融扶贫服务和产品法律制度创新，而且有利于降低农村金融扶贫成本和扶贫对象融资成本。

（三）农村信用法律制度可增进主体互信

农村金融扶贫主体和对象互信是降低农村金融扶贫法律制度创新成本的关键所在。目前，我国部分地方政府、金融机构对扶贫对象不够信任，主要基于政治压力等而参与农村金融扶贫。这样不仅导致扶贫主体缺乏提升扶贫对象持续反贫困能力的内在动力，而且导致农村金融扶贫服务和产品的供需失衡。农村信用法律制度是增进农村金融扶贫主体与对象互信的条件。首先，农村信用法律制度为扶贫主体掌握扶贫对象的信用状况提供了保障，从而有利于扶贫主体精准实施金融扶贫，提升扶贫对象对扶贫主体的认同。其次，农村信用法律制度有利于强化扶贫主体与扶贫对象的沟通和交流，不仅有利于促进扶贫主体对扶贫对象需求的精准了解，而且有利于扶贫对象对扶贫主体表达其意愿，从而增进两者互信。

二、农村信用法律制度存在问题

（一）农村信用立法不完善

2011 年 3 月，《中华人民共和国国民经济和社会发展第十二个五年规划纲要》提出了"加快社会信用体系建设"的总体要求。同年 9 月，中共中央、国务院印发的《关于加强和创新社会管理的意见》提出"建立健全社会诚信制度"。2013 年 3 月，国务院首次制定了《征信业管理条例》，就信用信息收集、加工及使用等进行了原则性规定。2014 年 8 月，国务院制定了《企业信息公示暂行条例》，具体就企业信息公示内容、方式及责任等进行了规范。2016 年 12 月，中共中央办公厅、国务院办公厅印发的《关于进一步把社会主义核心价值观融入法治建设的指导意见》明确提出要"加强社会信用体系建设，完善守法诚信褒奖激励机制和违法失信行为惩戒机制"。农村信用法律制度是国家社会信用体系的重要组成部分。加快农村信用法律制度建设是优化农村金融法律制度运行环境，强化农村经济社会发展的金融支持的必然选择。目前，我国农村信用立法尚处于不完善状态。此外，陕西、上海、河北、浙江等省市制定了地方性的信用立法。从总体来看，我国目前效力层级最高的为国务院制定的行政法规，但尚未制定关于信用及农村信用法律体系的立法。现有的相关立法规范主要从信用信息管理的维度来构建相关制度，缺少对权利保护与权力规制、信用公平等法治理念的指导。另外，相关立法明显滞后于实践需要。近年来，我国逐步加强了对个人信用信息征集、公共信用信息基础设施、营商环境等方面的制度建设，但大部分尚缺乏法律依据。因而加强农村信的立法十分必要。

（二）农村征信制度滞后

目前，农村信息征集缺乏基本法律规范，从而导致金融机构等在农户信息征集、加工、使用等方面受到较多制约。首先，农村征信管理体制不畅。目前，政府、金融机构基于不同目标建立了农村征信管理体系，但两者的征信标准、内容、应用与数据库建设处于分离状态。其次，征信缺乏整体共享与协调机制。居民个人分散在工商、税务、电信等部门的非银行信息仍未统一纳入个人信用信息基础数据库，信用信息"孤岛"现象严重。[①] 特别是公共信用信息与市场信用信息界限不清、交换共享的规则缺失，全社会信用信息孤岛和信息滥用现象同时存在。[②] 由于农村征信尚缺乏整体规划和协调，各机构信息征集等存在矛盾，影响农村征信效益和公信力。

（三）农户信用权缺乏规定

农户信用权是指农户依法享有的社会对自己经济能力进行客观评价的权利，它是农户信用的法律体现。农户信用权是农户信用法律关系的核心

---

① 林江鹏，许传华.我国农村信用体系建设制度创新研究[J].江西社会科学，2011(6):228.

② 韩家平.关于加快社会信用立法的思考与建议[J].征信，2019(5):2.

内容,[①]是农户基于信赖利益获得客观公正的信用评价的权利,是维护农户信用利益和金融权利的基础性权利。农户凭借其信用,除了可以从政府获得各种扶贫信用贷款外,还可以从民间组织、个人、商业企业、教育机构获得资金、技术信息和服务等其他形式的支持,这些对推进乡村振兴战略至关重要。[②] 从信用权利角度来保护农户的权利,不仅是提升农户特别是农村贫困者权利保护的需要,更是实现农村信用法治化的重要路径,但目前相关法律法规尚未明确规定农户信用权。

（四）农村信用激励与惩罚制度乏力

国务院出台的《社会信用体系建设规划纲要（2014—2020 年）》明确指出我国"覆盖全社会的征信系统尚未形成,守信激励和失信惩戒机制尚不健全;信用服务市场不发达"。目前,我国虽有信用激励与惩罚制度的实践,比如农村信用乡镇、信用村及信用户的评选活动,以及黑名单等惩罚制度,但是,农村信用激励与惩罚法律依据不足,工具有限,加上激励与惩罚力度不足,从而导致相关制度乏力。

三、农村信用法律制度创新路径

（一）加强农村信用立法

"为了使征信体系得到较全面的法律支撑,需以立法的形式确认个人信用征信体系中各方当事人的权利义务。"[③]加强信用立法是社会主义法治国家建设的需要,也是推进政府信用和社会诚信制度建设的条件。首先,我国应制定专门的信用建设促进法,作为规制信用制度建设的一般性立法。在此基础上制定专门的农村信用建设促进法,为农村信用制度建设提供基础性法律依据。其次,农村信用建设促进法应主要就农村征信管理、信用评价、征信信息共享、守信激励和失信惩罚、农村信息市场建设等内容进行具体规定,从而为相关制度建设奠定法治基础。农村信用立法的强化,将为农民特别是农村贫困者获得金融扶贫服务提供保障,助推农村金融扶贫法律制度创新。

---

① 殷继国.农户征信法律制度初探[J].农村金融研究,2009(9):76—79.
② 殷继国.农户征信法律制度初探[J].农村金融研究,2009(9):76—79.
③ 王锐,熊键,黄桂琴.完善我国个人信用征信体系的法学思考[J].中国法学,2002(4):6.

(二)创新农村征信制度

农村征信制度对于驱动农村信用制度整体优化和创新意义重大。首先,创新农村征信管理体制。建立基于公共信用信息的农村征信管理体制,公共信用信息的征集由政府负责,实行公益性原则,免费提供信用查询等服务。其次,建立农村征信共享制度。在征信收集主体之间建立共享机制,方便信用信息查询,提高信息使用效益。再次,建立农村征信个人信息保护制度。不管是基于公共信用信息收集还是市场信息收集,征信收集主体负有告知义务,并负有保护个人信息权利的义务。最后,建立农村征信机构责任规制制度。就农村征信行为者的违法行为及其应承担的民事、行政乃至刑事责任进行规范。

(三)构建农户信用权制度

农户信用权是驱动农村信用法治化建设的主要制度。立足于我国农村的实际,"把保护农户的信用权作为变革我国农村信用制度的核心并通过法律形式加以明确和体现,让符合条件的农户能够融资获得应有的权利保障"①。首先,我国应在相关法规中具体规定农户信用权,从而为农户信用权制度奠定法律正当性基础。其次,明确农户信用权的内容,根据信用制度建设实际和农户信用权保护趋势,确立农户授信权、信用评价权、信用信息征集许可权等基本信用权利,为加强农户信用权益保护奠定基础。最后,以农户信用权为基础建立农户信用建设促进制度,创新农村贫困者信用制度建设路径。

(四)完善农村信用评价制度建设

农村信用评价制度建设是驱动农村信用法律制度创新的重要力量,加强农村信用评价制度建设,对于强化农村贫困者信用权利保护和农村金融扶贫法律制度创新意义重大。首先,创新农村信用评价主体制度。目前,虽然农村现有针对信用乡镇、信用村、信用户的评价机制,但普及度不高,对农村贫困者个人信用的评价缺失。虽然贫困农户是农村金融扶贫的基本瞄准主体,但农村贫困者以个人名义发展生产和产业也并非少见,因而建立农村贫困者信用评价制度也有必要。同时,在农村金融扶贫的实践中,联保农户也是法律主体之一,其信用状况也会影响农村金融扶贫。因此,我国应建立

---

① 王怀勇,罗丽琳.方法与路径:我国农村信用制度的变革与发展[J].新疆社会科学,2018(4):58.

针对农村贫困者个人、联保农户整体的信用评价体系,将相关评价信息计入征信系统。其次,创新农村信用评价标准制定。在对农户特别是农村贫困者的履约情况、财产构成、脱贫能力等进行评价基础上,建立包容性与综合性评价标准体系。最后,将农村信用评价与对农村贫困者金融扶持、产业扶持、教育扶贫等相结合,强化其驱动作用。

（五）健全农村信用激励与惩戒制度

完善农村守信激励与失信惩戒制度是促进农村信用法律制度长效发展的重要保障,亦是彰显农村信用法律制度的重要条件。首先,我国应完善农村守信激励制度。针对农户,特别是农村贫困者除采用传统的授信、利率优惠、税收减免、荣誉奖励等激励工具外,还可建立现代化的增权激励等工具,以强化激励工具对守信的综合性激励功能。其次,完善失信惩罚制度,建立农户及农村贫困者失信的减损个人信誉、消费限制、黑名单等惩罚制度。最后,采用财政引导、税收优惠、市场准入等激励措施引导农村征信机构、农村信用评估机构服务农村金融扶贫,推进农村信用法律制度运行的市场化。

第二节　农村金融扶贫监管法律制度创新

一、农村金融扶贫监管法律制度建设探索

农村金融扶贫容易诱发道德风险和投机行为,具有较高的风险性,因而需要加强监管。同时,农村金融扶贫又需要通过不断创新金融产品和服务制度,增强贫困地区资金供给能力,因而创新监管法律制度十分必要。目前,我国主要从以下方面推进农村扶贫金融监管制度建设。

（一）探索建立差异化监管制度

2015年3月,中国银监会发布的《关于做好2015年农村金融服务工作的通知》要求强化农村金融差异化监管,不断加大"三农"信贷投放力度。如在贫困地区农村信贷行业准入、信贷审批权限、信贷产品创新、企业资本市场融资审批方面实施差异性监管制度。差异化监管制度强化了农村金融扶贫监管的定向调节功能,不仅有利于增强农村扶贫性金融资源和服务供给,而且有利于强化对相关主体的激励。

(二)创新农村金融扶贫风险监管

2015 年 11 月发布的《中共中央 国务院关于打赢脱贫攻坚战的决定》明确提出"支持贫困地区设立扶贫贷款风险补偿基金"。目前,许多地方建立农村金融扶贫风险补偿基金制度,为金融机构的"扶贫小额信贷"等产品设立融资担保和风险补偿基金,从而提高了扶贫主体的风险应对能力,降低了农村金融扶贫风险。根据相关数据显示,我国涉农贷款回收率持续上涨,农村信用状况不断向好,如 2014 年全国涉农贷款的回收率为 44.7%,至 2018 年已达至 67.2%(见图 9-1),农户还贷率持续稳步上升。

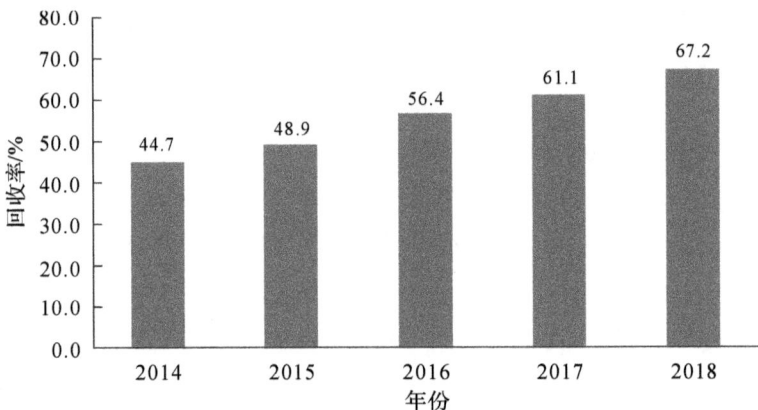

图 9-1　我国农户涉农贷款偿还情况
来源:根据中国人民银行官网、银保监会官网最新公布数据整理所得。

(三)初步建立监管协调机制

构建监管协调制度,是形成扶贫合力,优化农村金融扶贫法律制度实施的要求。我国的农村金融扶贫相关政策与法律法规中已经基本建立了监管协调机制。2008 年 4 月,国务院扶贫办发布的《关于全面改革扶贫贴息贷款管理体制的通知》提出了构建扶贫部门、银行业金融监管机构、中国人民银行等的协调配合机制。2016 年 3 月,中国人民银行、国家发展改革委、财政部、中国银监会、中国证监会、中国保监会、国务院扶贫开发领导小组办公室等七部门协同制定了《关于金融助推脱贫攻坚实施意见》的规范文件,提出"人民银行分支机构要加强与各地发展改革、扶贫、财政、银行监管等部门的协调合作和信息共享"。

二、农村金融扶贫管控法律制度尚存缺陷

(一)农村金融扶贫监管理念滞后

目前我国农村金融扶贫主要还是采取传统的金融监管思维,过于强调金融安全、金融稳定理念,缺乏从金融公平、整体效益角度来构建有效的监管模式。我国农村金融扶贫强调合规性监管,对系统性风险和整体性监管重视不够。强调政府监管功能,对社会公众参与监管重视不够。

(二)农村金融扶贫差异化监管缺乏合法依据

目前,农村金融扶贫差异化监管的依据为国家政策性文件,尚未有法律对此进行明确规定。实践中为促进农村金融资源供给而采取了一些差异化监异化措施,诸如降低扶贫农村金融机构准备金,建立农村扶贫再贷款、易地搬迁专项金融债券,支持贫困地区企业利用多层次资本市场融资,引导农村金融机构将在农村地区吸收存款的一定比例用于贷款等,但都缺乏法律依据,导致合法性存疑。

(三)农村金融扶贫监管主体错位

目前,部分参与农村金融扶贫的监管主体不明,这样导致部分农村金融扶贫缺乏明确有效的监管,难以起到防控风险,保障农村金融扶贫稳健发展的作用。

第一,农村新型金融机构的监管主体不明。目前,我国农村新型金融机构的监管主体多头化,导致主体责任不明。如小额贷款公司作为新兴的金融机构,其功能定位为给"三农"提供贷款服务。当前将小额贷款公司定性为非银行金融机构,由地方金融办及其他相关机构监管。从相关规定[1]和功能定位来看,小额贷款公司应当是按照金融机构的标准和模式进行监管。但是目前相关立法将小额贷款公司视为金融企业进行监管,而且各地针对监管主体的规定各异,较为混乱。从各地出台的地方性法规来看,小额贷款公司的监管主体包括工商部门、银保监会、中国人民银行、地方政府金融办、联合管理小组等。如《内蒙古自治区小额贷款公司试点管理实施细则》规定由自治区金融办负责对当地小额信贷公司的监管,《湖北省小额贷款公司试

---

[1]　《贷款通则》第二十一条规定:贷款人必须经中国人民银行批准经营贷款业务,持有中国人民银行颁发的《金融机构法人许可证》或《金融机构营业许可证》,并经工商行政管理部门核准登记。

点暂行管理办法》规定由小额贷款公司试点联席会议督促下的各级政府负责对其进行监管。再如新型农民合作金融组织，相关立法规定由农业部、原银监会、中华供销总社等部级单位分头监管。①

第二，农村民间金融缺乏有效监管。我国对非正规金融机构采取严格打压的基本政策。1998年7月颁布的《非法金融机构和非法金融业务取缔办法》明确规定未经中国人民银行批准的金融机构和金融业务，均为非法而予以取缔，从而使得农村民间金融只能地下运行，难以对其进行必要的监管，不仅影响其扶贫功效释放，更是导致农村金融市场风险的积累。

第三，新型农村金融机构没有建立自律监管制度。加强自律监管对于防范金融机构风险，保障金融机构持续发展十分重要。目前新型农村金融机构等还没有纳入农村金融自律监管组织，没有建立相应的自律监管制度。

（四）监管手段滞后

目前，针对农村金融扶贫机构的监管手段总体处于落后状态，信息化程度不高，特别是针对小额贷款公司以及新型农民合作金融组织的监管手段落后，难以实现监管目标。此外，农村金融机构的监管程序和标准缺乏明确规定，在监管过程中容易出现监管部门任意监管和违规监管等问题。

三、农村金融扶贫监管法律制度创新的路径

我国农村扶贫金融实践中，扶贫资金违规使用、扶贫对象恶意违约、贷款扶贫服务风险高、农村金融扶贫难以实现可持续性等问题依然较为突出。构建有效的监管制度是控制农村金融扶贫风险与保障农村金融扶贫稳健运行的条件。我国应从以下方面推进农村金融扶贫监管制度创新。

（一）创新农村金融扶贫监管理念

理念变革是我国农村金融扶贫监管法律制度创新的前提条件。首先，我国应变革过于强调金融安全和金融稳定的传统理念，从金融公平和整体效益维度确立整体安全理念，变革传统的单向安全理念，确立农村金融扶贫整体效益和安全互动、静态安全和动态安全兼容的现代化安全理念，为适当开放农村金融市场，确立现代性的农村金融扶贫审慎监管制度，强化系统性风险和整体性监管提供科学理念指导。其次，我国农村金融扶贫法律制度

---

①　王曙光. 农村金融监管需要科学的顶层设计[N]. 农民日报，2016-06-15(3).

应确立适度监管、柔性监管、包容监管的理念,为农村金融扶贫差异化监管制度等的构建提供有力指导。

（二）构建农村扶贫金融差异化监管制度

在农村金融扶贫监管指标、措施和责任等方面建立差异化监管制度,对于强化农村金融扶贫的监管激励和包容发展十分必要。首先,确保政府为促进农村金融资源供给而采取一些差异化的监管措施——降低扶贫农村金融机构准备金,建立农村扶贫再贷款、易地搬迁专项金融债券,支持贫困地区企业利用多层次资本市场融资,确立政府差异化监管制度的合法性。其次,建立农村金融机构将在农村地区吸收存款的一定比例用于贷款的调控法律制度,有效阻止农村金融机构的异化行为和农村金融对城市的"反输入"悖论,强化对"三农"的金融支持刚性约束。

（三）完善农村金融机构的监管分工制度

构建科学的监管分工制度是充分发挥农村金融机构扶贫功能的基础。首先,明确金融监管机制和地方政府金融管理行政部门的职责分工,规定由银行业监管部门负责对新型银行类农村金融机构、农商银行的监管;地方政府主要负责对非银行类农村金融机构、农村信用合作社的监管,强化农村金融机构监管的专业分工和合作。其次,将新型农村金融机构等纳入农村金融自律监管组织,优化农村金融机构的自律监管制度,推进监管制度创新。最后,创新对农村民间金融的监管。规定由地方政府负责对农村民间金融的监管,推进地方政府农村民间金融管制模式向监管模式转型。构建农村民间金融风险控制制度,规范农村民间金融发展,引导和激励其支持农村扶贫和乡村振兴战略实施,优化民间金融资源和民间资本的利用。

（四）构建农村金融扶贫风险监管制度

如果没有科学合理的信贷风险控制机制,农村扶贫贷款带来的损失使得其更不愿意贷款给农民和中小企业,加剧了农民和农村中小企业贷款难的问题,对金融扶贫工作的顺利开展也造成了阻碍。[①] 因此,创新农村金融扶贫风险监管制度是我国农村金融扶贫法律制度创新的重要内容。首先,构建科学的农村金融风险监管指标制度。其次,构建农村金融扶贫风险预警制度。政府和金融机构应针对农村金融扶贫建立风险预警和风险控制机

---

① 郭威.农村金融扶贫的经验、困境与对策——以广西富川县为例[J].理论探索,2015(5):99.

制,对扶贫对象违规与违法使用扶贫贷款资金的行为进行预防性监管,建立风险防控的预判制度。最后,构建农村金融扶贫风险补偿基金监管制度,就政府、金融机构等的费用缴纳、风险补偿基金运行等进行监管,促进风险补偿规范运行。

(五)创新农村金融扶贫监管手段

创新监管手段对于提高农村金融扶贫监管效率和保障农村金融扶贫法律制度创新具有一定意义。首先,提高农村金融扶贫的信息化。将互联网信息技术、大数据分析等现代化手段用于对农村金融扶贫机构的监管,特别是对小额贷款公司以及新型农民合作金融组织的监管,以弥补农村金融监管人手不够等困境。其次,确立农村金融扶贫机构的监管程序和标准,将其市场转入、经营要求、风险监管等指标具体化。最后,构建委托监管制度,对于金融机构难以实现经常性监管的经营场地、位于乡村偏远地区的农村金融机构,委托当地政府相关部门、村委会等主体进行监管,以克服农村金融机构监管难以覆盖的困境,增加监管的持续性。

第三节　农村金融扶贫程序法律制度创新

一、农村金融扶贫程序法律制度缺失

农村金融扶贫法律制度的有效运行,以程序法律制度为基础。目前,我国尚未建立农村金融扶贫程序法律制度。

(一)农村金融扶贫操作法律程序缺失

构建规范、公平的农村金融扶贫操作法律程序,是农村金融扶贫的重要保障。目前,我国虽然有一些政策性规范对农村金融扶贫的程序机制进行了部分规定,但尚未建立系统的农村金融扶贫操作法律程序,从而农村金融扶贫启动、农村金融扶贫运行、农村金融扶贫评价、农村金融扶贫监督等基本程序缺乏法律规制,导致农村金融扶贫操作有时出现违规及违法操作等问题,影响农村金融扶贫的公正性和整体效益。

(二)农村金融扶贫适用法律程序缺失

构建健全的农村金融扶贫适用程序,是推进农村金融扶贫法律制度实

施的基础。首先,我国农村金融扶贫执法机制不健全。目前,我国不仅对农村金融扶贫的执法机关缺乏明确规定,而且农村金融扶贫执法启动、调查取证、审查决定、公示等基本程序缺乏规范。农村金融扶贫执法程序总体上处于无序与无规范可依的状态。其次,缺乏有利于倾斜保护农村金融扶贫对象权利的司法机制,扶贫对象的司法保护成本高。最后,农村金融扶贫纠纷解决机制不健全。构建通畅的农村金融扶贫纠纷解决机制,不仅是保护农村金融扶贫对象和农村金融机构权益的需要,也是农村金融扶贫有序发展的保障。目前,农村金融扶贫纠纷解决法律机制还存在如下问题:首先,农村金融扶贫投诉机制不完善,受理投诉行政主体不明确。其次,行政申诉机制运行艰难,申诉处理程序、效力等缺乏规定,致使申诉机制与信访等机制混同。最后,司法解决机制成本高,不仅没有建立专门的农村金融扶贫司法机制,也没有就农村金融扶贫公益诉讼机制进行规定。农村金融扶贫纠纷解决机制不健全,必然使得农村金融扶贫规范和制度难以有效落实,致使难以对政府、金融机构等主体进行有效规制,难以对农村金融消费者和农村贫困者进行有效救济。农村金融机构通过法律诉讼的执行费用偏高,加上有的地方政府基于各种利益考虑,直接或者间接阻碍诉讼和司法进程,导致"赢得了官司也赢得了债务"的情况常有发生。[①]

二、农村金融扶贫程序法律制度的构建

我国农村金融扶贫法律程序是农村金融扶贫主体在实施扶贫时的程序限制,起到规范政府与金融组织金融扶贫行为、保护扶贫对象权益、提高制度运行绩效等重要作用。我国应构建以下农村金融扶贫法律程序制度。

(一)农村金融扶贫运行程序

第一,决策法律程序。决策法律程序指我国农村金融扶贫主体和其他利益相关者,依据法定程序就农村金融扶贫决策所要解决的事项,确定目标、选择方案,并在实施中依法进行必要调整的过程及步骤,主要包括农村金融扶贫战略决策、调控决策、金融扶贫产品创新与供给等事项做出决策的程序。决策法律程序主要为国家、政府的重要农村金融扶贫决策的程序规制。我国应重点构建农村金融扶贫决策规划、决策动议、决策通过、决策保

---

① 苏静.中国农村金融发展的减贫效应研究[D].长沙:湖南大学,2015.

障等程序机制，以保障相关决策的科学性、规范性和公平性。

第二，执行法律程序。执行是我国农村金融扶贫主体及利益相关者将有关决策付诸实践以实现预期目标的活动。执行法律程序是依法使农村金融扶贫主体的决策执行的程式、步骤与措施等实现法律规范化。农村金融扶贫执行法律程序，把决策实施纳入程式化轨道，使其规范化与稳定化，保障决策得到贯彻和落实。我国农村金融扶贫执行主要为政府对金融扶贫决策的执行，执行主体主要为地方政府、金融机构、扶贫对象等。我国农村金融扶贫执行法律程序应重点构建农村金融扶贫对象瞄准和确定、农村扶贫性金融产品和服务供给、农村金融扶贫资金和利息回收等运行性程序。如十八洞村就创立了贫困户瞄准的"七步法"：户主申请—群众评议—三级会审—公告公示—乡镇审核—县级审批—入户登记。农村金融扶贫执行法律程序的构建为规范农村金融扶贫运行，保障公平正义提供了制度保障。

第三，绩效评价程序。我国农村金融扶贫绩效评价程序指依法对农村金融扶贫行为的绩效评价主体、评价指标、评价结果运用与反馈等程式和步骤进行规范，以保障绩效评价的科学性、公正性。"政府干预绩效是指政府为满足社会共同需要而进行的资源配置活动与取得的社会综合效益之间的比较关系，其基本内涵是政府配置资源的合比例性与财政资源运用的有效性。"[①]构建农村金融扶贫绩效评价程序是有效评价政府、金融机构等主体的农村金融扶贫行为效果，优化农村金融扶贫反贫困效应的重要保障。我国农村金融扶贫绩效评价程序主要应构建包括绩效评价目标、评价指标体系、评价方法与措施、评价结果及运用等的程序机制。

第四，监督法律程序。构建有效的监督程序，是保障我国农村金融扶贫合法有序运行的基础。强化对政府、金融机构等的监督，是促进农村金融扶贫法律制度实施的要求。我国应确立中国人民银行在农村金融扶贫法律监督中的主导地位，强化银保监会、证监会的业务监督职能，构建金融监管机构协作监督机制，强化社会公众参与监督制度。

（二）农村金融执法程序

构建我国农村金融扶贫执法程序是保障执法公正、提高执法效率的要求。其应从以下方面构建：第一，确定农村扶贫开发机构作为农村金融扶贫

---

① 何凤秋.政府绩效评估新论[J].北京：中国社会出版社，2008.

的主管机关,赋予其农村金融扶贫的调查取证权、许可权、制裁权等基本权力。第二,建立科学、公正的执法运行程序。一是建立执法启动程序。执法可在农村金融扶贫对象的申请或控告经受理后启动,也可由农村金融扶贫主管机构决定自行启动,其他组织或个人的举报行为经受理后启动。二是建立农村金融扶贫调查程序。调查方式包括现场调查、查阅资料、证据查封等。调查人员应按规范程序进行调查。三是建立审议程序。在调查取证基础上,由主管机构组织审议。在审议过程中应给予被调查对象查阅案卷、陈述意见和提出申辩的机会。四是建立决定程序。经过以上程序后,农村金融扶贫主管机构应就是否给予农村金融扶贫、是否构成违法以及法律责任承担等方面做出决定。第三,我国农村金融扶贫法律制度应强化中央宏观领导和监督执法,构建地方金融扶贫联合执法、协作执法机制,建立公众参与执法机制。

（三）农村金融扶贫司法程序

构建农村金融扶贫司法程序是强化农村金融扶贫对象权利保护,畅通农村金融扶贫争议解决渠道,发挥司法机制优势,促进相关制度实施的基本保障。首先,我国应构建农村金融扶贫纠纷司法便利解决机制。通过建立专门的农村金融扶贫司法组织、简化司法程序、减免诉讼费用等提高对农村金融扶贫的司法保障,以及对农村贫困者金融扶贫权利的司法保障。其次,构建农村金融扶贫的公益诉讼制度。通过公益诉讼机制对农村金融机构等不履行扶贫义务的行为进行制裁,以促进农村金融扶贫法律制度实施。最后,构建农村金融扶贫执法与司法联动机制,强化执法与司法机制的对接,加强对农村金融扶贫行为的司法保障,提升农村金融扶贫对象权利的司法保护效果。

保障性法律制度也是我国农村金融扶贫法律制度的重要组成部分。为克服我国农村金融扶贫法律制度保障性措施尚不完善而影响农村金融扶贫的效果问题,我国应重点构建与创新农村信用、农村金融扶贫监管、农村金融扶贫程序等保障性法律制度。我国应从确立农村信用立法,创新农村征信制度、构建农户信用权制度、加强农村信用评价制度、完善农村信用激励与惩戒制度等方面推进农村信用法律制度创新。从创新农村金融扶贫监管理念、构建农村扶贫金融差异化监管制度、构建农村金融扶贫风险监管制度、建立农村金融扶贫监管协调制度等方面推进农村金融扶贫监管法律制度创新。从构建与完善农村金融扶贫运行程序、执法程序、司法程序方面推进农村金融扶贫程序法律制度创新。以上农村金融扶贫保障性法律制度的创新,将为农村金融扶贫法律制度等运行通畅与有效实施提供强有力的保障。

参考文献

一、中文著作

陈荣文.农村合作金融的法制创新[M].北京:知识产权出版社,2011.

陈颖健.金融法原理与实训[M].北京:中国法制出版社,2012.

冯果,袁康.社会变迁视野下的金融法理论与实践[M].北京:北京大学出版社,2013.

冯兴元.地方政府竞争:理论范式、分析框架与实证研究[M].北京:译林出版社,2010.

郭利华.金融扶贫:理论、政策与实践究[M].知识产权出版社,2019.

黄颂文.普惠金融与贫困减缓[M].北京:中国经济出版社,2013.

姜庆丹.金融发展权视角下农村合作金融法制创新研究[M].北京:法律出版社,2016.

李昌麒.中国经济法治的反思与前瞻[M].北京:法律出版社,2001.

李洁.农村合作金融组织法律问题研究[M].北京:法律出版社,2013.

李曙光.转型法律学—市场经济的法律解释[M].北京:中国政法大学出版社,2004.

刘定华,肖海军.宏观调控法律制度研究[M].北京:人民法院出版社,2002.

刘民权,俞建拖.中国农村金融市场研究[M].北京:中国人民大学出版社,2006.

刘西川.贫困地区农户的信贷需求[M].杭州:浙江大学出版社,2008.

吕忠梅,陈虹,彭晓晖.规范政府之法—政府经济行为的法律规制[M].

北京:法律出版社,2001.

吕忠梅,刘大洪:经济法的法学与经济学分析[M].北京:中国检察出版社,1998.

穆争社.农村信用社改革政策设理念[M].北京:中国金融出版社,2006.

漆多俊.宏观调控法研究[M].北京:中国方正出版社,2002.

漆多俊.转变中的法律——以经济法为中心视角[M].法律出版社,2007.

屈茂辉.合作社法律制度研究[M].北京:中国工商出版社,2007.

孙兵.区域协调组织与区域治理[M].上海:上海人民出版社,2007.

陶广峰.经济全球化与中国经济法[M].北京:中国检察出版社,2006.

王怀勇.中国农村金融监管法律问题研究[M].北京:法律出版社,2012.

王全兴.经济法前沿问题研究[M].北京:中国检察出版社,2004.

王全兴.经济法基础理论专题研究[M].北京:中国检察出版社,2002.

王曙光等.普惠金融:中国农村金融重建中的制度创新与法律框架[M].北京:北京大学出版社,2013.

王曙光.告别贫困——中国农村金融创新与反贫困[M].北京:中国发展出版社,2012.

王曙光.金融减贫——中国农村微型金融发展的掌政模式[M].北京:中国发展出版社,2011.

王煜宇.农村金融法律制度改革与创新:基于法经济学分析范式[M].北京:法律出版社,2012.

习近平.摆脱贫困[M].福州:福建人民出版社,2014.

徐世平.社会主义新农村建设中的金融法律问题研究[M].北京:人民出版社,2012.

张乃根.经济学与分析法学[M].北京:生活·读书·新知三联书店,1995.

张文显.法理学[M].北京:高等教育出版社,1999.

张文显.法理学[M].北京:高等教育出版社,2011.

张元红,张军,李静,等.中国农村民间金融研究——信用、利率与市场均衡[M].北京:社会科学文献出版社,2012.

张则尧. 合作金融要义[M]. 北京:中国合作经济研究社,1944.

种明钊. 国家干预的法治化研究[M]. 北京:法律出版社,2009.

周天芸. 中国农村二元金融结构研究[M]. 广州:中山大学出版社,2004.

周永坤. 规范权力——权力的法理研究[M]. 北京:法律出版社,2006.

朱大旗. 金融法[M]. 北京:中国人民大学出版社,2016.

卓泽渊. 法的价值论[M]. 2版. 北京:法律出版社,2006.

[法]雅克·盖斯旦,[法]吉勒·古博. 法国民法总论[M]. 陈鹏,等,译. 北京:法律出版社,2004.

[美]道格拉斯·C.诺斯. 经济史中的结构与变迁[M]. 陈郁,译. 上海:上海人民出版社,1994.

[美]E.博登海默. 法理学:法律哲学与法律方法[M]. 邓正来,译. 北京:中国政法大学出版社,1999.

[美]斯蒂格利茨. 政府为什么干预经济——政府在市场经济中的角色[M],郑秉文,译. 北京:中国物资出版社,1998.

[英]亚当·斯密. 国民财富的性质和原因的研究[M]. 郭大力,王亚南,译. 北京:商务印书馆,1974.

[德]柯武刚,史漫飞. 制度经济学[M],韩朝华,译. 北京:商务印书馆,2005.

[美]罗尔斯. 正义论[M],何怀宏,等,译. 北京:中国社会科学出版社1988.

[美]埃里克·弗鲁博顿,[德]鲁道夫·瑞切特. 新制度经济学——一个交易费用分析范式[M]. 姜建强,罗长远,译. 上海:上海三联书店,上海人民出版社,2006.

[美]罗伯特·A.达尔. 论民主[M],李柏光,译. 北京:商务印书馆,1999.

[美]迈克尔·波特. 国家竞争力[M]. 李明轩,邱如美,译. 北京:华夏出版社,2002.

[美]弗里德曼. 法律制度[M]. 李琼英,译. 北京:中国政法大学出版社,1994.

[美]塞缪尔·亨廷顿. 变革社会中的政治秩序[M],李盛平,译. 北京:华夏出版社,1988.

[美]道格拉斯·诺思.制度、制度变迁和经济绩效[M].刘守英,译.上海:上海三联书店,1994.

[德]阿图尔·考夫曼.法律哲学[M].刘幸等,译.北京:法律出版社,2004.

[日]金泽良雄.经济法概论[M].满达人,译.北京:中国法制出版社,2005.

[美]罗纳德·H.奇尔科特.比较政治学理论[M].潘世强,译.北京:华夏出版社,1998.

[德]迪特尔·梅迪库斯.德国民法总论[M].邵建东,译.北京:法律出版社 2000.

[奥]凯尔森.法与国家的一般理论[M].沈宗灵,译.北京:中国大百科全书出版社,1996.

[美]庞德.通过法律的社会控制法律的任务[M].沈宗灵,译.北京:商务印书馆,1984.

[美]理查德·A.波斯纳.反托拉斯法[M].孙秋宁,译.北京:中国政法大学出版社,2003.

[德]海德格尔.路标[M].孙周兴,译.北京:商务印书馆,2000.

[美]摩尔.民主与专制的社会起源[M].拓夫等,译.北京:华夏出版社,1987.

[德]卡尔·拉伦茨.德国民法通论[M].王晓晔,等,译.北京:法律出版社,2003.

[英]大卫·李嘉图.政治经济学及赋税原理[M].王亚南,等,译.北京:商务印书馆,1976.

[孟]穆罕默德·尤努斯.穷人的银行家[M].吴士宏,译.北京:生活·读书·新知三联书店,2009.

[英]赫尔德.民主的模式[M],燕继荣等,译.北京:中央编译出版社,1998.

[法]孟德斯鸠.论法的精神(上册)[M].张雁深,译.北京:商务印书馆,1964.

[美]W.阿瑟·刘易斯.经济增长理论[M],周师铭,译.上海:上海人民出版社 1994.

[英]梅尼.西欧国家中央与地方关系[M],朱建军等,译.北京:春秋出

版社,1989.

二、中文期刊

鲍静海,吴丽华.德法美日合作金融组织制度及借鉴[J].国际金融研究,2010(4):50—55.

曹洪民.扶贫互助社:农村扶贫的重要制度创新[J].中国农村经济,2007(9):72—76.

柴瑞娟.民间资本控股村镇银行:逻辑证成与法律规制[J].法学评论,2012(6):106—115.

陈雁.中日农村合作金融运行模式的比较研究[J].金融经济,2008(6):17—18.

董家丰.少数民族地区信贷精准扶贫研究[J].贵州民族研究,2014(7):154—157.

杜晓山.普惠金融目前所面临的问题及挑战[J].农村金融研究,2016(5):77.

冯果.深化我国农村合作金融制度改革的若干法律思考[J].法学杂志,2005(6):35—40.

傅世钟.完善农村合作金融机构绩效管理对策[J].当代经济,2016(15):54—55.

高圣平.农地金融化的法律困境及出路[J].中国社会科学,2014(8):147—166.

高天跃.贵州民族地区金融精准扶贫的难点及对策研究[J].黑龙江民族丛刊,2016(8):71—75.

龚关.国民政府与农村合作金融制度的演变[J].中国经济史研究,2016(2):32—44.

黄蔺,余勇.国外合作金融发展对我国农村合作金融制度创新的启示[J].现代管理科学,2005(3):118—119.

姜泉,乔淑范.农村合作金融发展受制约[J].中国金融,2017(13):99.

来亚红,民族地区精准扶贫的困境和对策探讨[J].农村经济与科技,2016(20):175—176.

蓝虹,穆争社.论中国农村合作金融发展的阶段性特征[J].上海金融,2016(2):65—69.

黎四奇.对我国农村金融发展法律平台创新的思考——一个难点的视角[J].湖南大学学报(社会科学版),2010(5):120—125.

李长健,罗洁.基于金融发展权的农村合作金融立法初探[J].经济法论丛,2013(1):224—251.

李超民.美国农场合作金融法制化与我国农村金融体制建设[J].环球法律评论,2006(6):671—680.

李巧莎,张杨.日本农村合作金融发展、改革及启示[J].现代日本经济,2017(3):42—51.

李艳芳.促进型立法研究[J].法学评论,2005(3):100—106.

李中华.日本《农业协同组合法》的解读与初探[J].农业经济,2002(12):25—27.

陆磊.金融扶贫的发展理念、政策措施及展望[J].武汉金融,2016(7):4—6.

陆磊,丁俊峰.中国农村合作金融转型的理论分析[J].金融研究,2006(6):1—14.

马建霞.论我国存款保险法律制度的建立[J].内蒙古农业大学学报(社会科学版),2005(04):81—84.

穆罕默德·尤努斯.危机时代的小额信贷、社会企业与反贫困——穆罕默德·尤努斯教授在北京大学的演讲[J].经济科学,2009(3):5—14.

欧阳仁根,张庆亮.论我国农村合作金融发展过程中的制度重构[J].农业经济问题,2003(4):57—61.

彭克强.农村合作金融增量渐进发展论——对中国农村合作金融发展的一种新的认知尝试[J].南方金融,2011(8):51—56.

彭志强.农村金融风险分担补偿机制探讨[J].南方金融,2011(8):55—57.

任秋娟.基于优化农村金融生态的农村小型合作金融组织发展路径[J].改革与战略,2017(6):97—98.

盛学军,于朝印.中国农村合作金融异化语境下的法律制度重构[J].社会科学,2010(12):105—113.

孙光慧.民族地区金融服务于特色产业精准扶贫耦合模式探索[J].西北民族大学学报(哲学社会科学版),2016(3):154—159.

王昉,韩丽娟.20世纪20—40年代中国农村合作金融中的信用管理思想[J].中国经济史研究,2017(4):88—100.

王浩.民族自治地区的金融发展轨迹与法律保障转型研究[J].贵州民族研究,2016(6):31—34.

王曙光.现代农村金融制度的内涵与未来农村金融改革趋势[J].中共中央党校学报,2008(6):30—31.

王文东,卫柯臻.目前我国农村合作金融组织存在的问题及改进措施——以石林农村资金互助社为例[J].西安石油大学学报(社会科学版),2016(1):33—38.

汪习根.免于贫困的权利及其法律保障机制[J].法学研究,2012(1):194—208.

王煜宇.农村金融法制化:国际经验与启示[J].农业经济问题,2011(8):102—109.

王煜宇.我国农村金融法律制度的演进逻辑与路径创新[J].法学论坛,2009(9):80—86.

王煜宇.新型农村金融机构的制度障碍与法律完善[J].西北农林科技大学学报(社会科学版),2016(3):117—125.

谢尚果,胡美术.少数民族地区精准扶贫问题研究[J].学术论坛,2016(12):118—123.

邢会强.金融危机治乱循环与金融法的改进路径——金融法"三足定理"的提出[J].法学评论,2010(5):46—53.

许爱萍.农村金融精准扶贫的难点与对策分析[J].中国商论,2016(4):95—97.

闫丽娟,王玉君.民族地区金融扶贫互助合作社调查与思考——以撒拉族某村为例[J].求索,2011(12):104—105.

阎庆民,向恒.农村合作金融产权制度改革研究[J].金融研究,2001(7):67—75.

颜运秋,贺运生.宏观调控程序法治化分析[J].求索,2005(8):68—69.

杨羽飞,梁山.深化农村信用社改革若干问题的探索[J].金融研究,2005(3):169—176.

叶敬忠,贺聪志.基于小农户生产的扶贫实践与理论探索——以"巢状市场小农扶贫试验"为例[J].中国社会科学,2019(2):137—158.

曾康霖.再论扶贫性金融[J].金融研究,2007(3):1—9.

张德峰.宏观调控法律责任竞合探析［J］.政治与法律,2010(8):67—73.

张书清.金融公正理念的法学阐释［J］.现代法学,2012(7):98—107.

张云燕,刘清,王磊玲,等.农村合作金融机构信贷风险内控体系评价研究［J］.中国农业大学学报,2016(8):169—175.

张运书.新农村建设中发展农村合作金融的法律保障［J］.经济问题探索,2009(6):168—173.

赵晓峰,海莉娟.合作社信用合作资金规模扩增与放贷风险防控机制分析［J］.西北农林科技大学学报(社会科学版),2020(3):59—67.

中国人民银行通辽市中心支行课题组.少数民族地区金融精准扶贫问题研究——以通辽市为例［J］.北方金融,2016(10):77—81.

周孟亮.普惠金融视角下新型农村合作金融创新发展——兼谈"百信模式"与"山东模式"［J］.财经科学,2016(9):14—23.

周庆国.辨析公平、公正、正义的基本含义［J］.延边大学学报(社会科学版),2009(5):108—114.

朱梦冰,李实.精准扶贫重在精准识别贫困人口——农村低保政策的瞄准效果分析［J］.中国社会科学,2017(9):90—112.

张伟,黄颖,谭莹.灾害冲击下贫困地区农村金融精准扶贫的政策选择——农业信贷还是农业保险［J］.保险研究,2020(1):21—35.

张旭娟.农村金融精准扶贫的法治保障［J］.经济法研究,2018(2):153—171.

三、中文学位论文

陈曦.济宁市农村金融扶贫研究［D］.乌鲁木齐:新疆大学,2017.

范焕.农村弱势群体自我发展能力培育研究［D］.长沙:湖南农业大学,2016.

韩伟芳.新型农村金融组织对小微企业信贷服务创新研究［D］.天津:天津财经大学,2015.

黄颂文.21世纪初西部民族地区农村反贫困法制保障研究［D］.北京:中央民族大学,2005.

李敏.新型农村金融机构的制度障碍和法律完善［D］.重庆:西南政法大学,2015.

李瑞雪.小微企业融资公平保障法律制度研究[D]. 重庆:西南政法大学,2016.

王朋云.河南省产业扶贫问题研究[D].郑州:河南农业大学,2016.

王杨.农村资金互助社法律制度研究[D].合肥:安徽大学,2014.

王渊喆.法经济学视阈下的我国农村金融扶贫法律机制分析[D].太原:山西财经大学,2017.

谢明敏.我国农村金融改革的法律思考[D].武汉:中南民族大学,2010.

赵乐."共享"理念研究[D].哈尔滨:黑龙江社会科学院,2014.

周翼.农村金融法制创新研究[D].长沙:湖南大学,2012.

邹悦.我国农村金融法律制度研究[D].武汉:武汉工程大学,2012.

左平良.农村金融调节法治问题研究[D]. 长沙:中南大学,2014.

四、外文专著

North D C. Understanding the process of economic change[M]. New Jersey:Princeton University Press,2005.

Pischke, Adams, Donald. Rural financial markets in developing countries[M]. London:The Johns Hopkins University Press,1987.

Powelson, J P. Lenturies of economic endeavor [M]. Ann Arbor, MI:University of Michigan Press,1994.

五、外文期刊

Beck T,Levine R,Loayza N. Finance and sources of growths[J]. Journal of Financial Economics,2000,3:45-67.

Carof M,Colomb B. A guide for choosing the most for multi-criteria assessment of agricultural systems according expectations[J]. Agricultural Systems,2013,2:118-145.

Coase R H. The problem of social cost[J]. Journal of Law and Economic,1960,56(4):1-44.

Getaneh G. Rural finance:Prospects, challenges and implications[J]. International Neo Journal,2009,4(2):12-26.

Jessop B. The rise of governance and the risks of failure:the case of economic development[J]. International Social Journal，1998，55(155)：29-46.

Michael S B. Banking and poor[J]. Yale Journal on Regulation，2004，21：72-79.

Olson M. Big bills life on the sidewalk：Why somenations are rich and others poor[J]. Journal of Economic Perspective，1996，15：98-112.

Klaus P F. Governance，regulation and mutual financial intermediaries performance[J]. CREFA Working Paper，2002，1(11)：21.

后　记

　　农村金融扶贫法律制度是农村脱贫攻坚和乡村振兴战略的重要支持性制度,也是推进农村脱贫攻坚与乡村振兴有效衔接的基本保障制度。对乡村振兴背景下农村金融扶贫法律制度创新的系统研究,可以得出以下结论:第一,我国应有效协调政府干预与市场调节之间的关系,合理划分政府与市场的界限,有效调整政府、金融机构、扶贫对象与社会公益组织之间的利益关系,创新利益配置和协调机制,建立现代化的农村金融扶贫法律制度。我国农村金融扶贫法律制度建设取得了许多成效,积累了许多宝贵经验,但尚存在理念滞后、立法层次较低、政府定位不够精准、金融扶贫手段不够科学、障措施不够健全等问题,需要进一步推进创新。第二,农村金融扶贫法律制度创新属于系统性和持续性工程,应以新发展理念、实质公平理念、金融法治理念等为指引,坚持实质公平优先,兼顾整体效益与金融安全,确立以市场调节为本,凸显金融公平、促进利益平衡、保护农村金融消费者权益的基本原则为指导。第三,在乡村振兴背景下,农村金融扶贫法律制度应以实现合作性金融、商业性金融、政策性金融、民间金融等的扶贫协作与适度竞争为目标,构建以农村金融扶贫基本性立法为基础,以农村商业性金融法、农村合作性金融法、农村政策性金融法、农村民间金融法等专项扶贫法为分支的立法体系,促进立法整体协调和效力层次提升。第四,我国应以构建政府主导、多元主体共同参与的农村金融扶贫主体法律制度为目标,推进扶贫体制变革,构建开放型扶贫金融机构体系,强化扶贫对象精准瞄准,促进社会公众参与。第五,我国应推进传统扶贫性贷款制度转型,完善扶贫性保险制度,创新扶贫性互联网金融制度,以建立科学的农村金融扶贫手段法律制度。第六,我国应从优化农村信用体系建设、完善农村金融扶贫监管、构建农村金融扶贫法律程序等方面推进农村金融扶贫保障性法律制度创新。农村金融扶贫法律制度的创新将强化对乡村振兴战略的金融支持,促进农村反贫困战略与乡村振兴战略的有效衔接,助推农村金融法律制度建设,并为世界金融扶贫法律制度建设贡献中国智慧和经验。

本成果先后获得了国家社会科学基金、中国博士后科学基金、湖南省社会科学基金、湖南省社会科学成果评审委员会基金等的支持,在此深表衷心感谢。本成果亦为湖南社会科学评审委员会重大项目"乡村振兴扶持措施法律规制研究"(XSP21ZDA009),湖南社会科学基金一般项目"乡村振兴战略背景下我国农村金融立法研究"(18YBA364),湖南省教育厅科学研究重点项目"乡村振兴战略背景下农村普惠金融发展促进法律机制研究"(18A287)等的阶段性成果。在这些项目研究的过程中,笔者深深认识到农村金融扶贫法治化和法律制度创新的重要意义,巩固拓展脱贫攻坚成果和乡村振兴有效衔接的金融扶持法治保障不可或缺。本书立足于乡村振兴战略实施的时代背景,对农村金融扶贫法律制度创新的必要性、现状与困境、路径与对策展开了系统研究,初步搭建了农村金融扶贫法治的研究框架,对农村脱贫攻坚和乡村振兴金融支持的法治保障的理论研究和实践具有较好的参考价值。其中,部分成果发表于《求实》《兰州学刊》《理论导刊》等期刊上,部分成果被中国人民大学复印报刊资料转载和索引收录,并被中国社科科学网、国研网等转载,产生了较大的学术影响和社会效益。本课题组成员尹珊珊、黄潇潇、金娟、邓冰聪、李在华等同志部分参与了问卷调查、数据统计和分析等工作,为本成果的取得做出了一定的贡献,在此致谢。最后,我特别感谢浙江大学出版社的吴伟伟、宁檬两位女士,她们为本书的出版付出了大量的劳动,没有她们的关心和帮助,本书难以在短期内付梓。

谭正航

2020 年 12 月